El MINISTERIO *de la* PALABRA *de* DIOS

WATCHMAN NEE

Living Stream Ministry
Anaheim, California • www.lsm.org

Primera edición: enero del 2000.

ISBN 978-0-7363-0700-0

Traducido del inglés
Título original: *The Ministry of God's Word*
(Spanish Translation)

Publicado por

Living Stream Ministry
2431 W. La Palma Avenue, Anaheim, CA 92801 U.S.A.
P. O. Box 2121, Anaheim, CA 92814 U.S.A.

Impreso en los Estados Unidos de América

10   11   12   13   14   15   /   11   10   9   8   7   6   5   4

CONTENIDO

PREFACIO

Este libro consta de dieciocho lecciones que dio Watchman Nee a sus colaboradores en un adiestramiento que llevó a cabo en Kuling entre 1948 y 1949. Los capítulos están divididos en cuatro secciones. El tema principal es: los ministros de la Palabra de Dios y su ministerio. La estructura y la división del libro están organizados de una forma coherente, y el contenido es maravilloso y único. Que el Señor bendiga al lector con la luz y la revelación contenidas en estas páginas.

SECCION UNO

EL MINISTRO

CAPITULO UNO

TRES CLASES DE MINISTROS

Leemos en Hechos 6:4: "Y nosotros perseveraremos en la oración y en el ministerio de la palabra". La expresión *el ministerio de la palabra* también se puede traducir "el servicio de la palabra". La obra que consiste en ministrar la Palabra de Dios es el ministerio, y las personas que participan en ese servicio son los ministros. El *ministerio* se refiere a la actividad, mientras que *el ministro* se refiere a la persona. El ministerio de la palabra ocupa un lugar muy importante en la obra de Dios. La proclamación de la Palabra de Dios y el suministro de ella siguen principios concretos que los siervos de Dios deben conocer.

Dios ha hablado. Habló en el Antiguo Testamento y también en el Nuevo. En el Nuevo Testamento habló por medio del Señor Jesús y de la iglesia. La Biblia nos muestra que la obra más importante que Dios efectúa en la tierra es comunicar Su Palabra. Si eliminamos Su Palabra, la obra quedará vacía y cesará. Es importante ver el lugar que ocupa la Palabra de Dios en Su obra, y cómo ésta se relaciona con aquélla.

¿Cómo emite Dios Su Palabra? Posiblemente nos sorprenda, pero El usa la voz del hombre. Si Dios hablara directamente, los ministros de la palabra no existirían, pero la Biblia, la cual es la Palabra de Dios, hace mención de ellos. Dios decidió hablar por medio del hombre. Necesitamos ver con claridad que la obra de Dios se da a conocer por medio de Su Palabra, la cual es expresada por el hombre. Esto nos muestra el lugar crucial que éste ocupa en la realización de la obra de Dios. Dios necesita ministros, hombres que ministren Su Palabra.

En la Biblia encontramos tres clases de personas que

ministran y propagan la Palabra de Dios: los profetas, el
Señor Jesús y la iglesia. En el Antiguo Testamento, la Palabra de Dios se trasmitía por medio de los profetas, es decir,
por medio de su ministerio; en el Nuevo Testamento, la Palabra se hizo carne y trajo el ministerio del Señor Jesús; y en lo
que resta del mismo, la Palabra es expresada por medio de los
apóstoles, por medio de su ministerio.

LOS MINISTROS DE LA PALABRA
EN EL ANTIGUO TESTAMENTO:
LOS PROFETAS

En el Antiguo Testamento Dios escogió muchos profetas
para que anunciaran Su Palabra. Estos hablaban de las visiones que recibían o cuando la Palabra de Dios venía a ellos,
como en el caso del profeta Balaam, cuya profecía es una de
las más importantes del Antiguo Testamento (Nm. 23—24).
Balaam profetizaba cuando el Espíritu de Dios venía sobre él,
es decir, proclamaba lo que el Espíritu le indicaba, sin que sus
emociones o pensamientos personales intervinieran. La revelación y la facilidad de expresión que mostraba no tenían
nada que ver consigo mismo; simplemente decía lo que Dios le
indicaba, sin añadirle nada a la Palabra de Dios. Su función
era la de un portavoz. Este es un ejemplo típico de un ministro de la palabra en el Antiguo Testamento. Cuando estos
ministros estaban bajo el poder del Espíritu Santo que los
constreñía y limitaba, eran usados como portavoces que
expresaban la Palabra de Dios. El Espíritu Santo proporcio-
naba las palabras, y Dios daba la facilidad de expresión. El
elemento humano era suprimido totalmente a fin de evitar
cualquier confusión. Nada del hombre se añadía a la expresión divina; su papel era simplemente el de ser un portavoz.

En el Antiguo Testamento también vemos que hombres
como Moisés, David, Isaías y Jeremías fueron usados por Dios
para hablar por El. Sin embargo, ellos superaban a Balaam y
otros profetas, en que fueron más que simples voceros de la
Palabra de Dios. Aunque la mayor parte de los escritos de
Moisés constan de palabras e instrucciones que recibió de
Dios, cuando hablaba seguía el mismo principio que gober-
naba a Balaam; lo mismo sucedía con Isaías, cuyos escritos se

basan en las visiones que tuvo. Todos ellos eran portavoces de Dios; sin embargo, la experiencia de cada uno era diferente. Cuando Balaam hablaba para su propio beneficio, lo que decía expresaba su propio sentir. Hablar de esta manera era incorrecto, lleno de tinieblas y de pecado, y Dios censuró tales palabras. Moisés era diferente. Aunque la mayor parte de lo que comunicaba lo hacía por mandato divino, cuando expresaba su parecer, sus palabras eran confirmadas y reconocidas por Dios como Su propia palabra. Esto indica que Moisés era más que un vocero de Dios. Lo mismo se puede decir de Isaías. Casi todas sus profecías provinieron de las visiones que recibió directamente del Señor. Sin embargo, podemos ver en su libro que en muchas ocasiones expresa su propio pensamiento. David y Jeremías, por su parte, expresaban sus propios sentimientos más que Moisés e Isaías. Ellos era semejantes a los ministros del Nuevo Testamento, aunque en general, también hablaban cuando la Palabra de Dios venía a ellos.

EL MINISTRO DE LA PALABRA
EN LOS EVANGELIOS:
EL SEÑOR JESUS

El Señor Jesús era el Verbo de Dios hecho hombre. Todo lo que hizo y dijo constituye parte de la Palabra de Dios. Su servicio consistía en ministrar la Palabra de Dios. En El, Dios expresaba Su palabra de manera totalmente diferente a como lo había hecho en el Antiguo Testamento, donde lo único que se usaba era la voz de los profetas. Inclusive, Juan el Bautista, el último profeta, era una voz que clamaba en el desierto, un portavoz de Dios. Por el contrario, el Señor Jesús era el Verbo mismo hecho carne, la corporificación del Verbo; era la Palabra hecha hombre. El era un hombre, pero al mismo tiempo era la Palabra de Dios. En el Antiguo Testamento, aunque la Palabra de Dios venía al hombre, ella y éste no se relacionaban entre sí. El hombre simplemente era usado como un portavoz divino. Aunque hay una pequeña variante en el caso de Moisés y David, ellos también fueron portavoces que Dios usó para trasmitir Su palabra durante la era del Antiguo Testamento. Cuando el Señor Jesús vino, la palabra de Dios ya no llegó al hombre como antes, sino que se vistió de hombre. Aunque Él tenía sentimientos, pensamientos y opiniones humanas, era la Palabra de Dios.

La pureza de la Palabra de Dios sólo se puede preservar si no es contaminada por los sentimientos, pensamientos y opiniones del hombre. Por eso, cuando éstos se añadían a la Palabra de Dios, la dañaban, y dejaba de ser palabra de Dios, la cual es perfecta, pura y verdadera. Cuando Dios emitió Su palabra por medio de Balaam, ésta se convirtió en una profecía; pero cuando Balaam le agregaba sus propios sentimientos y opiniones, ésta dejaba de ser la Palabra de Dios. Sin embargo, en el caso del Señor Jesús, la Palabra no sólo era transmitida por medio de la voz del hombre, sino también por medio de sus pensamientos, sentimientos y opiniones. Estos elementos humanos llegaron a ser los de Dios. Este es el ministerio de la palabra que Dios comunicaba en el Señor Jesús, quien la ministró bajo un principio totalmente diferente al de los ministros del Antiguo Testamento. A pesar de que a algunos de ellos Dios los usó bajo el principio del Nuevo Testamento, en general, le sirvieron como portavoces. El Señor Jesús era el Verbo de Dios hecho carne. Podemos decir que el sentir, los pensamientos y las opiniones del Señor Jesús eran los de la Palabra de Dios. Dios no quiere que Su palabra permanezca sola. El quiere que se haga carne, que tome la semejanza humana, que tenga personalidad, sentimientos, pensamientos y opiniones. Este es el gran misterio del Nuevo Testamento, y de este modo el Señor Jesús fue ministro de la palabra.

La Palabra de Dios, en la persona del Señor Jesús, dejó de ser algo absoluto y objetivo, y se volvió práctica y subjetiva. Pese a que esta palabra tiene sentimientos, pensamientos y opiniones humanas, sigue siendo la Palabra de Dios. Aquí descubrimos un gran principio bíblico: los sentimientos del hombre no pueden afectar ni contaminar la Palabra de Dios. Sin embargo, aunque los sentimientos humanos no dañan la Palabra de Dios, es necesario que éstos alcancen la norma divina. ¡Esto es muy profundo! Descubrimos, entonces, un principio muy importante: el elemento humano no debe obstruir la Palabra de Dios. Cuando el Verbo se hizo carne, el pensamiento de aquella carne era el pensamiento de Dios. Originalmente, el pensamiento de la carne era el pensamiento del hombre, pero en la era del Nuevo Testamento, el Verbo se hizo carne, lo cual significa que el pensamiento del hombre se volvió el pensamiento de Dios. En el Señor Jesús encontramos un sentir humano compatible con la norma de Dios y que no contamina la Palabra de Dios, sino que la complementa. El elemento humano del Señor Jesús satisfizo los requisitos de la Palabra de Dios. Podemos ver que en el Señor Jesús la Palabra de Dios alcanza un nivel más elevado que el del Antiguo Testamento. El Señor dice en Mateo 5:21: "Oísteis que fue dicho a los antiguos...", refiriéndose a la palabra que Jehová le dio a Moisés, es decir, a la inspiración directa que Moisés recibió de parte de Dios. "Pero Yo os digo..." (v. 22). El Señor Jesús habla por Sí mismo y manifiesta lo que piensa y siente, sin que ello desplace la soberanía de Dios. Esta manera de hablar no contradice la Palabra de Dios, sino que la complementa y alcanza un nivel que no tuvo en el Antiguo Testamento.

Veamos las características del Señor Jesús como ministro de la Palabra de Dios. En El se complementa la Palabra de Dios. Este hombre sin pecado no era solamente una voz, sino una persona con sentimientos y pensamientos. La Palabra de Dios dejó de ser una simple revelación y llegó a ser el mismo Señor Jesús, y ya no se difundía solamente por medio de la voz humana, sino que se hizo hombre, se personificó, se unió a la palabra del hombre y llegó a ser así el Verbo de Dios. ¡Este es un hecho glorioso! ¡Cuando Jesús de Nazaret hablaba, Dios hablaba! He aquí un hombre cuyas palabras nadie podía igualar. No ha habido nadie que haya hablado como Jesús de Nazaret. El era una persona absolutamente sin pecado, el Santo de Dios y completamente de Dios. Puesto que la Palabra de Dios estaba en Jesús, El era la corporificación de ella. La Palabra de Dios estaba en El, y El era la Palabra de Dios, así que cuando hablaba, era Dios quien hablaba. El era un ministro de la palabra en quien la palabra de Dios era totalmente personal, porque El mismo era la Palabra de Dios.

En el Antiguo Testamento los profetas hablaban por Dios, pero en los evangelios, el Señor Jesús era el Verbo de Dios. En el tiempo de los profetas, cuando éstos hablaban, se podía declarar: "He aquí la Palabra de Dios"; pero en el caso del Señor Jesús, podemos dirigirnos a Su misma persona y declarar: "Este hombre es el Verbo de Dios". Lo que El sentía, lo que pensaba, lo que decía, e incluso Su silencio, era la Palabra de Dios. El ministro de la Palabra de Dios avanzó de la etapa de la revelación a la de la encarnación. Los profetas tenían la revelación, pero el Señor Jesús era la Palabra de Dios. En el Antiguo Testamento, la palabra y la persona que la anunciaba eran dos entidades separadas. El hombre sólo era el medio que canalizaba la palabra, pero en el Señor Jesús, el Verbo se hizo carne. Un hombre llegó a ser la Palabra de Dios; así que cuando El hablaba, Dios hablaba. El no necesitaba ninguna revelación, ni que la Palabra de Dios viniera a El de manera externa, a fin de comunicar la palabra divina, porque Sus propias palabras eran las palabras de Dios. Dios hablaba cuando El hablaba, Su sentir era lo que Dios sentía, y Su opinión era la opinión de Dios. En este hombre, la Palabra de Dios no era afectada ni limitada por el elemento humano. Cuando este hombre hablaba, emitía con pureza la palabra de Dios. Aunque El era un hombre, la Palabra de Dios no se opacaba al pasar por El, sino que era expresada en plenitud. Este fue el ministerio de Jesús de Nazaret.

LOS MINISTROS DE LA PALABRA EN EL NUEVO TESTAMENTO: LOS APOSTOLES

Veamos otra clase de ministros de la palabra en el Nuevo Testamento: los apóstoles. En el Antiguo Testamento el ministerio de la Palabra era exclusivamente objetivo, pues se llevaba a cabo cuando ésta venía al hombre, quien usaba su voz como vehículo, mientras que el ministerio del Señor Jesús era subjetivo o experimental, pues El no recibía la visitación de la palabra sino que El era el Verbo encarnado en un hombre. Así que el Verbo tenía voz, pensamientos, sentimientos y opiniones. Todo lo que constituía parte de este hombre estaba al servicio de la Palabra, ya que cada aspecto del Señor Jesús armonizaba con la Palabra de Dios.

Al examinar a los apóstoles y su ministerio neotestamentario, encontramos que tiene el mismo carácter que el del Señor Jesús, y descubrimos que estaba mezclado con la revelación del Antiguo Testamento. La diferencia entre el ministerio de la palabra en el Nuevo Testamento y el ministerio de la palabra del Señor Jesús radica en que en el caso del Señor Jesús, quien era la Palabra de Dios hecha carne, se tiene primero el Verbo de Dios, y luego la carne que armoniza con el ministerio; es decir, los sentimientos, los pensamientos y la conciencia de este hombre armonizan con la Palabra de Dios; mientras que en el ministerio de la Palabra en el Nuevo Testamento se tiene primero la carne. Todos nosotros tenemos la carne, y para poder ser ministros de la Palabra es necesario que ésta sea transformada para que sus pensamientos, sus sentimientos y sus opiniones puedan cumplir los requisitos de la Palabra de Dios. Podemos decir que el ministerio de la palabra en el Nuevo Testamento es diferente a su homólogo en el Antiguo Testamento y también al ministerio del Señor Jesús. El ministerio del Señor Jesús era ciento por ciento subjetivo o personal, ya que El mismo era el Verbo. Por otra parte, el ministerio del Nuevo Testamento, se compone del ministerio de los profetas y el del Señor Jesús. En este ministerio encontramos la visitación y la revelación, mezcladas con los sentimientos, los pensamientos y las opiniones. El ministerio de la palabra en el Nuevo Testamento está compuesto de la revelación divina y los elementos humanos.

Los hombres a quienes Dios escogió en el Nuevo Testamento son diferentes al Señor Jesús, quien es "lo santo que nacerá" (Lc. 1:35), el Santo de Dios, y aquel en quien no hay mezcla, porque El es el Verbo. En los escogidos, por una parte, Dios deposita Su Palabra, y por otra, los disciplina y los edifica. El hace uso de los pensamientos, de los sentimientos, las opiniones y las características de ellos, a la vez que los disciplina para que expresen Su palabra. Un ministro de la palabra del Nuevo Testamento no sólo posee la Palabra de Dios y la expresa por medio de su voz, sino que la da a conocer en toda su extensión por medio de su vida humana. A Dios le place que Su palabra esté en el hombre y dejar que éste la exprese. El Señor Jesús es el Verbo hecho carne, mientras que

los ministros del Nuevo Testamento expresan la palabra en
una carne que ha sido disciplinada por Dios.

LOS ELEMENTOS HUMANOS
EN LA INSPIRACION DIVINA

Algunas personas piensan que la inspiración divina no
debe tener nada del elemento humano, porque una vez que
éste se infiltra, aquélla deja de ser divina. Esto no es así. Los
que tienen esa idea no comprenden la naturaleza de la inspiración. La inspiración divina contiene elementos humanos y
es expresada por medio de ellos. Aunque en el ministerio profético del Antiguo Testamento los elementos humanos eran
ínfimos, no podemos decir que no estuviesen presentes,
porque Dios usó la voz humana para dar a conocer Su mensaje. El Señor Jesús era el Verbo hecho carne, y todos los
elementos humanos que estaban en El constituían la Palabra
de Dios. Hoy, en la era del Nuevo Testamento, los ministros
expresan la Palabra de Dios por medio del elemento humano.

Al leer el Nuevo Testamento, vemos que Pablo con frecuencia usó palabras que Pedro nunca usó; lo mismo sucedió
entre Juan y Mateo. Muchas palabras sólo se encuentran en
los escritos de Lucas, y otras en los escritos de Marcos. En la
Biblia, cada escritor tiene sus características particulares. De
allí que los cuatro evangelios son diferentes entre sí. El estilo
de las epístolas de Pablo es distinto al de las epístolas de
Pedro; por otro lado, el evangelio de Juan y sus epístolas tienen un tono similar. Por ejemplo, la primera expresión de su
evangelio dice: "En el principio", y la primera frase de su primera epístola es: "Lo que era desde el principio". Una habla
del principio, y la otra de lo que existía desde el principio.
En el libro de Apocalipsis él desarrolla su evangelio y sus
epístolas. Podemos observar también que cada escritor usa
ciertas expresiones que contienen un sello personal. Lucas
era doctor, y por eso al describir enfermedades usa términos
médicos; en cambio los escritores de los otros evangelios sólo
las describen en términos generales. El libro de Hechos también fue escrito por Lucas, por eso encontramos allí muchos
términos médicos. Cada evangelio usa una terminología dis-
tintiva y temas característicos y únicos de los escritores. Por

ejemplo, Marcos usa de una manera peculiar la palabra *inmediatamente;* Mateo usa la expresión *el reino de los cielos*, y Lucas emplea la expresión *el reino de Dios*. Cada libro de la Biblia tiene las huellas de su escritor; no obstante, es la Palabra de Dios.

El Nuevo Testamento está lleno del elemento humano, mas no por eso deja de ser la Palabra de Dios. Cada escritor tiene su propio estilo, sus propias expresiones y sus características personales, y Dios usa a cada uno para emitir Su palabra, sin que ésta sufra daño en el proceso. La Palabra contiene marcas y características humanas, pero es la Palabra de Dios. Este es el ministerio del Nuevo Testamento, en el cual Dios le dio al hombre la responsabilidad de expresar Su palabra. Dios usa los elementos del hombre, pero no como una grabadora que se limita a repetir lo que recibe. El Señor Jesús vino, y el Espíritu Santo efectuó Su obra en el hombre. La meta de esta obra es retener los elementos humanos sin que éstos afecten las palabras divinas. Este es el fundamento del ministerio del Nuevo Testamento. El Espíritu Santo actúa en el hombre sin desechar el elemento humano y sin sacrificar la Palabra de Dios. Si la Palabra de Dios eliminara el elemento humano, el hombre sería una grabadora. El elemento humano complementa la Palabra de Dios. Sabemos que hablar en lenguas es un don de Dios; no obstante, Pablo dice que al hacer esto, la mente queda sin fruto (1 Co. 14:14, 27-28), es decir, la mente no interviene. Hacer esto es actuar conforme al principio del Antiguo Testamento. Cuando una persona habla en lenguas, su boca emite sonidos divinos incomprensibles y enigmáticos. Pero en el ministerio neotestamentario Dios desea usar todos los elementos del hombre. Por medio de la restricción, la regulación y la operación del Espíritu Santo, estos elementos pueden ser usados por Dios para comunicar Su palabra. Sin embargo, el ministro de la Palabra de Dios en el Nuevo Testamento debe estar lleno de Dios.

Un músico que sepa tocar el piano, el órgano y el violín, puede tocar la misma melodía en cada uno de dichos instrumentos. Ya que cada instrumento tiene sus propias características, la música producida por cada uno también diferirá.

Hay personas que pueden determinar si una melodía procede de un piano o de un violín. Aunque la tonada sea la misma, el timbre es diferente. Si bien los instrumentos son diferentes, aún así, ponen de manifiesto el sentimiento y carácter de la música. El caso es el mismo con los ministros del Nuevo Testamento. Algunos son como el piano, otros como el órgano, y otros como el violín. La tonada es la misma, pero los sonidos son diferentes. Cada vez que una persona anuncia la Palabra de Dios, nos damos cuenta de que lo que dice contiene sus propios elementos, y sin embargo, Dios la usa. Dichos elementos no obstaculizan la Palabra de Dios, porque son regulados, dirigidos y perfeccionados por el Espíritu Santo. Cada vez que la Palabra se proclama es glorificada.

Puesto que la Palabra de Dios tiene que pasar por el hombre y a su paso adquiere los elementos humanos, quienes nunca hayan experimentado la disciplina de Dios no deben esperar que sus elementos humanos sean de mucha utilidad, porque cuando Dios los trae a la luz, no pueden ser usados para expresar Su palabra. Una persona así no sirve como ministro de la Palabra de Dios. En el Antiguo Testamento Dios usó una asna para que hablara por Él, pero ahora estamos en la era del Nuevo Testamento, cuyo ministerio de la palabra es totalmente diferente. En el Nuevo Testamento la Palabra de Dios es expresada por medio del elemento humano. Por esta razón, Dios es muy selectivo. Él sabe a quien puede usar. Si no hemos experimentado la disciplina, no podremos ser ministros de la palabra. Para ser canales de la Palabra de Dios, es necesario ser calibrados. Sería simple si Dios hiciera a un lado el elemento humano, pero Él no hace eso. Así que, si las personas a quienes Él usa no son competentes, se convierten en un problema. Cuando lo humano está contaminado y tiene manchas, carnalidad y rasgos de la condición caída, Dios tiene que desecharlo pues no lo puede usar. Algunas personas nunca han sido quebrantadas por el Señor; otras tienen la mente sucia y engañosa; algunos argumentan con Dios, mientras que la mente y la parte afectiva de otros son insubordinadas. Esto hace que se vuelvan obstinados. Dios no puede comunicar Su Palabra por medio de estas personas. Aunque ellas reciben la Palabra de Dios, no la pueden comunicar a los demás; y aun si se esfuerzan por hacerlo, no lo logran. Para ser un ministro de la Palabra de Dios en el Nuevo Testamento, la condición que uno tenga ante El es decisiva.

Dios no desea que Su palabra le pertenezca sólo a El; El quiere que el hombre la proclame como si procediera directamente de él, es decir, que sea verdaderamente divina y al mismo tiempo humana. Al leer el Nuevo Testamento, no encontramos ninguna palabra que no haya sido escrita por el hombre. Desde la primera página hasta la última se nota la participación humana. Estos escritos son muy humanos; no obstante son divinos, porque son la Palabra de Dios. Dios quiere que Su palabra sea expresada por medio del hombre. Este es el ministerio de la palabra en el Nuevo Testamento.

Dice Pablo en 2 Corintios 2:4: "Porque por la mucha tribulación y angustia del corazón os escribí con muchas lágrimas". Era así como él servía la Palabra de Dios. He aquí un hombre que volcaba todo su ser al anunciar esta palabra, expresando así sus sentimientos. Cuando le llegó la palabra de Dios, él estaba afligido y angustiado de corazón, de manera que escribió con muchas lágrimas, mezclando así sus sentimientos con la Palabra de Dios. Sus elementos humanos realzaron la Palabra de Dios. Pablo estaba lleno de sentimientos y pensamientos, y los ejercitó, de tal manera que mientras escribía la Palabra de Dios, lo hacía con muchas lágrimas por la aflicción y angustia que sentía en su corazón, no como los que hablan en lenguas, quienes reciben palabras y las transmiten sin que la mente participe en ello. Pablo es un ministro de la palabra en el Nuevo Testamento.

Dios usa todo el ser del hombre para comunicar Su palabra. Las características, los ademanes, el tono de voz y lo que él experimenta del Señor, fluyen por medio de la Palabra; y por medio de ésta, nos damos cuenta a qué grado la persona ha sido instruida, disciplinada y probada por Dios. Cuando la Palabra de Dios viene al hombre, éste la puede expresar sin que el elemento humano la afecte. Esto es lo que significa ser ministro de la palabra del Nuevo Testamento. La Palabra de Dios puede fluir libremente por medio de tal ministro, sin que el elemento humano la contamine. La palabra divina es

contaminada sólo si el elemento humano, el cual opera juntamente con ella es carnal y natural.

La Palabra de Dios llega a su plenitud cuando está llena
de los elementos humanos. Por eso, al encomendar Su palabra al hombre, Dios requiere que la condición de éste sea
apropiada. Dios habla usando el principio de la encarnación,
es decir, la palabra se hace carne. Esto no significa que se
haya degradado al punto de sólo ser palabras de hombre, sino
que ha sido sazonada con el sabor humano; aún así, es pura.
Esta es verdaderamente la palabra del hombre y al mismo
tiempo es la palabra genuina de Dios. En el ministerio de la
palabra en el Nuevo Testamento, el hombre habla la Palabra
de Dios. Vemos este hecho al leer Hechos, 1 y 2 Corintios, 1 y
2 Timoteo, Tito y Filemón.

¡Cuán grande es la responsabilidad de los que anuncian la
Palabra de Dios! Las equivocaciones de una persona y los elementos impuros de sus palabras, contaminan y dañan la
Palabra de Dios. Debemos comprender que el factor crucial
cuando proclamamos la Palabra de Dios no es la cantidad de
conocimiento bíblico que poseamos, pues de nada sirve tener
conocimiento y doctrinas, si sólo es algo teórico. Se puede predicar mucho acerca de estas cosas sin ser parte de ellas. Por
supuesto, no somos el Señor Jesús, quien era el Verbo hecho
carne; sin embargo, como ministros de la palabra, debemos
comprender que El necesita nuestra carne para expresar Su
Palabra. Por consiguiente, nuestra carne debe llegar a su fin.
Diariamente necesitamos reconciliarnos con Dios y experimentar Su corrección. De no ser así, afectaremos la Palabra
de Dios tan pronto pase por nosotros y se mezcle con nuestras
palabras.

No piensen que todos podemos comunicar la Palabra de
Dios. Sólo quienes han experimentado la disciplina de Dios
pueden hacerlo. El reto más grande que enfrenta el que anuncia la Palabra de Dios no es lo oportuno del tema ni la
elocuencia, sino su persona. Si ésta no es recta, lo demás tampoco lo será. Quiera Dios mostrarnos la manera de servir en
el ministerio de la Palabra. Debemos recordar que predicar
no es un asunto sencillo, puesto que es el servicio de la Palabra de Dios a Su pueblo. Que el Señor tenga misericordia de

nosotros. Debido a que todo nuestro ser es afectado por la Palabra de Dios, cualquier elemento deformado que se encuentre en nuestros pensamientos, en nuestras expresiones y en nuestra actitud, y cualquier vacío que tengamos en nuestro aprendizaje y experiencia, aun sin proponérnoslo, dañará la Palabra de Dios. Todo nuestro ser necesita ser disciplinado por el Señor. Esto evitará que Su palabra sea contaminada por nosotros cuando sirvamos como ministros, y hará que la podamos presentar de una manera pura. Esto lo podemos ver en Pablo, Pedro, Mateo, Marcos, Lucas y Juan y en muchos otros siervos del Señor. La Palabra de Dios tiene elementos humanos, pero no expresa la carne; por el contrario, hay gloria en su expresión. Es maravilloso que la Palabra de Dios sea la palabra del hombre, y que la palabra del hombre sea la Palabra de Dios.

Capítulo dos

EL CONTENIDO Y LA DIFUSION DE LA PALABRA DE DIOS

La Biblia nos muestra que Dios difunde Su palabra de una manera que va más allá de lo que podamos pensar. Pero según nuestro concepto, Dios debería propagar Su palabra y darla a conocer de dos maneras.

En primer lugar, pudo haber creado una grabadora, la cual nos permitiría escuchar lo que Dios dice palabra por palabra, literalmente, y eliminaría la posibilidad de interpretarlo erróneamente. Además, todos podríamos oír la Palabra de Dios sin ninguna contaminación cuantas veces quisiéramos con sólo retroceder la cinta. Pero esto no es lo que El quiere.

En segundo lugar, pensamos que Dios debería comisionar a los ángeles para que propaguen Su palabra. En la Biblia vemos que en ciertas ocasiones los ángeles llevaban mensajes al hombre. Pero eso no era lo que Dios quería. De ser así, habría dictado Sus palabras como preceptos como hizo con los Diez Mandamientos. Estos documentos o preceptos no tendrían ningún error ni ningún indicio del elemento humano. Muchos piensan que esto eliminaría una gran cantidad de argumentos teológicos, debates y herejías. Creen que si la Palabra de Dios se dictara palabra por palabra, sería más fácil entenderla. Sería muy sencillo que Dios dictara Su palabra en quinientas o seiscientas cláusulas semejantes a la ley. Pero nuestro Dios no actúa así. Algunas personas quisieran que la Biblia fuera una colección de 1.189 dogmas bien organizados, y no 1.189 capítulos. De esta manera tendrían un manual cristiano que fácilmente les proporcionaría información acerca de la fe cristiana. Pero Dios tampoco obra así.

Si Dios usara una grabadora para difundir Su palabra, no

habría lugar para equivocaciones, aparte de que la grabación se podría oír cuantas veces fuera necesario, y Su palabra no escasearía sino que seguiría extendiéndose en la tierra, y nadie se tendría que preocupar por perder la visión. Pero el problema básico de esto sería que, por carecer del elemento humano, el único que entendería la Palabra sería Dios; porque aun cuando la palabra fuera de Dios, no habría una base común para la comunicación, ni habría ninguna conexión entre Dios y el hombre. Sin las características humanas, la Palabra de Dios no tendría sentido para nosotros. Dios nunca nos hablará de esa manera.

Además, Dios no organiza Su Palabra en forma de doctrinas y preceptos. Si bien es cierto que la Palabra de Dios contiene doctrinas, ésta no fue dirigida al intelecto del hombre. Muchos creyentes prefieren el aspecto doctrinal de la Palabra de Dios. Y para muchos incrédulos, la Biblia es un libro insípido, y común y creen que lo único que vale la pena leer es los Diez Mandamientos. El hombre siempre ha querido clasificar la Palabra de Dios en secciones: en una, los ángeles hablan; en otra, es Dios quien habla; y la última, es aquella donde la revelación se recibe por medio de truenos y relámpagos. En ninguna de estas secciones interviene el elemento humano. Sin embargo, debemos recordar que los rasgos humanos son una característica que siempre está presente en la Palabra de Dios. No hay ningún libro que sea tan personal como la Palabra de Dios. Pablo, por ejemplo, repetidas veces usa el pronombre personal *yo* en sus epístolas. En cambio nosotros, cuando escribimos, generalmente evitamos su uso a fin de no dar una impresión muy personal. Pero la Biblia está llena del elemento humano. Dios escogió al hombre para que fuera ministro de Su palabra, porque desea que ella posea el elemento humano. Este es un principio básico.

EL CONTENIDO DE LA PALABRA

El elemento humano ocupa un lugar crucial en la Palabra de Dios. Sin éste la Biblia no tendría significado. Por ejemplo, el libro de Gálatas, al hablarnos de la promesa de Dios, alude a la historia de Abraham. Si elimináramos de la Biblia esta historia, no entenderíamos en qué consiste la promesa de

Dios. El Señor Jesús es el Cordero de Dios que redime al hombre de pecado (Jn. 1:29). En el Antiguo Testamento se describe el sacrificio continuo de becerros y cabritos, empezando con el sacrificio que ofreció Abel en Génesis, y luego describiendo los que se ofrecen en el libro de Levítico. El hombre hacía holocaustos a Dios continuamente, los cuales tipificaban al Señor Jesús, como el Cordero de Dios, quien es propicio a los pecadores. David, por ejemplo, peleó las batallas y las ganó, obedeció a Dios y fue un hombre cuyo corazón corresponde al de Dios. El preparó los materiales para la edificación de la casa de Dios, y Salomón edificó el templo con el oro, la plata y las piedras preciosas que David acumuló. David y Salomón tipifican al Señor Jesús quien peleó la batalla, la ganó, ascendió y fue entronizado. Si quitamos de la Biblia la historia de David y Salomón, no podríamos ver al Señor Jesús en Su plenitud, pues la Biblia dice que El es mayor que David y que Salomón (Mt. 22:43-44). A fin de que el Señor Jesús viniera, era necesario que primero existiesen David y Salomón. De no ser así, no podríamos entender este pasaje. Moisés sacó a los israelitas de Egipto y luego los condujo en el desierto. La narración de los detalles de esta historia, incluyendo la manera en que Josué introdujo al pueblo en la tierra de Canaán y cómo vencieron a los treinta y un reyes de Canaán constan en la Biblia. Si estas historias se borraran, ¿qué se podría extraer de los libros de Exodo, Números y Josué? Sin el libro de Josué, no podríamos entender el libro de Efesios. En estos ejemplos vemos que el elemento humano está presente a lo largo de la Palabra de Dios.

La Palabra de Dios se caracteriza por el elemento humano. Dios no emite ni revela Su palabra por medio de un viento apacible, sino por medio del hombre y de todos los acontecimientos relacionados con él. Esto hace que Su palabra sea sencilla e inteligible. Dios habla así para que el hombre pueda entenderle; El no habla de manera sobrenatural, ni simplemente espiritual, sino de una manera normal y humana. Por medio de lo humano podemos entender lo que Dios hace y dice. El libro de Hechos no contiene muchas doctrinas. Básicamente es la narración de los hechos que los apóstoles realizaron guiados por el Espíritu Santo. Las acciones de Pedro, al igual que las de Pablo, llegaron a formar parte de la Palabra de Dios. Lo mismo sucedió con el comienzo de la iglesia en Jerusalén, en Samaria y en Antioquía. Estos sucesos no sólo constituyen la historia, sino que forman parte de la Palabra de Dios. En la historia vemos cómo el hombre representa y declara la Palabra de Dios, y cómo el Espíritu Santo la revela por medio de éste. La Palabra está impregnada del elemento humano, el cual, a su vez, es un rasgo de la Biblia. La Biblia no es un libro de credos; es un libro donde el hombre vive la Palabra de Dios. Cuando el hombre lleva a cabo, vive y expresa las palabras de Dios, el resultado es la Palabra de Dios.

En las Escrituras encontramos el principio básico de la encarnación. Si no entendemos este principio, es decir, que la Palabra se hace carne, será difícil entender la Palabra de Dios. La Palabra de Dios no es abstracta, ni llega a ser tan espiritual que suprima el matiz humano, ni está distante, ni permanece en una esfera invisible, intangible e inaccesible. "En el principio era el Verbo ... El estaba en el principio con Dios" (Jn. 1:1-2). Este Verbo se hizo carne, y fijó tabernáculo entre los hombres, lleno de gracia y de realidad (v. 14). Esta es la Palabra de Dios, la cual habita entre los hombres. Debemos recordar que la encarnación del Señor Jesús revela el principio básico del ministerio de la Palabra de Dios. Para entender este ministerio, necesitamos entender la encarnación del Señor Jesús. ¿Qué es el ministerio de la Palabra? Es el Verbo hecho carne. Esto es algo absolutamente celestial; sin embargo, no ocurre en el cielo, sino en la tierra. Es ciento por ciento celestial, pero tiene carne, tiene el elemento humano; es decir, ha tomado forma humana. Es celestial, pero al mismo tiempo el hombre lo puede ver y tocar. Este es el testimonio de los apóstoles. Leemos en 1 Juan 1:1: "Lo que hemos oído, lo que hemos visto con nuestros ojos, lo que hemos contemplado, y palparon nuestras manos". La Palabra de Dios se puede ver, contemplar y tocar.

Examinemos el asunto de la santidad. Antes de que el Señor viniera, nadie sabía lo que era la santidad. Pero ahora la santidad ya no es algo abstracto, pues la pudimos ver en el Señor Jesús cuando estuvo en la tierra. Ella anduvo entre los hombres, ya que el Señor Jesús es la santidad. Cuando la

Palabra se hizo carne, la santidad se hizo carne. Tampoco conocíamos la paciencia hasta que la vimos expresada en el Señor Jesús. Dios es amor, pero nosotros no sabíamos lo que era el amor. Hoy este amor se puede ver en Jesús de Nazaret. Posiblemente tengamos el concepto de que un hombre espiritual no debe sonreír ni llorar ni expresar ningún sentimiento humano. Sin embargo, al ver a Jesús de Nazaret, entendemos el significado de la espiritualidad.

Si la santidad, el amor, la paciencia, la espiritualidad y la gloria estuvieran en Dios solamente, no las conoceríamos, pero ahora las conocemos porque el Señor Jesús es tanto la santidad como la espiritualidad y la gloria. Esto es lo que significa que la Palabra se haya hecho carne, es decir, todas estas cosas se hicieron carne. Cuando tocamos esta carne, tocamos a Dios. El amor de Jesús, Su gloria, Su santidad y Su espiritualidad, son de Dios. Todas estas cosas estaban exclusivamente en Dios, pero ahora las podemos entender porque las vimos en el Señor Jesús.

El principio de la encarnación es fundamental. La obra que Dios hace en el hombre y Su comunión con él son gobernadas por este principio básico. Aunque la encarnación no ocurrió en el Antiguo Testamento, vemos que Dios se movía en esa dirección; y aun después de que el Verbo hecho carne ascendió a los cielos, Dios sigue operando conforme al principio de la encarnación. La obra que Dios realiza en el hombre y Su comunión con él se basan en este principio. Dios ya no es abstracto ni etéreo ni está oculto, pues se encarnó, se manifestó. A menudo, al predicar el evangelio, nos gusta declarar que nuestro Dios se ha manifestado. En el Antiguo Testamento El permaneció oculto. Dice en Salmos 18:11 que Dios "puso tinieblas por su escondedero". Ahora Dios está en la luz; se ha mostrado, se ha revelado a plena luz y lo podemos ver. Mientras Dios estuvo escondido, no podíamos verlo ni conocerlo. Pero ahora El está en la luz, y lo podemos ver y conocer. El se ha manifestado en la persona de Su Hijo Jesús.

LA DIVULGACION DE LA PALABRA

Puesto que la Palabra de Dios está llena del elemento humano, Dios incluye al hombre en su divulgación. El no usa grabadoras, truenos, relámpagos ni ángeles, porque el caso no es oír la voz de Dios para luego darla a conocer. La Palabra de Dios tiene que pasar por nuestro espíritu, nuestra mente, nuestros sentimientos y nuestro entendimiento, hasta que se convierta en nuestras propias palabras. Esto es lo que significa ser un ministro de la Palabra. No es un asunto de recibir Su palabra como una grabadora, para luego repetirla literalmente. Eso sería una imitación. Esta clase de difusión de la Palabra no le agrada a Dios. El desea que recibamos Su Palabra, que permanezcamos en ella, que dejemos que nos afecte y nos inquiete, que nos regocijemos en ella y que la mastiquemos para poderla comunicar.

Leemos en Juan 7:37: "En el último y gran día de la fiesta, Jesús se puso en pie y alzó la voz, diciendo: Si alguno tiene sed, venga a Mí y beba". Si tengo sed, puedo ir al Señor a beber; pero ahí no termina todo. El versículo 38 añade: "El que cree en Mí ... de su interior correrán ríos de agua viva". Si tengo sed, voy al Señor Jesús y bebo. Pero si otros están necesitados, ¿les doy sólo un vaso de agua? No, la Palabra de Dios dice que después de que una persona bebe, el agua entra hasta lo más profundo de su ser, y luego de su interior brotan ríos de agua viva. El ministerio de la Palabra consiste en que ésta entra en nosotros y luego fluye de nuestro interior para mitigar la sed de otros. Esta ruta indirecta constituye el ministerio de la Palabra. No es tan importante cuántos versículos podamos recitar, ni cuántos mensajes podamos dar, sino cuánta agua viva fluya desde nuestro interior. La necesidad que tenemos de que el agua viva circule y fluya de nuestro interior, es una indicación de que tenemos que pagar un precio. Algunas veces el agua viva entra en nosotros, pero no sale de nosotros; en ocasiones entra en nosotros, pero cesa de ser viva; y aun en otras, las impurezas de nuestro ser interior salen juntamente con el agua viva, lo cual impide el ministerio de la Palabra.

El ministerio de la Palabra no consiste en proferir sermones elocuentes. Cuando la Palabra entra en nosotros, nos quebranta y nos consume; así que cuando pasa por nosotros, aunque contiene el elemento humano, éste no la contamina ni la afecta, sino que la complementa. Tal es el ministerio de la

Palabra. El Señor hace de nosotros canales de agua viva. El agua tiene que fluir del canal que es nuestro ser. Esto sólo es posible cuando nuestro interior es íntegro. Sólo de este modo la Palabra de Dios fluye de nosotros. No debemos pensar que el poder que acompaña un mensaje que damos procede de nuestra inteligencia o nuestra elocuencia, pues éstas no cuentan. Lo importante es que al pasar por nosotros, nuestra humanidad realce y complemente la Palabra de Dios. ¿Conserva la Palabra Su carácter divino cuando se vuelve humana, o la distorsionamos añadiéndole un elemento humano impuro? Esta es la pregunta básica que todo ministro de la palabra se debe formular.

El problema de muchas personas es que el agua viva deja de serlo cuando pasa por ellas. Es por esto que hacemos hincapié en la disciplina del Espíritu Santo. Si uno no ve la importancia de ser disciplinado por el Señor, y regulado en sus hábitos, en su carácter y en su vida, no podrá ser útil en la propagación de la Palabra de Dios. Es incorrecto creer que para ser ministro de la Palabra sólo se necesita elocuencia. La Palabra de Dios debe llegar primero a nosotros, pasar por nosotros, llenarnos, incomodarnos, triturarnos y darnos fin. Debemos sufrir todas estas pruebas y pagar este precio a fin de llegar a comprender la Palabra de Dios. Es así como ésta se añade y se entreteje en nosotros poco a poco, puntada por puntada, como el tejido de una colcha. De esta manera, cuando la Palabra de Dios salga de nosotros, no será una simple repetición de palabras, sino que liberará consigo el espíritu. El agua que fluya de nosotros será cristalina y pura, pues procederá directamente de Dios; así no estropearemos su perfección, sino que le daremos realce; no disminuiremos su santidad, sino que la aumentaremos. A medida que hablemos, fluirá el agua viva; y cuando hablemos, Dios hablará juntamente con nosotros. Este es el ministerio de la Palabra.

El ministerio de la Palabra no es un solo río; es como la afluencia de dos ríos. Para que esto ocurra, el Espíritu Santo debe operar en nosotros. El Espíritu debe gobernar nuestras circunstancias, para que por medio de ellas seamos disciplinados de muchas maneras. Cuando el Espíritu Santo trabaja en nosotros, nos quebranta, nos desarma y nos moldea, con el fin de hacernos canales por los cuales pueda fluir el agua viva. Nuestro hombre exterior tiene que ser quebrantado y desarmado por Dios; necesita ser disciplinado drásticamente. Una vez que el Espíritu Santo realiza dicha obra en nosotros, nuestro espíritu adquiere el entendimiento, y Él puede entonces proclamar la Palabra de Dios por medio de nosotros. Cuando el Espíritu Santo realiza tal obra, la Palabra de Dios puede absorber el elemento humano sin ser contaminada por él. Es así como Su Palabra y nuestro mensaje se unen como la confluencia de dos ríos.

Siempre debemos tener presente que el ministerio de la Palabra es el desbordamiento del Espíritu de Dios en Su Palabra divina, la cual es anunciada por medio del hombre. Es decir, el Espíritu de Dios no brota de Su Palabra independientemente del hombre, sino en unión con él. En el ministerio de la Palabra está incluida la Palabra de Dios y el ministerio del hombre. En dicha elocución se hallan la Palabra de Dios y el ministerio del hombre. Primero la palabra de Dios viene al hombre, luego el ministerio del hombre se añade a la Palabra y, finalmente, los dos fluyen conjuntamente. La proclamación de la Palabra de Dios se efectúa por medio del ministerio del hombre.

Algunas personas creen que si escogen ciertos pasajes bíblicos, podrán comunicar sin problema la Palabra de Dios, pero no es tan sencillo. El ministerio de la Palabra es un fluir combinado, no individual. Dios no labora de manera individual, pues sería una contradicción del principio fundamental del ministerio de la Palabra. El hombre debe expresar la Palabra de Dios. En cuanto a nuestra naturaleza y nuestro carácter, nosotros somos personas obstinadas, corruptas y rebeldes. A Dios le es más fácil usar un asno que usarnos a nosotros; sin embargo, Él prefiere usar al hombre. Dios desea que el elemento humano tome parte en el ministerio y en la divulgación de Su Palabra. Debemos recordar que la palabra de Dios está donde están los ministros, y sin ellos es imposible recibirla. Dios necesita obtener ministros para que divulguen Su Palabra, ya que sin ellos, no tendremos acceso a Su Palabra. Si esperamos a que Dios comunique Su Palabra sin proveerse de ministros idóneos, esperaremos en vano. Dios estableció que primeramente infundiría Su Palabra en los ministros, aquellos que han experimentado la disciplina del Espíritu Santo. El Espíritu de Dios está en Su Palabra, pero también está en los ministros, en nosotros. El Espíritu de Dios está en la Palabra, pero no actúa cuando esta palabra está sola; sólo actúa cuando ella habita en los ministros y se fusiona con ellos. Los siete hijos de Esceva intentaron echar fuera demonios en el nombre del Jesús que Pablo predicaba, mas no pudieron. Los demonios no sólo se quedaron en el hombre, sino que atacaron a quienes trataron de expulsarlos (Hch. 19:13-16). Aquellos exorcistas usaron las palabras correctas, pero el Espíritu permaneció impasible. No es suficiente decir las palabras acertadas, también es necesario ser personas sensatas, ministros prudentes. El Espíritu de Dios debe unirse a los ministros a fin de fluir por medio de la Palabra como un río de agua viva.

Permítanme repetir: la Palabra de Dios no actúa independientemente, sino que se expresa por medio del elemento humano. El hombre es el canal de Dios. No podemos trastornar este principio pensando que es suficiente tener la Palabra de Dios sola, sin tener en cuenta al hombre. Si el Espíritu de Dios no respaldara la Palabra, ésta sería como un cascarón vacío. Los ministros juegan un papel muy importante. Todo se centra en ellos. El ministro debe tener al Espíritu; o sea, a fin de que la Palabra de Dios sea eficaz, el Espíritu debe acompañar al ministro. No debemos excluir a los ministros. Si damos énfasis a la Palabra y no le damos importancia a los ministros, anularemos la Palabra y el ministerio.

En la actualidad hay una gran carencia de ministros. Hoy no carecemos de visión, ni de luz, ni de la Palabra; el problema está en que Dios no encuentra ministros adecuados. Muchas veces la luz de Dios se desvanece cuando la Palabra sale de nuestra boca. Algunos disertan acerca del Espíritu Santo en sus mensajes, pero su discurso, en lugar de ayudar a los oyentes a tener contacto con el Espíritu, pone en evidencia su carne. Otros predican sobre la santidad de Dios, pero los oyentes no perciben en ellos santidad sino frivolidad. Algunos hablan de la cruz, pero es obvio que nunca han sido moldeados por ella. A otros les gusta predicar acerca del amor, pero no se les ve ningún rasgo de amor, porque lo que expresan es su mal genio. Estos ejemplos nos muestran un problema básico: los ministros no corresponden a lo que predican. Si toda la predicación en este mundo se llevara a cabo en el principio del ministerio, las riquezas espirituales de la iglesia abundarían. Es lamentable que a pesar de tanta predicación, haya escasez de la Palabra de Dios. Este es el problema básico de la iglesia hoy. Si no hay ministros, no hay inspiración ni revelación. Cuando algunas personas hablan, no podemos decir que lo que predican procede de la inspiración divina, ni que traen luz, ni mucho menos que sea revelación lo que dicen. El problema está en los predicadores, pues Dios no los puede usar. No obstante, El no quiere ser el único que habla. Esto crea un problema. El tiene la palabra, pero no desea expresarla solo. Dios no quiere ser el único ministro de la Palabra; quiere que los hombres también lo sean.

Hermanos, Dios no anunciará Su Palabra independientemente. Si los ministros no expresan Su Palabra, ¿a qué estado llegará la iglesia? La iglesia está desolada y en ruinas porque los elementos humanos no han llegado a la norma de la Palabra de Dios. Si Dios encuentra una persona a quien El haya disciplinado y quebrantado y que se postre delante de El, Su Palabra fluirá por medio de ella. Nosotros buscamos constantemente la Palabra de Dios, pero El siempre busca hombres a quienes El pueda usar. Nosotros buscamos la Palabra, pero El busca ministros.

Si no estamos dispuestos a ser disciplinados, no podremos laborar para Dios. No debemos pensar que la disciplina es optativa. No debemos suponer que, después de haber escuchado algunos mensajes, podemos comunicar lo que oímos. ¡No! Si la persona no es íntegra, tampoco lo será su mensaje. El hombre puede obstaculizar la Palabra de Dios. El Espíritu Santo no fluye por medio de la Palabra sola. Cuando la palabra de Dios llegue a nosotros, debemos estar libres de todo impedimento. Tenemos que ser quebrantados y llevar en nosotros las marcas de la cruz. Nuestro espíritu debe ser quebrantado. Esta es la clase de personas que Dios puede usar, y en quienes el Espíritu Santo puede fluir. Si el Espíritu Santo está encerrado en nosotros, se debe a que nuestro hombre exterior, nuestra parte emotiva y nuestro temperamento le estorban y no permiten que la Palabra de Dios fluya por medio de nosotros. Aun si diéramos un buen mensaje, en realidad lo que saldría serían sólo palabras, enseñanzas y doctrinas, no la Palabra de Dios.

La Palabra de Dios tiene que invadir todo nuestro ser: nuestros sentimientos, nuestro entendimiento, nuestro corazón y nuestro espíritu. Tiene que fluir en nosotros, brotar de nosotros e identificarse con nosotros. Necesitamos ser quebrantados y molidos para que pueda brotar de nosotros libremente. Si nuestras emociones están desequilibradas, si nuestra mente está deteriorada, y si nuestro entendimiento, nuestro corazón y nuestro espíritu se desvían un poco, afectarán la Palabra de Dios. No sólo nuestras palabras serán inexactas, sino que también la iglesia sufrirá las consecuencias. Así que afectaremos la Palabra de Dios y también a la iglesia. Este es el camino al ministerio de la Palabra y es ahí donde radica el problema. Tenemos que permitir que la Palabra de Dios fluya por medio de nosotros sin ningún obstáculo ni contaminación. Quiera Dios concedernos Su misericordia a fin de recibir luz en este asunto.

Capitulo tres

LA CARRERA DE PABLO Y SU MINISTERIO

En los capítulos anteriores hablamos del carácter esencial de la Palabra de Dios, y dijimos que aunque está llena del elemento humano, sigue siendo eterna, excelente, trascendente, divina, santa y pura, y no es afectada por el elemento humano. También vimos que el ministerio de la Palabra se expresa por medio de la memoria, el entendimiento, los pensamientos, el corazón, el espíritu y la elocuencia del hombre. Por esta razón es importante que el ministro que predica la Palabra sea intachable ante Dios. El ministro que no es íntegro, adultera la Palabra de Dios.

El apóstol Pablo fue muy usado por el Señor en el Nuevo Testamento. Examinemos en detalle su servicio como ministro de la palabra de Dios.

UNO

Pablo dijo: "He acabado la carrera" (2 Ti. 4:7). La palabra griega traducida "carrera" se refiere a una jornada. La carrera a la que Pablo alude fue determinada de antemano y correspondía un itinerario. Dios nos asignó una carrera definida a cada uno de nosotros, y todo el curso de dicha carrera, incluyendo no sólo la dirección sino también la distancia por recorrer, fue determinado y planeado de antemano. Por la misericordia de Dios, Pablo pudo acabar la carrera que Dios le había asignado. El terminó la carrera en el momento preciso, y cuando llegó el momento de su partida, pudo decir: "He acabado la carrera". Yo creo que Dios puso a Pablo en esta carrera desde el mismo día en que éste creyó en el Señor.

Dios comienza a obrar en las personas mucho antes de que sean salvas. Pablo les habla de esto a los Gálatas: "Pero cuando agradó a Dios, que me apartó desde el vientre de mi madre, y me llamó por Su gracia, revelar a Su Hijo en mí, para que yo le anunciase como evangelio entre los gentiles, no consulté en seguida con carne y sangre" (Gá. 1:15-16). En este pasaje, Pablo primero dice que había sido apartado desde el vientre de su madre, y luego, que llegó a ser ministro de la palabra de Dios. Todavía estaba en el vientre de su madre, cuando Dios lo apartó y le asignó una carrera. El emprendió esta carrera al recibir la salvación, lo cual muestra que la preparación e iniciación de un ministro es determinada por Dios, aun antes de que la persona nazca.

Todo lo que experimentamos antes de ser salvos fue dispuesto providencialmente por Dios. El nos dio el carácter que nos distingue de los demás, así como nuestro temperamento y nuestras virtudes. Ninguna de nuestras experiencias ha sido coincidencia; y tampoco heredamos nuestros rasgos personales por casualidad; estas cosas fueron preparadas y dispuestas por Dios. Todo está bajo Su mano providencial. El previó nuestra habilidad y las experiencias que pasaríamos, y nos preparó para nuestra futura comisión. Pablo es un ejemplo de esto. El fue apartado desde que estaba en el vientre de su madre y su curso fue establecido mucho antes de nacer; inclusive la profesión que ejercía antes de recibir al Señor, fue establecida por Dios.

Pedro estaba pescando cuando el Señor lo llamó, y dedicó el resto de su vida a conducir personas al Señor (Mt. 4:18-20). A él le fueron entregadas las llaves del reino de los cielos, cuyas puertas abrió (16:19) el día de Pentecostés y también en la casa de Cornelio. Notemos que fue un pescador el que abrió la puerta para que el hombre entrara en el reino.

Juan también era pescador, pero en el momento de su llamamiento, no estaba pescando, sino remendando las redes (4:21-22). El evangelio de Juan fue el último en escribirse, y en él se revela la vida eterna. Si sólo tuviéramos los primeros tres evangelios, y Juan no hubiera reparado los vacíos que éstos tenían, no sabríamos lo que es la vida eterna. Las epístolas de Juan fueron escritas décadas después de las de Pedro y las de Pablo. Para entonces, los gnósticos habían introducido sus filosofías a la iglesia. Juan volvió la atención de los creyentes a la vida eterna; dio a conocer el estado y la expresión de una persona nacida de Dios. En los primeros días de la apostasía, tuvimos a uno que se valió de la vida eterna para remendar la red. Apocalipsis, el último de los sesenta y seis libros de la Biblia, también fue escrito por Juan. Sin este libro, la Biblia estaría incompleta, y muchas cosas habrían quedado inconclusas. Juan remendó la red y completó la Biblia al escribir el libro de Apocalipsis. Esto nos muestra que el ministerio de Juan es un ministerio que restaura.

Volvamos al caso de Pablo. Dios le asignó una carrera. Hasta su oficio fue determinado por Dios. Pablo fabricaba tiendas de campaña. El ministerio de Pablo vino después del ministerio del Señor Jesús y después del de Pedro; y está ubicado entre el ministerio de Pedro y la obra del reino futuro. El reino no ha venido, pero mientras tanto, las personas son salvas y edifican la iglesia. El ministerio de Pablo concuerda con su oficio de hacer tiendas. El no trabajaba en la producción de telas, sino que las usaba como materia prima para construir tiendas. Dios estableció el oficio que Pablo tendría.

El ministro de la Palabra de Dios es apartado desde que está en el vientre de su madre. Sabiendo esto, debemos ser sensatos y entender la obra providencial de Dios en nuestras vidas. El dispuso nuestras circunstancias, nuestra familia y nuestra ocupación. Dios no tiene la intención de anular estos elementos humanos. El no desea que nos conduzcamos de manera sobrenatural, ni que seamos arrogantes ni legalistas, sino que seamos sencillos como niños y que, a la vez, nuestro hombre exterior sea quebrantado. El Espíritu de Dios restaura todos nuestros elementos naturales y al mismo tiempo quebranta nuestro mismo ser (no los elementos humanos), el cual se compone de nuestro "cascarón" natural, es decir, de nuestra vida natural, junto con nuestra parte emotiva y nuestro intelecto. Dios tiene que quebrantar todo eso. El hombre exterior tiene que ser quebrantado y derribado. Sin embargo, esto no significa que Dios haya descartado el elemento humano.

El mayor problema que tenemos es no saber dónde comienza esta obra ni dónde termina. No sabemos cuánto de lo que tenemos en nuestro ser puede permanecer, ni cuánto necesita ser quebrantado. Todo el que es guiado por Dios, sabe en lo profundo de su ser si su servicio es puro o si está contaminado. Esta senda no es fácil de seguir, así que tenemos que rendirnos ante la disciplina de Dios y someternos a la obra de la cruz, la cual elimina todo lo que Dios desaprueba y aborrece, y derriba todo lo que debe ser demolido. Debemos ser sumisos y confesar ante el Señor que tenemos muchos conflictos internos y que no sabemos hacerles frente. Debemos pedirle que nos ilumine y que Su luz mate todo lo que tenga que morir; que nos discipline a tal grado que nuestros elementos humanos no sean un estorbo a Su obra, sino un medio que la exprese. Pablo estuvo toda su vida bajo la mano poderosa de Dios. La experiencia de su salvación llegó a ser un modelo para otros (1 Ti. 1:16). Cuando la luz de Dios lo subyugó, cayó en tierra delante del Señor. Esta fue una salvación dinámica. Tan pronto se levantó, Dios le habló y nunca cesó de hacerlo. Pablo escribió la mayoría de las epístolas del Nuevo Testamento. A Dios le agradaba expresar Su Palabra continuamente por medio de Pablo. Sin duda, él fue un ministro que siempre estuvo bajo la mano de Dios.

DOS

Examinemos las epístolas que Pablo dirigió a los corintios, y notemos especialmente la manera en que ejercía el ministerio de la Palabra. Cierto hermano dijo que de todos los libros de la Biblia, las epístolas de Pablo a los Corintios, en particular 1 Corintios 7, son la cúspide de la experiencia humana. Esto es cierto, y la experiencia de Pablo lo comprueba. Veamos los siguientes ejemplos:

En el versículo 6 leemos: "Mas esto digo por vía de concesión, no por mandamiento". La expresión *esto digo* indica que Pablo daba su parecer.

En el versículo 7 dice: "Quisiera más bien que todos los hombres fuesen como yo". Este era el deseo de Pablo. En el versículo 6 habla sus propias palabras, y en el versículo 7 expresa su deseo. En ningún momento indica que se trata de la Palabra de Dios o del deseo de Dios. En el versículo 7 añade: "Pero cada uno tiene su propio don de Dios, uno de un modo, y otro de otro modo". Vemos que Dios obra de diferentes maneras; no obstante, Pablo da su opinión cuando dice que desea que todos sean como él.

En el versículo 8 leemos: "Digo, pues, a los solteros y a las viudas, que bueno les fuera quedarse como yo". De nuevo, es Pablo el que dice esto.

En el versículo 10 dice: "A los que están unidos en matrimonio, mando, no yo, sino el Señor: Que la mujer no se separe del marido". Primero, Pablo dice: "mando", y luego añade "no yo, sino el Señor". Expresiones como éstas sólo se encuentran en 1 Corintios 7. Por una parte, Pablo manda; y por otra, dice que no es él quien lo ordena, sino el Señor.

En el versículo 12 agrega: "Y a los demás yo digo, no el Señor". Esta es la aseveración de Pablo. En los versículos del 12 al 24 Pablo es quien habla, no el Señor. ¿Cómo se atrevió Pablo a hablar así? ¿Cómo pudo ser tan osado? ¿Con qué autoridad hablaba? En los siguientes versículos, Pablo presenta la base que tenía para hablar así.

Leemos en el versículo 25: "En cuanto a las vírgenes no tengo mandamiento del Señor". Pablo no mentía; él fue franco al admitir que no tenía mandamiento del Señor. "Mas doy mi parecer, como uno a quien el Señor ha concedido misericordia para ser fiel". Esta es la opinión de uno a quien el Señor había concedido misericordia y la facultad de ser fiel. Dios realizó una obra tan profunda en Pablo que él pudo afirmar fielmente que era lo era por la misericordia de Dios. La labor que Dios había hecho en él era tan intensa que lo hacía apto para expresar su opinión. Sus palabras no eran un mandato del Señor, sino su propia opinión, es decir, su punto de vista acerca del asunto. Pablo les manifestó a los corintios lo que pensaba.

Pablo expresa sus opiniones y da su parecer al expresar las siguientes aseveraciones: "Tengo, pues, esto por bueno a causa de la necesidad presente" (v. 26). "Yo os la quisiera evitar" (v. 28). "Pero esto digo, hermanos". Pablo es quien dice: "Ahora bien, quisiera que estuvieseis sin congoja" (v. 29). Este es el deseo de Pablo (v. 32). "Esto lo digo [yo, Pablo]" (v. 35). "Pero a mi juicio" (v. 40).

En el versículo 17 Pablo dice: "Así ordeno en todas las iglesias". Estas palabras de Pablo no estaban dirigidas solamente a los corintios, sino a todas las iglesias. El dio el mismo mandato a todas las iglesias.

Hermanos y hermanas, ¡esto es maravilloso! Esto va en contra de nuestra manera de pensar. En Juan 8:28 el Señor dice: "Estas cosas hablo, según me enseñó Mi Padre", y en Juan 12:50 dice: "Lo que Yo hablo, lo hablo como el Padre me lo ha dicho". Pablo osadamente dice que da su parecer, su punto de vista. Aún la orden que dio a las iglesias procedía de él. Esta experiencia es muy elevada. En toda la Biblia no se encuentra una experiencia tan elevada como la que vemos en 1 Corintios 7. Pablo concluye este pasaje con estas palabras: "Pienso que también yo tengo el Espíritu de Dios" (v. 40). Esta es la cúspide espiritual. Pablo no tenía mandamiento de Dios, ni había recibido palabra de parte del Señor, pero hablaba basándose en la misericordia que había recibido. No obstante, después de expresar su sentir, afirmó que pensaba que él tenía el Espíritu de Dios.

He ahí el elemento humano al que nos referimos. El caso de Pablo nos presenta un ejemplo sobresaliente y concreto de cómo los elementos humanos son empleados en la Palabra de Dios. En él vemos a un hombre que el Señor había disciplinado, restringido y quebrantado a tal grado que podía expresar lo que pensaba, consciente de que el Señor no le había dado instrucciones específicas al respecto. Sin embargo, sus palabras llegan a ser las palabras del Espíritu Santo. Pablo deja en claro que da su propio parecer; aún así, era el parecer del Espíritu de Dios. Vemos en él a un hombre totalmente sometido a la operación del Espíritu del Señor, y cuando hablaba, el Espíritu Santo hablaba en él. Esto es muy diferente a lo que hizo el asna de Balaam, la cual habló porque Dios la usó; pero una vez que dijo lo que se le había mandado, siguió siendo un asna. En contraste, vemos que Pablo, un hombre que seguía al Señor y que había recibido misericordia para ser fiel, expresa su sentir, y sin embargo, éste era el parecer del Señor. Dios había laborado en él de tal manera que casi podía hablar la Palabra sin que procediera directamente de Dios. Esto es ser un ministro de la Palabra.

Algunos siervos del Señor hablan la Palabra de Dios que reciben, pero una vez que la comunican, no les queda nada más que decir. Pablo había llegado a la etapa en la que hablaba la Palabra de Dios sin importar si era puesta en su boca o no. El era un hombre tan competente que se había ganado la confianza del Señor, al punto, que sus palabras eran consideradas las de Dios. Que el Señor tenga misericordia de nosotros para que no seamos como el asna de Balaam. No debemos estar satisfechos con que la Palabra de Dios sea puesta en nuestra boca. Si tal es nuestra condición, no tendremos nada que ver con la Palabra de Dios. Pablo era un hombre que estaba relacionado con la Palabra de Dios a tal grado que su parecer se consideraba el de Dios. Aun sus más insignificantes pensamientos llegaron a ser los pensamientos del Espíritu Santo. ¡El era uno con el Espíritu de Dios! Cuando hablaba, representaba la Palabra de Dios.

El ministro de la Palabra es aquel que además de ministrar la Palabra, tiene una relación especial con ella; siente, piensa y opina como Dios, y cuando se conduce de cierta manera, lo hace porque Dios lo restringe. A un ministro Dios lo aprueba y reconoce sus pensamientos e ideas como si fueran Suyos. Hemos venido diciendo esto por años; a esto es lo que llamamos la obra constituyente del Espíritu Santo, mediante la cual Dios nos constituye de El y se forja en nosotros. El candelero de oro fue labrado a martillo (Ex. 25:31). Todo lo que Dios nos da lo forja "a martillo" en nuestro ser. Nosotros somos como un pedazo de oro sin forma, y Dios nos está labrando a golpes de martillo, dándonos la forma de un candelero. El Espíritu Santo no sólo pone la Palabra divina en nuestra boca, sino que la forja en nuestro ser hasta que adquirimos la forma definida de Dios. Así que lo importante no es tener la Palabra de Dios en nuestra boca, sino ser labrados hasta el punto de que Dios nos confíe Su palabra. Pablo fue constituido del Señor de tal manera que su sentir era digno de la confianza de Dios. El sentir de Pablo era considerado por Dios como Su propio sentir. Cuando Dios pone Su palabra en un hombre como Pablo y lo constituye ministro de la Palabra, ésta no corre el riesgo de ser contaminada.

Dios puede poner Su confianza y Su fe en un ministro de la Palabra, pues cuando se habla del ministro de la Palabra se alude no sólo a la Palabra, sino también a la persona que la ministra. Esta persona es perfeccionada de tal manera que no distorsiona la Palabra de Dios ni la interpreta erróneamente. El ministro de la Palabra está constituido de Dios a tal grado que Dios deposita en él Su sentir, Sus juicios y Sus pensamientos. Cuando los elementos naturales de esta persona se incorporan a la Palabra, no la contaminan. Hermanos y hermanas, esto no contradice lo que dijimos en mensajes anteriores. Dijimos que el elemento humano no tiene lugar en la obra de Dios, ¿por qué decimos ahora que la Palabra de Dios contiene elementos humanos? En realidad no todos los elementos pueden ser incluidos en el mensaje, sólo algunos; y las personas que los poseen saben que la Palabra de Dios puede fluir por medio de ellos fácilmente. Dios puede confiar plenamente en tales personas.

Quisiéramos dedicar un poco más de tiempo al estudio de lo dicho por Pablo en 1 Corintios 7. El afirma que se le concedió misericordia para ser fiel. La misericordia proviene de Dios y produce fidelidad. Esto significa que Dios hizo una obra de constitución tan grande en Pablo, que todo su ser llegó a ser semejante a la Palabra de Dios. Debido a esto, Pablo podía anunciar la Palabra de Dios dondequiera que iba y decir confiadamente: "Quisiera", "digo" y "así ordeno en todas las iglesias". Pablo había tenido un encuentro con Dios y conocía a Dios; así que cuando hablaba, de su boca salía la Palabra de Dios. Debemos recordar que la Palabra de Dios no se emite de manera sobrenatural, sino por medio del hombre con sus elementos humanos. Si la persona no es íntegra, la Palabra de Dios no puede fluir y, en consecuencia, no es apta para ser ministro de la Palabra. No debemos pensar que memorizar un mensaje nos capacita para predicar. La Palabra de Dios debe transformar al hombre a fin de fluir en él libremente. Si no reunimos las cualidades necesarias, la Palabra de Dios se deteriorará tan pronto salga de nosotros. La superficialidad y carnalidad del hombre contaminan la Palabra. El hombre debe ser formado por la obra constituyente de Dios, a fin de que la Palabra de Dios pueda brotar de él sin ser afectada.

Pablo no menoscabó la Palabra de Dios en 1 Corintios 7, pues allí vemos a un hombre maduro, el cual cuando daba su parecer, se podía tener la certeza de que era recto; cuando

hablaba, se podía confiar en lo que decía; y cuando ordenaba
que las iglesia hicieran algo, uno podía estar seguro de que la
orden era correcta. Vemos allí a un hombre que daba órdenes;
sin embargo, éstas eran la Palabra de Dios que salía de él;
vemos a un hombre en quien Dios podía confiar, un hombre
que concordaba con la norma de Dios. El ministro de la palabra debe llegar a una estatura semejante para que la Palabra
de Dios sea expresada sin ningún obstáculo. La medida de
disciplina, de restricción, de golpes y de quebrantamiento que
recibamos de parte del Señor, determinará el grado de pureza
con que expresemos la Palabra de Dios. Cuanto más experimentemos al Señor, más puro será nuestro discurso, y la
Palabra no correrá el peligro de ser contaminada. El ministerio de la Palabra se basa en el ministerio que una persona
posee ante el Señor. Si nuestro ministerio es un fracaso, también lo que prediquemos será un fracaso.

TRES

Leamos 1 Corintios 14:29-32: "En cuanto a los profetas,
que hablen dos o tres, y los demás disciernan. Pero si algo le
es revelado a otro que está sentado, calle el primero. Porque
podéis profetizar todos uno por uno, para que todos aprendan
y todos sean alentados. Y los espíritus de los profetas están
sujetos a los profetas". El ministerio profético es el más elevado de todos. El Espíritu Santo da la palabra a los profetas y,
al mismo tiempo, reside en ellos. El espíritu del profeta lo
faculta para que anuncie la Palabra de Dios, pero mientras
habla debe observar si otros quieren participar y permitir que
lo hagan. Aun si tiene más que decir, debe callar y permitir
que hablen otros que hayan recibido revelación. De cuatro o
cinco personas que hayan recibido revelación, sólo deben
hablar dos o tres, y los demás deben escuchar, porque los espíritus de los profetas están sujetos a los profetas. Por esta
misma razón, cuando el Espíritu Santo utiliza a un hombre,
éste tiene control sobre su propio espíritu.

El principio fundamental que hallamos aquí consiste en
que el Espíritu Santo determina lo que el profeta debe hablar,
pero éste debe decidir cómo y cuándo hacerlo. Cuando hablan
dos o tres de los que han recibido revelación, los demás deben

guardar silencio, aunque ellos mismos hayan recibido revelación. Aunque lo que uno desea comunicar provenga del Espíritu Santo, tiene que discernir cuando decirlo. El Espíritu da la palabra, pero los profetas determinan el momento y la manera de proclamarla, ya que los espíritus de los profetas están sujetos a los profetas. Cuando el Espíritu de Dios desea que hablemos, debemos tener presente que nosotros tenemos control de nuestro propio espíritu. Uno no tiene que hablar necesariamente cada vez que reciba la Palabra de Dios.

Los ministros de la Palabra tienen un compromiso muy grande, ya que la mayor parte de esta responsabilidad recae sobre ellos, no sobre Dios. Los ministros que no son íntegros, menoscaban la Palabra de Dios. Puede ser que el orador use las palabras correctas, pero su actitud o el momento en que lo hace no es el indicado. Si no somos personas íntegras, no podremos comunicar un mensaje oportuno, y si no somos dignos de confianza, la palabra se debilitará aún estando en nosotros. Los espíritus de los profetas deben estar sujetos a los profetas. ¡Cuán grande es la responsabilidad de los profetas! Es fácil hablar cuando la Palabra llega, y también es fácil callar cuando ésta cesa; pero es difícil decidir cómo y cuándo debemos hablar. Si nunca hemos sido disciplinados o restringidos por el Señor, y el Espíritu Santo no ha forjado mucho en nosotros, ni conocemos Sus caminos, afectaremos la Palabra. El Señor nos confía Su palabra, pero nosotros debemos discernir cómo y cuándo proclamarla. No debemos descuidar este compromiso tan grande.

Tengamos presente que el ministerio de la Palabra de Dios consiste en que Dios le confía Su palabra al hombre. Este es el significado del ministerio de la Palabra. La Palabra no es puesta en una grabadora para que la repita, sino en el hombre, y permite que éste determine la manera y el momento de expresarla. Dios estableció que los espíritus de los profetas estén sujetos a los profetas. El momento y la manera de anunciar la Palabra no depende del Espíritu, sino de los profetas. El profeta que no ha experimentado el quebrantamiento, la disciplina y la restricción, da rienda suelta a su espíritu, y esto trae sus repercusiones. Lo importante no es si alguien es profeta o no, sino la clase de persona que sea el profeta. No se trata de hacer distinción entre los que son profetas y los que no lo son, sino de ver la diferencia entre un profeta y otro. Por ejemplo, ¿cuál es la diferencia entre Jeremías y Balaam? Este principio es esencial y debemos entenderlo claramente. Necesitamos tanto la Palabra de Dios como el ministerio, pues ambos son indispensables para que exista el ministerio de la Palabra.

Uno de los problemas que sufre la iglesia es la falta de ministros de la Palabra de Dios que sean intachables. Esto no significa que la Palabra de Dios esté escasa ni que la visión o la luz no sean claras; sino que hay escasez de hombres a quienes Dios pueda usar. Dios desea que los espíritus de los profetas estén sujetos a los profetas. ¿A qué profetas se deben sujetar los espíritus de los profetas? ¿Acaso a los que andan según sus deseos, que dan lugar a la carne, y que son obstinados en su mente y en sus emociones? ¿O a aquel que no tiene la marca de la cruz en su espíritu, es desenfrenado y orgulloso? Alguien así posiblemente haya experimentado la disciplina del Señor por años, y la mano del Señor haya caído sobre él reiteradas veces, pero sigue igual. A pesar de experimentar la disciplina continua del Señor, todavía no está dispuesto a ceder. Este es un vaso que no se puede usar. ¿Carecemos de visión, de luz o de la Palabra de Dios? No. El problema es la escasez de profetas a quienes Dios pueda usar.

Una característica que vemos en Pablo es que Dios podía usarlo y confiar en él. Si Dios no puede usar a una persona, tampoco le puede confiar Su Palabra. Supongamos que Dios le confía a usted la Palabra y le manda que hable. ¿Se quedará usted callado? Usted hablará según lo que usted sea. Si Dios permite que usted exprese la Palabra, pero sus pensamientos, sus emociones, sus motivos y sus opiniones no colaboran como es debido, estorbará el fluir de la Palabra de Dios. Si su espíritu no es recto, los oyentes recibirán la impresión de un espíritu endeble, pese a que sus palabras sean correctas. La Palabra de Dios sería dañada por el hombre; por eso, Dios no puede confiarle Su palabra.

Cuando la disciplina que el Señor nos da toca lo profundo de nuestro ser, recibimos revelación. Si nuestra parte emotiva, nuestra mente, nuestra voluntad y nuestro espíritu son disciplinados, el Espíritu Santo habla por medio de nosotros, y lo que expresa es una inspiración o una revelación. La inspiración de la que habla la Biblia, ocurre cuando el Espíritu Santo mantiene bajo Su control los elementos humanos e impide que éstos sigan sus propios designios. Cuando la Palabra de Dios es expresada por una persona así, se genera un ministerio de la palabra lleno de revelación y de inspiración. Es por eso que decimos que cuanto más disciplina recibamos, más inspiración tendremos. Nuestra mente, nuestra parte emotiva, nuestra voluntad, nuestra memoria y nuestro entendimiento necesitan ser disciplinados rigurosamente por Dios. Todas las partes de nuestro ser se relacionan estrechamente con la Palabra de Dios. Nuestro corazón debe ser quebrantado, y nuestras intenciones disciplinadas. Dios tiene que trabajar en todo nuestro ser. Debemos recordar que para ser constituidos ministros de la Palabra tenemos que pagar un precio. Este es el único medio. ¿Puede acaso un hombre llegar a ser ministro de la Palabra de Dios simplemente por poseer una mente ágil? No. Nunca debemos cometer el error de pensar que el conocimiento, la sabiduría o la elocuencia humanas pueden mejorar la Palabra de Dios. Necesitamos ser golpeados, oprimidos y despojados. Los que conocen al Señor saben que Su mano es rígida sobre aquellos a quienes El usa. El propósito de esta disciplina es hacernos vasos útiles. El Señor tiene que disciplinarnos y quebrantarnos a fin de que lleguemos a ser ministros de Su Palabra. Para llegar a ser tales hay que pagar un precio.

Algunas personas llevan años bajo el quebrantamiento de Dios. Quizás durante diez, veinte o treinta años el Señor ha estado laborando en ellas disciplinándolas. ¿Cómo podemos ser tan insensibles? ¿Cómo es posible que estemos tan embotados? Debemos comprender que es imposible participar en el ministerio de la Palabra si permanecemos inmutables. Es necesario que nos postremos ante el Señor y le digamos que somos vasos inútiles, pero que queremos seguir adelante, que necesitamos ser golpeados y quebrantados para poder ser útiles en Sus manos y servirle. Cuando lleguemos a este punto, la Palabra del Señor podrá brotar de nosotros libremente.

En resumen, el Espíritu Santo deposita la Palabra de Dios en nosotros y nos indica lo que debemos decir, pero somos nosotros quienes debemos decidir cómo y cuándo hablar. Dios confía en nosotros. Lo único que manda es que los espíritus de los profetas estén sujetos a los profetas. ¡Qué gran responsabilidad tienen los profetas! El ministerio de la Palabra transmite la Palabra de Dios por medio de la mente y las palabras del hombre. Si nuestra contribución no llega al debido nivel, cuando hablemos lo que saldrá no será la Palabra de Dios. ¡Esto trae serias consecuencias! Dios puede hablar desde los cielos o por medio de los ángeles, pero Él nos ama y nos escogió a nosotros. ¡Qué lamentable sería si nos convirtiéramos en obstáculos para Su obra! Nuestra propia experiencia nos muestra con frecuencia que somos vasos inútiles. A fin de que Dios pueda hacer de nosotros ministros de la Palabra, necesitamos implorarle que nos conceda Su misericordia. Debemos decirle al Señor: "No te soltaré hasta que me concedas Tu misericordia". Si Dios no tiene misericordia de nosotros, Su palabra se detendrá al llegar a nosotros. Toda la responsabilidad recae sobre nosotros.

Posiblemente hayamos predicado la Palabra por diez o veinte años, pero ¿cuánto de lo que hemos predicado ha sido en realidad la Palabra de Dios? Aunque afirmamos que nuestra predicación es la Palabra de Dios, ¿es en verdad la Palabra de Dios? El principio sobre el cual se basa el ministerio de la Palabra es la encarnación, la palabra hecha carne. La palabra no puede anunciarse sin la carne. Donde quiera que estén los ministros, ahí estará la Palabra de Dios. Si somos ministros, tenemos que comprender que la responsabilidad recae sobre nosotros. La tarea de los ministros es anunciar la Palabra, y sin ellos, Dios no puede hablar. Hoy ni Dios, ni los cielos, ni los ángeles hablan al hombre directamente. Si el hombre no habla, ¿quién podrá oír la Palabra de Dios? Hacer esto sería bloquearla. Durante estos dos mil años, siempre que Dios ha encontrado hombres útiles, ha comunicado Su palabra por medio de ellos. Algunas veces sólo encontró uno, y por medio de él Su Palabra fue proclamada de una manera arrolladora. Si hoy Dios encuentra ministros como éstos, si la iglesia se mantiene firme en esta nueva posición y satisface a Dios de manera que llegue a ser Su vaso, la Palabra de Dios será predicada poderosamente una vez más; pero si nos quedamos callados, Dios no podrá avanzar en la tierra. Permítanme repetir: son los ministros los que llevan la Palabra de Dios, y sin ellos, la Palabra se detiene. Los espíritus de los profetas están sujetos a los profetas. Necesitamos ser elevados al nivel de Pablo; de esta manera, cuando expresemos la Palabra de Dios, tendremos la sensación de que no hablamos solos sino que el Señor habla juntamente con nosotros, y podremos ver la riquezas de la Palabra de Dios. Ciertamente la Palabra de Dios es rica. Que el Señor tenga misericordia de nosotros y nos conceda Su palabra. Que el Señor levante muchos ministros de la Palabra entre nosotros.

CAPITULO CUATRO

LA CUMBRE DEL MINISTERIO DE LA PALABRA

UNO

En el ministerio de la Palabra, además del Señor Jesús, quien es el Verbo hecho carne, están los ministros del Antiguo Testamento y los ministros del Nuevo Testamento. En principio, los ministros del Antiguo Testamento no tenían percepción ni iniciativa propia. Aunque Jeremías, Isaías y muchos otros profetas del Antiguo Testamento experimentaron hasta cierto punto lo que anunciaban, dicha experiencia era muy personal, no según el principio de los ministros de la Palabra. Como regla general, Dios usaba al hombre para que anunciara Su palabra textualmente. Esto era lo que hacía de estos hombres oráculos de Dios. Lo único que ellos hacían era recibir y comunicar la palabra de Dios. Por esta razón, aun Saúl fue contado como uno de los profetas (1 S. 10:10), y también lo fue Balaam. Había una estrecha relación entre la Palabra de Dios y los que la anunciaban. El hombre era como un tubo en el cual entra agua por un extremo y sale por el otro. El tubo sigue siendo el tubo y tiene muy poca relación con el agua. Lo único que se requería para preservar la revelación de Dios, era que el hombre fuera exacto en sus palabras, lo cual no era muy difícil.

Pero los ministros del Nuevo Testamento son diferentes. Si un ministro neotestamentario está al nivel de Dios, su ministerio es más glorioso que el de los ministros del Antiguo Testamento; de lo contrario, representará un gran peligro para la Palabra de Dios. Dios confía Su palabra al hombre, la pone delante de él y permite que la exprese usando sus propios pensamientos, sus sentimientos, su entendimiento, su memoria y sus palabras. Si aún así, el hombre expresa la

Palabra con pureza, su ministerio es mucho más glorioso que el del Antiguo Testamento. Es un honor para el hombre poder participar en la proclamación de la Palabra de Dios sin cambiarla ni adulterarla. El más mínimo problema o deficiencia por parte del ministro distorsiona la Palabra.

Posiblemente algunos se pregunten por qué Dios tiene que usar un método tan difícil para comunicar Su palabra. Este interrogante es como el de los incrédulos que se preguntan por qué Dios no suprimió el árbol del conocimiento del bien y del mal, y por qué no creó un hombre que no pecara. Según ellos, esto habría eliminado el peligro de pecar, y Dios no habría tenido que redimirnos. Podemos decir en respuesta a estas preguntas que Dios no desea que Sus criaturas sean autómatas sin voluntad. Para Dios sería fácil crear una máquina que siguiera Sus instrucciones fielmente, lo cual haría innecesaria la participación del hombre. Pero esto no lo glorificaría en absoluto. Esta clase de obediencia y de virtud no tiene ningún valor para Dios. Una entidad así nunca se equivocaría ni pecaría, pero tampoco sería santa. Dios desea un pueblo que pueda distinguir entre la izquierda y la derecha, entre lo correcto y lo incorrecto, y que pueda escoger entre el bien y el mal. Si el ser que Dios creó escoge someterse a Él, dicha decisión honra a Dios más que la obediencia de un autómata. Dios le dio al hombre el libre albedrío para que escoja entre el bien y el mal. Aunque existe el riesgo de que uno escoja el mal, la decisión de escoger el bien honra a Dios. Es por esto que Dios no creó un muñeco que sólo hiciera el bien, sino a un hombre con libre albedrío, con la capacidad de escoger entre el bien y el mal. Dios desea que el hombre escoja el bien y la obediencia por su propia voluntad, pues esto lo honra a Él.

Este mismo principio se puede aplicar al ministerio de la Palabra en el Nuevo Testamento. Hay infinidad de obstáculos que impiden que Dios transmita Su palabra por medio del hombre. Para Dios no es ningún problema hablar directamente o por medio de los ángeles. Inclusive, le es más fácil usar un asno que un hombre, ya que el asno no es tan complicado como el hombre. Un asno no pone trabas en su mente, ni usa su propio entendimiento, ni su memoria, ni su intención ni su espíritu. Cuando se le ordena que hable, simplemente habla. Dios hizo hablar a un asno, pero esto fue una excepción. Lo hizo porque el profeta iba por el camino errado, pero no tenía la intención de valerse del asno para reemplazar al profeta; El todavía desea que el hombre sea Su profeta; quiere usar al hombre, el cual fue creado específicamente con este fin. Cuando Dios creó el mundo, Su intención no era hacer una máquina que tuviese la capacidad de predicar pero que fuese sumisa y sin voluntad. El busca personas que tengan libre albedrío. Obviamente éste es un gran riesgo; sin embargo, Dios corre el riesgo y confía Su palabra al hombre, pese a que éste es complicado, pecador, vil y débil, y a que está rodeado de los problemas que acarrean el hombre exterior, el hombre natural y el hombre carnal. Todos estos factores se oponen a Dios; pero aún así El desea confiar Su palabra al hombre. ya que Su gloria es mayor cuando éste vence todos estos obstáculos.

Dios desea hablar por medio del hombre, pero éste es bueno y malo a la vez; entonces, cabe la posibilidad de que al comunicar la Palabra, lo haga fielmente o la distorsione. Es obvio que Dios tiene que hacer una obra muy grande en el hombre antes de confiarle Su Palabra, a fin de que éste la comunique de una manera correcta.

DOS

En 1 Corintios 7 vemos que Dios escogió a Pablo para que fuera un ministro de Su palabra y lo perfeccionó a tal grado que su ministerio llegó a ser la expresión de la inspiración divina. Cada una de sus palabras es exacta. Sus palabras, además de contener la Palabra de Dios, son concisas y cada frase cumple su cometido. ¿Cómo adquirió Pablo este ministerio? Siendo disciplinado por Dios. La labor que Dios hizo en Pablo fue tan grande que los pensamientos de éste, sus palabras, sus decisiones y sus opiniones eran correctas, exactas y aprobadas por Dios. Para Dios, Pablo tenía la exactitud de una persona, no la de una máquina. A Dios le place que el hombre exprese Su Palabra. En Pablo podemos ver cómo Dios deposita Su palabra en el hombre y cómo la expresa por medio de éste. El hombre no se limita a repetir literalmente la Palabra de Dios. Si la proclamación de ésta se diera de ese modo, la tarea sería fácil, pero Dios no actúa así, sino que entrega Su Palabra al hombre, y éste la escudriña con la mente. Dios, entonces, le da luz, la cual éste capta en su mente. Dios pone Su cargamento en el hombre, y éste lo expresa con sus propias palabras. Es el hombre el que piensa, el que indaga y el que habla, mas cuando expresa su sentir, Dios lo reconoce como Su propio sentir.

En el ministerio neotestamentario de la Palabra, Dios no dicta un mensaje a fin de que uno lo repita con puntos y comas. Cuando Dios revela Su Palabra como una llama, su luz ilumina el espíritu del hombre y crea un sentir en él y luego desaparece rápidamente; así que el hombre tiene que comprender su significado valiéndose de su mente e imprimiéndola en la misma antes de que desaparezca; además debe orar para que Dios le dé facilidad de expresión a fin de cristalizar la luz que recibió. Puede ser que mientras esté absorto en esto, le llegue una frase, la cual debe anotar; o puede ser que tenga un sentir o discernimiento acerca de algo; entonces debe dar su parecer. Al expresar su sentir, su espíritu se libera, y cuanto más habla, más puede comunicar la luz que recibió. En cierto momento, siente que su carga ha sido descargada completamente. Lo que usted ha dicho es su sentir u opinión; sin embargo, Dios lo reconoce como proveniente de El mismo.

¿Podemos ver cuán diferente es esto de la aserción dogmática de la imaginación humana? Usted es el que habla, escribe y ejerce su propio criterio, pero debido a que Dios lo quebrantó, El reconoce lo que usted dice como Su propia palabra. Este es el significado del ministerio de la Palabra. Todo lo que hay en su interior es una luz, un sentir. Sin embargo, puesto que posee opiniones, sugerencias y sentimientos, mientras medita en el sentir que tiene, Dios le da algunas palabras que explican ese sentir. Entonces usted lo expresa, y al hacerlo, Dios lo cuenta como Su propio sentir. El hombre tiene que ser totalmente depurado a fin de ser un ministro de la Palabra. Si los pensamientos, las emociones y las decisiones de una persona no son acertadas, no puede ser ministro de la Palabra de Dios. No se puede confiar en la opinión de una persona

a quien Dios no ha corregido; y Dios tampoco puede considerar la palabra de ella como si fuera Su palabra. Muchas veces,
tan pronto un hermano comienza a hablar, uno puede determinar si lo que dice procede de sí mismo o de Dios.
La confianza que Dios tiene en Sus ministros es tal que
simplemente les da una luz o un sentir y deja que ellos tomen
sus propias decisiones. Aunque ellos brindan sus propias sugerencias y propuestas, Dios confía en sus actividades. Dios
opera en el hombre a tal grado que éste llega a tener Sus mismas opiniones, Sus pensamientos, Sus sentimientos y Su
perspectiva. Si nuestro deseo es uno con el de Dios, y amamos
sin fluctuar lo que Él ama, lo que expresemos irá acompañado
de la presencia del Espíritu. Por una parte, damos nuestro
propio parecer, y por otra, el Espíritu de Dios está en lo que
decimos. Cuando hablamos, Él sustenta nuestra palabra. Es
así como predican los profetas neotestamentarios. Este es el
ministerio de la palabra en el Nuevo Testamento.

TRES

Examinemos nuevamente el carácter de Pablo según se ve
en 1 Corintios 7. Leemos en el versículo 6: "Mas esto digo por
vía de concesión, no por mandamiento". Esto es lo que Pablo
consideraba sabio; sin embargo, no lo imponía como mandamiento. Él tenía mucha claridad en lo que percibía. Sabía que
su entendimiento era correcto, pero no lo comunicaba como
un mandamiento. ¡Qué fineza y ternura había en Pablo! ¡Qué
prudencia! Él sabía que su sugerencia era correcta; no era un
mandamiento sino una concesión por causa de las ideas de
otros. Al leer el versículo 40, nos damos cuenta de que ésta
era la palabra del Espíritu de Dios. O sea que Pablo hablaba
con el consentimiento del Espíritu de Dios. Pablo pensaba,
igual que el Espíritu, que su propuesta era bien recibida. Dios
estaba completamente amalgamado con los sentimientos de
Pablo. En nuestros mensajes acerca de la autoridad de Dios,
recalcamos el profundo significado de que el Señor Jesús nos
confíe Su nombre; lo mismo sucede cuando Dios nos confía Su
palabra. Supongamos que alguien está pasando por dificultades y le recomendamos que hable con cierta persona y le
aseguramos que respaldaremos todo lo que ella diga y que sus

palabras se pueden considerar como nuestras. Este es un compromiso muy arriesgado que podría traernos serias consecuencias. ¿Confiaríamos en esta persona si supiéramos que tiene un carácter inestable? Esto es lo que sucede con los ministros de la Palabra hoy. Dios no les dicta el mensaje palabra por palabra para que lo comuniquen a fin de que nosotros lo memoricemos. Hacer esto es fácil, sólo sería cuestión de repetir lo que Dios nos dijera. Supongamos que el mensaje constara de seiscientas palabras; nuestra responsabilidad acabaría al recitarlas. Pero Dios no quiere que hagamos eso. El quiere depositar Su palabra en nuestro ser, para que después de que la absorbamos brote de nosotros como agua viva. Dios nos da luz, un sentir y las palabras con las cuales expresarlo. El Dios del cielo nos exhorta a que hablemos por El en la tierra, y a la vez nos permite decir lo que pensamos. Es obvio que quien conoce a Dios no se atreve a hablar livianamente.

La responsabilidad que tiene un ministro de la Palabra no es insignificante. Cuando una persona habla por Dios, lo que dice pasa por sus sentimientos, pensamientos y opiniones; así que su discernimiento tiene que ser exacto, y sus propuestas correctas. El ministro de la Palabra debe ser depurado por Dios a fin de que sus sentimientos lleguen a ser finos y tiernos, puesto que representan los sentimientos de Dios. Aun cuando sea su propio sentir, libre de influencias externas, está unido a Dios. Lo que Pablo expresa en 1 Corintios 7 no es insignificante.

Pablo usa en 1 Corintios 7:7 la expresión "quisiera". La palabra griega de la cual proviene esta palabra se usa nuevamente en el versículo 32, y nos muestra cómo era Pablo por dentro. Deseaba que los corintios fuesen como él. Sin embargo, al leer el versículo 40, nos damos cuenta de que en realidad ese anhelo procedía del Espíritu Santo. Lo que Pablo quería, era lo que Dios quería. ¡Cuán cuidadoso debía ser Pablo al expresar su deseo! ¿Qué habría acontecido si él hubiera deseado algo equivocado? La palabra de Dios habría sido confusa. El deseo que Pablo tenía en su espíritu era un sentimiento muy delicado. ¿Qué habría pasado si hubiera deseado algo erróneo? Dios tenía total control sobre los tiernos sentimientos de este hombre. Por lo tanto, cuando él deseaba algo, verdaderamente era el Espíritu Santo el que lo deseaba en él.

Vemos a un hombre cuyos sentimientos estaban puestos en las manos de Dios. El Señor podía confiar en Pablo. Hermanos, ¿puede el Señor usar nuestros sentimientos? ¿Puede confiar en nosotros? Para que esto sea posible necesitamos ser quebrantados. No hay otra manera. Los sentimientos de Pablo estaban completamente en las manos de Dios. Dios podía confiar en ellos, pues eran exactos y fidedignos. Leemos en el versículo 12: "Y a los demás yo digo, no el Señor". Pablo no percibía claramente que era el Señor el que hablaba, por eso dice que era su parecer. Sin embargo, al final dice que él tenía el Espíritu de Dios. Qué maravilloso ver que Pablo llegó a semejante experiencia.

En el versículo 25 él expresa claramente su parecer ante el Señor: "En cuanto a las vírgenes no tengo mandamiento del Señor; mas doy mi parecer, como uno a quien el Señor ha concedido misericordia para ser fiel". He aquí un hombre que había seguido al Señor por muchos años y a quien el Señor había concedido misericordia muchas veces. Esta misericordia lo había hecho fiel. El era mayordomo de Dios, ministro de Cristo, distribuidor de los misterios de Dios y fiel (4:1-2). ¿A qué era fiel Pablo? A su ministerio. Dios le confió misterios a Pablo y puso Su palabra en sus manos. El requisito principal para ser ministro de la Palabra es la fidelidad. Puesto que Pablo había obtenido misericordia de parte del Señor para ser un ministro fiel, podía dar su parecer. El no había recibido ningún mandamiento de parte del Señor en este caso y, por ende, no se atrevería a dar una orden; pero debido a su experiencia como mayordomo de los misterios de Dios y oráculo de Su Palabra, podía dar su parecer. Pablo había recibido misericordia de parte de Dios; había estado en contacto con lo espiritual; había tenido contacto con asuntos similares muchas veces y había aprendido muchas lecciones delante de Dios. Poco a poco había adquirido experiencia. En esta ocasión, Pablo no tenía mandamiento de parte del Señor; no obstante, les habló a los corintios basándose en lo que había visto y aprendido a lo largo de los años. El dio su parecer porque no se atrevió a decir que sus palabras eran mandamiento del Señor. Sin embargo, Dios aprobó y reconoció el sentir de Pablo como Su propio parecer. ¡Qué honor! Tenemos que alabar al Señor por esto. Este es un hombre que había recibido misericordia para ser fiel y cuyo parecer fue completamente reconocido por el Señor.

CUATRO

¿En que consiste la obra que el Espíritu Santo forja en el hombre? Tenemos que darnos cuenta de que el Espíritu de Dios no sólo reside en el hombre, sino que también se forja en él y lo constituye de Sí. No pensemos que el Espíritu Santo mora en nosotros como lo haría una persona que ha vivido en la casa de alguien por diez o veinte años, y luego se marcha y deja todo tal como lo encontró. No. El Espíritu Santo se inscribe en el hombre, se forja en él y lo constituye de Sí, labrando en él gradualmente el carácter del Señor. Podemos ver que hasta una casa, después de cierto tiempo, refleja las características de sus ocupantes. La investidura de dones sobre una persona no produce ningún cambio en ella, pero la morada del Espíritu Santo en ella ciertamente manifestará rasgos del carácter celestial, pues dicha persona llevará fruto del Espíritu. Ese fruto es el cambio efectuado en su carácter. Dios reconstituye el carácter del hombre por medio de la obra del Espíritu Santo. La operación del Espíritu Santo cambia la mente, los sentimientos, las opiniones y los conceptos del hombre. Esta obra forja algo en el hombre que cambia su forma de ser.

El servicio de Pablo como ministro de la Palabra no consistía en darle la oportunidad al Espíritu de que hablara por medio de él, sino en que su carácter estuviera constituido del Espíritu. El fruto del Espíritu de la Trinidad divina es aquello que se manifiesta en el carácter del hombre. El Espíritu opera en el hombre continuamente inscribiendo y podando hasta forjar cierto carácter, un carácter genuinamente humano, pero producido y engendrado por la obra del Espíritu Santo. La edificación que el Espíritu efectúa en el hombre lo transforma de gloria en gloria.

La Biblia nos muestra que la transformación es una verdad básica y también una experiencia fundamental. Podemos ver esto en Filipenses 3 y en 2 Corintios 3. Aunque admitimos que nuestra carne nunca cambiará, creemos que el Señor nos transformará y nos dará un carácter nuevo. El Espíritu del Señor no se limita a residir en nosotros, sino que vive en nosotros como nuestra vida. Es inconcebible que el Señor more en una persona y sea su vida por diez o veinte años sin que se produzca ningún cambio en ella. Cuando el Espíritu del Señor mora en nosotros, llega a ser nuestra vida y produce un cambio en nuestra mente, en nuestros sentimientos, en nuestro criterio y en nuestras opiniones. Nuestro corazón y nuestro espíritu tienen que cambiar. Anteriormente sólo teníamos la carne, pero la cruz la quebrantó y la venció. Ahora nuestro ser tiene una nueva constitución y nuevos frutos. ¿Qué es, entonces, la constitución que el Espíritu efectúa? Es el resultado de la edificación y la constitución que Dios hace en el hombre, las cuales son sólidas, firmes e inmutables.

El Señor laboró en Pablo y tuvo misericordia de él muchas veces, hasta constituirlo una persona fiel. Esta fidelidad es la actitud que Pablo tenía hacia su ministerio. El admitió que en cierto asunto, aunque no tenía mandamiento del Señor, daba su parecer. El parecer de Pablo era el resultado de la constitución del Espíritu Santo en él. Lo que él decía no era una simple inspiración, sino el resultado de la constitución interna que Dios había forjado en él. Al final, sus palabras, que eran el producto de su constitución, llegaron a ser palabras de inspiración. ¡Esto es algo admirable! Cuando una persona habla bajo la inspiración del Espíritu Santo, está consciente de que Dios habla por medio de ella; pero no sucede lo mismo cuando el Espíritu Santo se ha forjado en ella, porque aunque piensa que expresa su propio parecer, en realidad sus palabras se convierten en las palabras del Espíritu Santo. Esta es la razón por la cual Pablo dijo que también él tenía el Espíritu de Dios. Necesitamos que la obra de constitución del Espíritu Santo inscriba, forje y opere en nosotros hasta que nuestras opiniones, nuestras palabras, nuestros pensamientos y nuestros sentimientos no contradigan la

Palabra de Dios. Cuando esto ocurre, somos aptos para ser ministros de ésta.

El carácter que el Espíritu Santo forja en el hombre es diferente en cada uno. La predicación de Pablo expresa sus rasgos personales; y los mensajes de Pedro llevan consigo un tono que los distingue. Es por eso que el estilo de sus epístolas es distinto al de Pablo. Lo mismo sucede con Juan, cuyos escritos son diferentes a los de ellos. Cada autor tiene su estilo. Sin embargo, el Espíritu, de una manera maravillosa, asume el estilo de todo aquel que está constituido de El. Si los sesenta y seis libros de la Biblia tuvieran un solo estilo, sería muy monótona. La gloria de Dios se manifiesta en los diferentes estilos de quienes han experimentado la obra de constitución del Espíritu Santo. La Palabra puede ser expresada en diferentes formas, aún así, sigue siendo la palabra del Espíritu Santo. A todo aquel que sea dócil a la disciplina del Espíritu Santo se le concede la libertad de expresar sus características personales. En la creación no hay dos entes que sean idénticos. Si observamos los árboles, vemos que todos son diferentes; lo mismo sucede con las hojas; las estrellas tienen cada una su propia gloria. Y si observamos los rostros de las personas, notaremos que no hay dos que sean idénticos. Del mismo modo, lo que el Espíritu Santo constituye es diferente en cada persona. Tanto Pablo como Juan estaban llenos del amor del Espíritu; sin embargo, cada uno lo manifestó de diferente manera. Dios no necesita que haya uniformidad. Cada persona tiene su propia personalidad y también una constitución del Espíritu Santo diferente.

Hermanos, no digo con esto que todos podemos seguir el ejemplo de 1 Corintios 7. En toda la Biblia, solamente este capítulo presenta un caso tan notable. Sin embargo, si el Señor no nos guía a hablar de esa manera, cometeremos un grave error si damos nuestro parecer. En 1 Corintios 7 se nos revela qué clase de persona era Pablo, lo cual nos ayuda a entender los libros de Efesios, Colosenses, Romanos y Gálatas. Sabemos que Colosenses es un libro muy elevado y que Romanos presenta claramente el evangelio, pero en 1 Corintios 7 se nos revela la persona que escribió estos libros. En esto vemos lo valioso que es ese capítulo.

Vemos en 1 Corintios 7 un hombre cuyos sentimientos, pensamientos, opiniones y palabras son dignas de la confianza de Dios. Cuando la Palabra de Dios entraba en él, no se contaminaba, sino que llegaba a ser una revelación profunda. Si no tuviéramos dicho capítulo, únicamente sabríamos lo que el Espíritu Santo hizo por medio de Pablo, no lo que hizo en él. Este capítulo nos muestra a un hombre cuyos sentimientos, pensamientos y palabras eran fidedignos, y no obstruía la palabra de Dios ni consciente ni inconscientemente. Si no somos fidedignos, obstruiremos la Palabra de Dios, aunque El nos la haya dado. El Señor no puede encomendar Su revelación y Su luz a aquellos cuyos pensamientos, sentimientos, opiniones y palabras no son confiables, ni los puede reconocer como ministros de la Palabra.

Hermanos, la revelación que contienen las epístolas a los Romanos, a los Gálatas y a los Colosenses es muy elevada, y la de Efesios lo es más aún, pues esta epístola presenta la cumbre de la revelación divina. Con todo y eso, son las epístolas a los Corintios las que nos muestran la clase de persona a quien Dios le confía Su revelación. Pablo era una de esas personas. El era fiel y digno de confianza. Debido a esto, no afectó negativamente la Palabra de Dios. Por el contrario, hubo tanta gloria en su constitución que su estilo fue adoptado para perfeccionar la Palabra de Dios. La personalidad y las expresiones idiomáticas de Pablo contribuyeron a que la Palabra de Dios fuera más rica y gloriosa. Es un gran honor poder ser usado por Dios, es decir, que nuestros elementos humanos puedan ser usados sin que ellos comprometan la perfección de la Palabra de Dios, sino que por el contrario resalten Su gloria, Sus riquezas y Su perfección.

Que Dios tenga misericordia de nosotros y nos permita anunciar Su Palabra. Que podamos ver que debemos seguir una senda específica a fin de ser ministros de la misma. Hay una necesidad urgente de la Palabra de Dios. Roguémosle a Dios que nos conceda Su luz, Su palabra y la disciplina interna que nos moldea y nos transforma profunda y completamente. Aun nuestros más íntimos pensamientos tienen que ser fieles a Dios. Cuando éstos son expresados, se consideran los sentimientos del Señor, y cuando expresamos nuestras inclinaciones, se consideran la obra del Espíritu Santo. Es nuestro amor y nuestra paciencia lo que fluye; aún así, dicho amor y dicha paciencia son el resultado de la obra frecuente, profunda y completa que realiza el Espíritu Santo en nosotros. Por medio de dicha operación podemos llevar este fruto. Cuando somos constituidos del Espíritu Santo, el fruto es expresado de una manera espontánea. Hermanos, a medida que el Espíritu Santo realiza Su obra en nosotros y nos reconstituye, espontáneamente expresamos el sentir del Espíritu; pensamos lo que el Espíritu piensa, y nuestro parecer es la opinión del Espíritu. Cuando esto ocurre, Dios nos confía Su palabra para que la proclamemos. Todos se darán cuenta de que nuestras palabras son la Palabra de Dios, y Dios recibirá la gloria.

La pregunta fundamental que debemos hacernos hoy es: ¿Podrá Dios ponerse en nuestras manos? Debemos ver que el problema no radica en Su palabra sino en los ministros. Sin ministros la Palabra de Dios no puede ser expresada. Hoy, como en el pasado, Dios sigue hablando. El no tiene la intención de eliminar en la iglesia el ministerio profético, ni el de enseñar, ni el de evangelizar. El mayor problema que enfrentamos en la actualidad es la escasez de ministros. De nosotros depende si hay ministros en la iglesia y si éstos abundan. Esta es nuestra responsabilidad. Ojalá que despertemos a la realidad y nos demos cuenta de que de nosotros depende que no haya pobreza ni oscuridad en la iglesia. Hagamos un voto solemne ante el Señor y digámosle: "Señor, estoy dispuesto a ser quebrantado. Quebrántame para que Tu palabra pueda abrirse paso en mí". Que el Señor tenga misericordia de nosotros.

SECCION DOS

LA PALABRA DE DIOS

CAPITULO CINCO

LA BASE DE LA PALABRA

UNO

Ya vimos que ser un ministro de la Palabra de Dios no es nada insignificante, que no todos podemos anunciar la Palabra de Dios y que lo importante con respecto al ministro de la Palabra de Dios es la persona misma. Quisiéramos dirigir nuestra atención a la Palabra de Dios. Cuando hablamos del ministerio de la Palabra de Dios, no decimos que Dios exprese algo aparte de la Biblia, ni que nosotros podamos añadirle otro libro a los sesenta y seis que la conforman. Tampoco nos referimos a que podemos recibir revelación o introducir un ministerio que no se encuentre en la Biblia. La Palabra de Dios, compuesta del Antiguo y el Nuevo Testamentos, ya está completa, y no necesitamos añadirle nada a lo que está escrito. Pero al mismo tiempo debemos comprender que solamente tener una noción de la Biblia no nos hace aptos para predicar la Palabra de Dios, ya que para ser ministros, necesitamos conocerla.

Los sesenta y seis libros de la Biblia fueron escritos por unas cuarenta personas. Todas ellas usaron sus propias expresiones idiomáticas, su propio estilo y su terminología, y sus escritos contenían sus sentimientos, pensamientos y elementos humanos. Cuando la Palabra de Dios venía a estos escritores, Dios asumía los elementos personales de ellos. Algunos fueron usados por Dios y recibieron revelación de parte de El en mayor escala que otros, pero todos fueron ministros de Su palabra. Así que la Palabra de Dios es semejante a una composición musical, y los escritores son como los diferentes instrumentos que se emplearon. En una orquesta hay muchos instrumentos, y cada uno tiene su propio sonido distintivo; sin embargo, cuando la orquesta toca, todos los sonidos se combinan armoniosamente. Cuando escuchamos la música de la orquesta, podemos distinguir el sonido del piano, el del violín, el de la trompeta, el del clarinete y el de la flauta; sin embargo, lo que escuchamos no es una confusión de sonidos, sino una armoniosa melodía. Cada instrumento tiene su propia característica y personalidad, pero todos tocan la misma obra. Si la orquesta tocara al mismo tiempo dos canciones diferentes, produciría un ruido confuso. Esto se puede aplicar a los ministros de la Palabra. Aunque cada uno tiene sus propias características, todos anuncian la Palabra de Dios.

La Biblia, desde la primera página hasta la última, es una entidad orgánica, no una colección incoherente de escritos. Un ministro dice una cosa y otro añade algo más, pero cuando sus ministerios se unen, forman un sujeto orgánico. La Biblia fue escrita por unos cuarenta escritores; aún así, no fue trastornada ni fragmentada porque todos comunican el mismo mensaje. La Biblia posiblemente manifieste varias docenas de instrumentos, pero todos ellos tocan la misma pieza musical. Por eso, cuando alguien le añade otra melodía, nos damos cuenta de que el sonido es diferente. La Palabra de Dios es una entidad integrada. Aunque los sonidos sean diferentes, no tienen ninguna disonancia. No debemos suponer que basta con oír el sonido, ni que cualquier persona puede ponerse en pie y afirmar que anuncia la Palabra de Dios. Los ministros de la Palabra tanto en el pasado y como en el presente pertenecen a esta entidad indivisible, a la cual ningún elemento ajeno puede serle añadido. Si le añadimos algo, el resultado es confusión, apostasía y conflicto. La Palabra o el Verbo de Dios es una entidad viva; es el Señor Jesús.

El Antiguo Testamento consta de treinta y nueve libros. Es probable que cronológicamente el libro de Job haya sido el primero que se escribió. No obstante, es el Pentateuco de Moisés el que aparece al comienzo de la Biblia. Es maravilloso ver cómo los escritores de la Biblia que vinieron después de Moisés, no escribieron de una manera independiente, sino que edificaron sobre los escritos que los precedían. Moisés escribió el Pentateuco sin tener otros escritos como referencia, pero Josué se apoyó en los libros de Moisés; es decir, su

LA BASE DE LA PALABRA 59

servicio como ministro no fue independiente, ya que se basaba en el conocimiento que tenía del Pentateuco. Después de Josué, otros escritores como por ejemplo los autores de los libros de Samuel, también basaron sus escritos en los libros de Moisés, lo cual significa que aparte de Moisés, quien recibió al principio un llamado divino a escribir sus cinco libros, todos los subsiguientes ministros de la Palabra de Dios se basaron en lo que Dios había manifestado con anterioridad. La Palabra de Dios es una sola entidad, y ningún escritor puede seguir su propio rumbo. Cada escritor que viene después comunica la Palabra con base en lo dicho por quienes le preceden.

En el Nuevo Testamento hallamos que la única revelación nueva es el misterio del Cuerpo de Cristo. Efesios nos dice que el Cuerpo se compone de judíos y gentiles. Podemos decir que, con excepción de esta revelación, todo lo que contiene el Nuevo Testamento se basa en el Antiguo. Es decir, todo lo que vemos en el Nuevo Testamento se encuentra en el Antiguo Testamento. Este contiene casi todas las revelaciones doctrinales; inclusive, la revelación sobre el nuevo cielo y la nueva tierra se encuentra allí. Hay una versión de la Biblia que destaca todas las citas que el Nuevo Testamento hace de pasajes del Antiguo Testamento. Al leerla, uno se da cuenta de que muchas cosas del Nuevo Testamento, en realidad ya se habían dicho en el Antiguo Testamento. Algunos pasajes del Nuevo Testamento son citas textuales del Antiguo Testamento, y otras hacen referencia a cierto pasaje. Es semejante a nuestra predicación; algunas veces aludimos a pasajes bíblicos, y otras, recitamos el texto sabiendo que quienes estén familiarizados con la Biblia, saben a qué libro pertenece. En el Nuevo Testamento se hace referencia más de mil quinientas veces al Antiguo Testamento. Recordemos que el ministerio neotestamentario de la Palabra no es independiente, sino que tiene como base la expresión divina contenida en el Antiguo Testamento.

Si alguien se pone en pie y declara que recibió una revelación exclusiva, inmediatamente sabremos que tal revelación no es de fiar. Nadie puede recibir la Palabra de Dios fuera de la Biblia. No podemos prescindir del Antiguo Testamento y quedarnos sólo con el Nuevo, ni viceversa. Tampoco podemos eliminar los cuatro evangelios y quedarnos sólo con las epístolas de Pablo, ya que éstas no pueden existir solas. Tenemos que comprender que las palabras expresadas tienen como base lo dicho anteriormente. La luz sale de las palabras precedentes. Lo que se dice independientemente de la Biblia es herejía y no es la Palabra de Dios. Necesitamos entender en qué consiste el ministerio de la Palabra. Todos los ministerios que se encuentran en la Biblia se relacionan entre sí. Nadie puede recibir una revelación que sea independiente, aislada o ajena a las demás. Así como los veintisiete libros del Nuevo Testamento toman como base el Antiguo Testamento, todo nuevo ministro recibe el aporte de los ministros que lo preceden.

DOS

Debemos rechazar toda revelación privada y todo ministerio independiente. Leemos en 2 Pedro 1:20 que "ninguna profecía de la Escritura es de interpretación privada". No debemos interpretar las profecías de la Biblia según su contexto, o usando solamente un pasaje. Por ejemplo, no podemos interpretar el capítulo 24 de Mateo sin ninguna otra referencia. Tenemos que estudiarlo a la luz de otros pasajes. Lo mismo diríamos de los capítulos 2 y 9 de Daniel, o de cualquier otro pasaje. Cuando interpretamos una profecía usando la misma profecía, o un texto usando el mismo texto, hacemos una "interpretación privada". La Palabra de Dios es una entidad indivisible, y siempre que la hablamos, debemos tener presente este hecho. Ninguna parte de la Biblia se puede interpretar de manera privada ni fuera del contexto, sino siempre en conjunción con otros pasajes. Ya que tenemos la Biblia, no podemos dar nuestra propia interpretación afirmando que es "la Palabra de Dios", cuando en realidad no tiene relación alguna con ella. Si lo que decimos no se compagina con la Palabra que Dios estableció, hemos sido engañados por el diablo, y lo que decimos es una herejía.

Los primeros ministros de la Palabra hablaban por Dios de manera independiente, porque antes de ellos no hubo ministros de la Palabra. Pero el segundo grupo tuvo que edificar encima de lo que habló el primer grupo, o sea, lo que hablaron fue una repetición y ampliación de lo dicho por el primer grupo. De igual manera, cuando surgió el tercer grupo, construyó su discurso sobre el de sus predecesores. Las palabras que ellos anunciaban no eran independientes de las de los demás; la luz que recibieron de Dios fue sólo una adición a lo que había sido dado al primer grupo y al segundo. Dios puede dar nuevas visiones y revelaciones, pero éstas visiones y revelaciones se basan en lo que El habló anteriormente. Aquí podemos aplicar la virtud de los habitantes de Berea, quienes examinaban las Escrituras para ver si las cosas que oían eran así (Hch. 17:10-11). La Palabra de Dios es indivisible e inmutable y va edificando sobre sí misma. Dios está edificando lo que desea obtener. La luz adicional que recibieron las personas mencionadas en la Biblia no la obtuvieron como una revelación privada, sino que se basaron en revelaciones precedentes. La primera revelación siguió expandiéndose, y a partir de ella brotó más luz, y los ojos del hombre se fueron abriendo hasta obtener el Antiguo Testamento y el Nuevo. Los ministros de la Palabra mencionados en el Nuevo Testamento llegaron a serlo al recibir visiones por medio de las palabras del Antiguo Testamento. Hoy, todo aquel que desee ser ministro de la Palabra debe tener en mente la Biblia en su totalidad, pues aparte de ésta, lo que se diga no es Palabra de Dios. Este es un principio muy importante. El ministro de la Palabra de Dios hoy, igual que los ministros del pasado, no es independiente. Todos ellos dependen de las palabras que Dios ha expresado previamente. Nadie puede recibir revelación de una fuente que no sea la Biblia. Así que si alguien recibe revelación que no proceda de la Biblia, lo que llama revelación es una herejía y es absolutamente inaceptable.

Muchos hijos de Dios tienen una idea equivocada acerca del Antiguo Testamento y del Nuevo Testamento, y de la ley y la gracia, al grado de pensar que se contradicen. Pero cuando leemos la Palabra, no encontramos ninguna discrepancia. Las epístolas a los Romanos y a los Gálatas nos muestran claramente que los dos Testamentos no se contradicen, sino que se complementan. Podemos ver esto particularmente en

Gálatas. Muchos han observado que Dios se relaciona con el hombre de cierto modo en el Antiguo Testamento, y de otro en el Nuevo, presentándose al hombre bajo la ley en uno y bajo la gracia en el otro. Esto les hace creer erróneamente que éstos se oponen entre sí y no se dan cuenta de que el Nuevo Testamento es un avance, la continuación y el desarrollo del Antiguo.

Pablo nos dice que la gracia de Dios no comenzó en la era del Nuevo Testamento. Al leer Gálatas, vemos que Dios dio la "promesa" cuando llamó a Abraham y le predicó el evangelio diciéndole que esperara a Cristo, mediante el cual vendría la bendición a todas las naciones. Cuando Dios concedió gracia a Abraham, la ley aún no había venido. Gálatas claramente nos indica que la ley no vino primero, sino la promesa, a saber, el evangelio (Gá. 3:8). En dicha epístola, Pablo dice que nuestro evangelio tiene como fundamento el evangelio de Abraham; que la gracia que recibimos se basa en la gracia que Abraham recibió; que la promesa que nosotros obtuvimos es la promesa que le fue dada a Abraham, y que el Cristo que recibimos es la simiente de Abraham (vs. 9, 14, 16). Pablo nos muestra claramente que tanto el Antiguo Testamento como el Nuevo Testamento siguen un mismo delineamiento.

Entonces, ¿por qué tenemos la ley? En Gálatas Pablo dice que la ley fue "añadida" (3:19). En el principio, Dios le dio al hombre la gracia y el evangelio, pero el hombre no podía recibirlos, porque era un pecador que no conocía ni censuraba sus pecados. Al venir la ley, el pecado del hombre se manifestó y recibió su sentencia. No obstante, aún después de que el hombre fue condenado, Dios le dio el evangelio y la promesa. Es decir, Dios no nos da la gracia primero y luego la ley; ni nos da la promesa primero para después exigirnos que laboremos. La obra de Dios de principio a fin es la misma. El libro de Gálatas nos muestra que la gracia que recibimos hoy no es una gracia nueva; es la misma gracia que Dios le dio a Abraham. Por ser descendientes de éste, podemos heredar esta gracia y disfrutar la promesa de Dios. Como podemos ver, la promesa inicial, la promulgación de la ley y el cumplimiento del evangelio de Cristo, siguen un mismo delineamiento. La Palabra de Dios no puede dividirse ni se compone de dos líneas, sino que es una revelación progresiva y armoniosa.

● Dios primero le dio la promesa a Abraham, y luego les dio la ley a los israelitas, ¿es esto contradictorio? No. Lo que vemos aquí es un desarrollo. Hoy, de nuevo Dios se relaciona con nosotros según la gracia. ¿Significa esto otra contradicción? No, sino un adelanto. La manera que Dios se relaciona con el hombre se va haciendo más clara con el paso del tiempo. La promesa que Dios hizo a Abraham no puede ser abrogada por la ley que vino cuatrocientos treinta años más tarde (Gá. 3:17). Pero Dios no le dio la ley al hombre para abrogar la promesa, sino para cumplirla, pues uno sólo recibe la promesa cuando está consciente de sus pecados. Al encerrar todo bajo pecado, Dios pudo darle la gracia al hombre por medio de Su Hijo (vs. 21-22). El Antiguo Testamento se desarrolla y avanza. El Nuevo Testamento es la continuación del Antiguo Testamento, pero también está en desarrollo. Los ministerios de la Palabra que vienen después expanden y desarrollan las revelaciones e instrucciones que Dios ya dio. Estos ministerios no son independientes ni se contradicen entre sí.

Todo ministro de la palabra debe conocer la Palabra de Dios tanto en el Antiguo Testamento como en el Nuevo. Es innegable que los ministros de la Palabra que escribieron el Nuevo Testamento conocían bien el Antiguo Testamento. Nosotros, de igual manera, debemos estar familiarizados con las palabras de los ministros que nos precedieron. Es así como nuestras palabras pueden igualar tanto las del Antiguo Testamento como las del Nuevo, sin que sean independientes. El ministerio de la Palabra no consiste en recibir un mensaje en privado de parte de Dios a fin de comunicarlo a los demás, sino en tener un conocimiento de la Biblia en conjunto, realzado por la luz y la revelación renovada. Cuando tal es nuestro mensaje, es Dios quien habla. Quienes ministran la Palabra en el Nuevo Testamento se basan en el Antiguo. Nosotros contamos con la Biblia. El primer grupo que proclamó la Palabra de Dios no tenía ningún precedente. Cuando surgió el segundo grupo de ministros, éstos citaban las Escrituras apoyándose en el primer grupo. Y cuando el tercer, el cuarto y los subsiguientes grupos aparecieron, tenían un fundamento más amplio sobre el cual edificar, porque la Palabra de Dios se había ensanchado. En la actualidad, el avance ha sido mayor, y hemos llegado a una etapa de más abundancia, porque ahora el Antiguo Testamento y el Nuevo Testamento están completos. Toda palabra de Dios consta en la Biblia, y lo que contiene nos juzga. Cuando estamos errados, ella nos muestra que nuestras palabras no provienen del Espíritu. La Biblia es la Palabra de Dios, y todo ministro de la Palabra necesita conocerla de una manera práctica a fin de poder anunciarla sin dificultad. Si nunca hemos recibido luz nueva en la Palabra escrita, no tendremos en qué basar nuestro mensaje y será fácil que nos desviemos. Por esta razón, es importante estar familiarizados con la Biblia. Si no hacemos esto, encontraremos grandes obstáculos en nuestro servicio como ministros de la Palabra.

Esto no significa que el conocimiento de la Biblia faculte al individuo para ser ministro de la Palabra. Pero es importante estar familiarizados con ella, porque si nunca hemos oído lo que Dios dijo en el pasado, no podemos obtener la revelación ahora. Una revelación trae otra revelación, pues no es algo aislado que surja de la nada. La revelación procede de la Palabra. Cuando el Espíritu la ilumina, el resplandor es tan intenso que produce más revelación y más luz. La luz procede de la Palabra que ya existe, y luego se expande. Cuanto más se revela la luz, más se intensifica. De esta manera opera la revelación de Dios. Si Dios no nos ha revelado nada, Su luz no nos podrá iluminar. Hoy Dios no se revela como lo hacía con los hombres de antaño. Esto constituye un principio administrativo fundamental. Cuando Dios se reveló al hombre por primera vez, no había una Palabra previa que le sirviera como base. Pero hoy, el avance que ha tenido la palabra y la revelación de la misma se basan en la Palabra que ya existe y en la revelación que El ya dio. El añade construyendo sobre el fundamento; así que para ser ministros de la Palabra de Dios, es vital que estemos familiarizados con ella. Sin dicha base, Dios no puede darnos luz.

TRES

En Salmos 68:18 se nos muestra que en la ascensión el Señor Jesús dio dones a los hombres. Pablo toma esta Palabra del Antiguo Testamento como base y la desarrolla en los capítulos uno y cuatro de Efesios. En el capítulo uno se nos dice que el Señor Jesús ascendió a lo alto y que está sentado a la diestra de Dios el Padre (v. 20); y en el capítulo cuatro, vemos que en la ascensión el Señor Jesús llevó cautivos a los que estaban bajo el cautiverio del enemigo y dio dones a los hombres (v. 8). Si leemos el contexto cercano, descubriremos que Pedro dijo exactamente lo mismo en el día de Pentecostés. Leemos: "Así que, exaltado a la diestra de Dios, y habiendo recibido del Padre la promesa del Espíritu Santo, ha derramado esto que vosotros veis y oís" (Hch. 2:33). El mensaje que proclamó Pedro en el día de Pentecostés en cuanto al derramamiento del Espíritu, al igual que el que expresó Pablo en Efesios en cuanto a la ascensión del Señor y a la dádiva de los dones para la edificación de la iglesia, tienen como base el conocimiento que ellos tenían de la luz revelada en el salmo 68. Dios no le dio a Pablo una luz directa. La luz estaba en el salmo 68, y Dios se la reveló. Para poder recibir esta luz, era necesario conocer el salmo 68. Debemos recordar que Dios ocultó la luz que estaba en este salmo, pero un día abrió este pasaje y reveló su luz al hombre. Fue así como el hombre llegó a conocer esta verdad. Pedro y Pablo eran hombres llenos de revelación, pero la revelación que recibieron no salió de la nada.

El libro de Hebreos presenta claramente el significado de los sacrificios que se ofrecían en el Antiguo Testamento y nos muestra que el Señor Jesús es el único sacrificio [acepto ante Dios]. Si no entendemos los sacrificios ofrecidos en el Antiguo Testamento, tampoco entenderemos cómo el Señor Jesús se dio a Sí mismo en sacrificio. La luz de Dios estaba en aquellos sacrificios. Si el escritor del libro de Hebreos no hubiera entendido las revelaciones del Antiguo Testamento, no habría podido escribir dicho libro. El Antiguo Testamento contiene la luz de Dios. Es decir, la luz de Dios está en Abraham, Isaac, Jacob, José, Moisés, Josué, Samuel, David y Salomón. Sin estos hombres, no hay luz. Es como decir que la luz está en la vela, pues sin ésta, no hay luz. La luz también se expresa por medio de la lámpara y del candelero; sin éstos, tampoco tenemos luz. Es importante darse cuenta de que el Antiguo y el Nuevo Testamentos son portadores de la luz de Dios. Si no los entendemos, no podremos satisfacer la necesidad actual. La Palabra de Dios es indivisible, es el lugar donde se almacena la luz de Dios y la fuente desde la cual brilla.

Tomemos por ejemplo Gálatas 3:6 donde dice: "Así Abraham creyó a Dios, y le fue contado por justicia". Esta cita de Génesis 15:16 se halla también en Romanos 4:3 y en Jacobo 2:23. Este pasaje se encuentra una sola vez en el Antiguo Testamento, y tres en el Nuevo Testamento. Dicho versículo contiene tres expresiones cruciales: *creyó, le fue contado* y *justicia*. Esta Palabra, extraída del Antiguo Testamento, contenía la luz de Dios. Cuando Pablo escribió Romanos 4 resaltó la expresión *le fue contado*. A los que creen, *les es contada* la fe por justicia. En Gálatas 3 Pablo cita el mismo pasaje, pero esta vez recalca la importancia de creer. El dice que los que *creen* son justificados. Cuando Jacobo habló de este mismo pasaje, puso el énfasis en *la justicia*. El indica que uno debe ser justo. La luz de Dios fue distribuida en tres aspectos diferentes y por tres distintas fuentes. Al leer Romanos 4, vemos la luz de Dios que estaba oculta en Génesis. Lo mismo sucede si leemos Jacobo 2. Si Pablo nunca hubiera leído Génesis 15, o si hubiera olvidado lo que leyó o si no hubiera recibido ninguna revelación, no se habría escrito este pasaje.

Una persona negligente, frívola e inconstante en cuanto a la Palabra de Dios, no puede ser ministro de la Palabra. El ministro de la palabra debe extraer todos los hechos de la Biblia y debe encontrar los puntos más delicados, escudriñando primero los hechos de Dios a fin de recibir Su luz. Sin la luz de Dios, no podemos ver nada; por otro lado, sin los hechos revelados en la Biblia, no podemos recibir la luz. Pongamos el ejemplo de una lámpara; sin ésta no hay luz. No obstante, si tenemos la lámpara, pero no la encendemos, tampoco podemos disfrutar de la luz. La luz alumbra valiéndose de la lámpara; es por eso que la lámpara y la luz van juntas. A fin

de anunciar la Palabra de Dios, necesitamos la Palabra que
Dios ya estableció.

Leemos en Habacuc 2:4: "El justo por su fe vivirá". Este
versículo también se cita tres veces en el Nuevo Testamento:
en Romanos 1:17, en Gálatas 3:11 y en Hebreos 10:38. También contiene tres palabras importantes: *justo, fe* y *vivirá*.
Romanos 1 menciona " el justo": "*el justo* por la fe tendrá vida
y vivirá "; Gálatas 3 habla de "la fe": "el justo tendrá vida y
vivirá por *la fe*"; y Hebreos 10, de "vivirá": "Mi justo *vivirá* por
fe". El Antiguo Testamento contiene la luz de Dios, y el Nuevo
Testamento da salida a dicha luz usando el mismo versículo
en diferentes libros. Por lo tanto, la revelación consiste en
emitir la luz divina contenida en la Palabra que Dios ya habló. Como podemos ver, esta luz no es privada, sino que tiene
una base.

CUATRO

Permítanme repetir: aparte del misterio del Cuerpo de
Cristo compuesto de judíos y gentiles y descrito en Efesios, el
Nuevo Testamento no contiene nada nuevo. El Nuevo Testamento es el amplio desarrollo del Antiguo Testamento.
Debemos recordar, como principio fundamental, que la Palabra contiene la luz de Dios. Así que a fin de servir al Señor
como ministros, tenemos que conocer Su Palabra. También
debemos recordar que estar familiarizados con la Biblia no
nos constituye ministros de la Palabra, pero si no la conocemos, las posibilidades de llegar a serlo se reducen. Debemos
ser diligentes en nuestro estudio de la Biblia. A fin de conocer
las Escrituras, debemos familiarizarnos con las cosas espirituales. No solamente debemos leer, estudiar y memorizar
toda la Biblia, sino que también debemos hacerlo en la presencia de Dios. Debemos permitir que estas palabras que ya
fueron proferidas nos hablen una vez más. Una persona que
nunca ha tocado la Palabra de Dios, no puede ver Su luz. Las
palabras que nosotros anunciamos constan en el Nuevo Testamento, así como las palabras del Nuevo Testamento están
incluidas en el Antiguo Testamento. De la misma manera que
lo dicho por Pablo y los demás apóstoles provenía de Moisés y
los profetas, nuestras palabras provienen de Pablo y de los

demás apóstoles. Necesitamos aprender a recibir más luz usando las palabras de los apóstoles.

Todas las revelaciones que tenemos ahora, representan la extensión de la luz que contienen las palabras que ya se han proclamado. Cuando Dios habló al hombre por primera vez, lo hizo directamente. A partir de ese momento, las palabras adicionales que recibimos provienen de esas primeras palabras; o sea que nuestro mensaje se edifica sobre las palabras existentes. El principio básico que debemos seguir es recibir las palabras por medio de la Palabra, y elaborar mensajes apoyándonos en las palabras que ya existen. La Palabra de Dios no es privada ni aislada. Si lo que decimos no procede de la Biblia, no somos aptos para ser ministros de la Palabra. Debemos acudir a la Palabra de Dios según el ejemplo que los apóstoles nos dieron, no como los escribas y los fariseos. Debemos obtener luz de la Palabra y crear más proclamaciones de la Palabra. Dios creó el primer grano de trigo, pero los granos subsiguientes son la multiplicación del primer grano. Un grano produce muchos granos, y éstos a su vez producen muchos más. El primer grano procedió de Dios; fue creado, o sea que no hubo otro antes que él; nunca se había visto otro. La Palabra de Dios opera según el mismo principio. La primera palabra procedió de Dios; nadie había visto nada semejante, pero la Palabra siguió un progreso y surgieron otras palabras. La primera palabra que Dios expresó no tenía ningún punto de referencia. Hoy esta palabra se ha multiplicado. Con cada generación, la Palabra se hace más clara y fructífera. Así como no esperamos que Dios cree un grano de la nada a fin de cultivarlo, tampoco debemos esperar que Dios cree ahora la Palabra de la nada. Las palabras que recibimos ya fueron establecidas por Dios. De igual manera, sólo podemos recibir la luz que procede de la luz ya existente, y la revelación que se basa en la que ya se dio. Este es el camino que deben seguir los ministros de la Palabra hoy, pues sería una herejía traspasar este límite.

Hermanos y hermanas, no permitan que nadie afirme gratuitamente ser apóstol o profeta. Si alguien va más allá del limite de la Palabra que Dios estableció, lo que esa persona diga será herético y diabólico. Cometeremos un gran error si hablamos con liviandad. Todo lo que procede de la Biblia es correcto; así que si no procede de ella sino de otra fuente, es falso. Todo lo que anunciamos hoy procede de lo que se dijo en el pasado. Ya no estamos en la época de la creación. El principio que rige hoy es el principio de procreación. La revelación engendra más revelación; la luz engendra más luz, y la palabra engendra más palabra. Paso a paso estamos aprendiendo a hablar, y esperamos con el tiempo recibir el ministerio de la Palabra.

CAPITULO SEIS

LA INTERPRETACION PROVIENE DEL ESPIRITU SANTO

Debemos notar, para nuestro beneficio y el de los demás, que la palabra que los ministros proclaman no debe ser privada ni ajena a lo que consta en la Biblia. Todas las palabras subsiguientes que Dios ha expresado se basan en Su Palabra original. Lo que consta en el Nuevo Testamento tiene como base lo dicho en el Antiguo Testamento. De la misma manera, todo lo que digamos en la actualidad debe tener la Biblia como base. La Palabra de Dios es viva y orgánica, así que si alguien no se basa en ella cuando habla y afirma que lo dicho por él es independiente, separado y distinto de las palabras que Dios asentó en la Biblia, podemos decir con certeza que lo que dice esa persona es herético y que su doctrina es satánica. Los ministros de la palabra que Dios tiene en esta época no hablan al azar, sino que edifican su ministerio sobre el sólido fundamento de la Palabra.

Vayamos más adelante. Los ministros deben hablar con base en lo que Dios ya dijo; sin embargo, Dios tiene que explicarles la Palabra y darles la interpretación de la misma. Así que, no todos los que toman la Palabra de Dios como base para hablar son necesariamente ministros de Su palabra, ni tampoco pueden declarar que son mensajeros de la Palabra de Dios simplemente por conocerla. Si bien una persona puede ser versada en el Antiguo Testamento, ese solo factor no la hace apta para escribir el Nuevo Testamento. De la misma manera, uno puede estar bien familiarizado con el Nuevo Testamento, pero eso no significa que sea ministro de la Palabra. Aunque debemos descartar todo discurso que no tenga la Escritura como base, debemos ser cuidadosos, pues no tenemos que recibir cualquier mensaje sólo porque tenga el fundamento adecuado. Debemos examinar lo que la persona dice para ver si contiene la interpretación de Dios.

Sólo Dios puede interpretar la Palabra que El dio. Es decir, su interpretación no depende de nuestra mente, ni de nuestra excelente memoria, ni de nuestra diligencia. También debemos tener presente que no podemos tomarla en su forma original y anunciarla diciendo que es el ministerio actual de la Palabra. Podemos memorizar los ciento cincuenta capítulos del libro de los Salmos, o el libro de Cantar de Cantares, o el libro de Isaías, o dedicar cincuenta años al estudio del libro de Daniel, pero esto no garantiza que podamos interpretar dichos libros. Si no basamos nuestras palabras en la Palabra ya establecida por Dios, no podemos ser Sus heraldos, pero esto no significa que por hablar basándonos en ella, ya seamos sus ministros. Muchos escribas y fariseos conocían muy bien el Antiguo Testamento; sin embargo, ninguno de ellos era ministro de la Palabra. Es posible que algunas personas hayan estudiado la Biblia exhaustivamente, pero esto no significa que sean sus ministros. El ministro de la Palabra no solamente conoce la Palabra, sino que además Dios se la ha abierto y explicado. Un ministro de la Palabra de Dios debe contar primero con un fundamento apropiado, y luego con la interpretación correcta. Si no reúne estos dos requisitos, no puede ser ministro de la Palabra de Dios.

¿Cómo explica Dios Su palabra? ¿Cómo interpretó el Antiguo Testamento a los ministros del Nuevo Testamento? En el Nuevo Testamento tenemos por lo menos tres clases de interpretaciones: la interpretación de las profecías, la interpretación de la historia y la interpretación por síntesis, o sea, por medio de la recopilación y combinación de algunos pasajes de la Biblia. Al leer el Antiguo Testamento, los ministros del Nuevo Testamento tenían ante ellos las profecías, la historia y el compendio de algunos pasajes; sin embargo, todo esto necesitaba la interpretación del Espíritu Santo.

LA INTERPRETACION DE LAS PROFECIAS

Tomemos por ejemplo el evangelio de Mateo y estudiemos la manera en que su autor sirvió como ministro de la Palabra de Dios.

Mateo fue dirigido por el Espíritu Santo al narrar la historia del Señor Jesús. Mientras escribía, el Espíritu Santo lo iluminaba. El evangelio de Mateo no dependió del tiempo que dedicó al estudio, sino de la iluminación del Espíritu Santo. Con esto no quiero decir que Mateo no estudiara el Antiguo Testamento. Aunque era un recaudador de impuestos, es probable que después de ser salvo haya dedicado mucho tiempo a estudiar las Escrituras. Por eso, el Espíritu Santo pudo traer a su memoria muchas citas, como la de Isaías 7, en Mateo 1:23: "He aquí, una virgen estará encinta y dará a luz un hijo, y llamarán Su nombre Emanuel". Pero, ¿qué significan estas palabras? El Espíritu Santo le dio la explicación y la interpretación: este pasaje se refiere al nacimiento del Señor Jesús. El momento llegó en que Dios vino para estar con nosotros; antes El estaba con nosotros, pero de una manera diferente. Ahora está con nosotros porque el Señor Jesús vino a la tierra. Esta es la interpretación que dio el Espíritu Santo. Necesitamos conocer la Palabra ya establecida por Dios, pero también necesitamos la interpretación que el Espíritu Santo da. El Espíritu Santo es el único que puede determinar el significado de la Palabra de Dios.

En Mateo 2:15 dice que el Señor Jesús salió de Egipto. En este pasaje, Mateo cita Oseas 11:1. Al leerlo, posiblemente no notemos que este pasaje se refiere al Señor Jesús; pero debido a que el Espíritu Santo lo interpretó, Mateo pudo ver esto claramente.

En Mateo 2:18 leemos: "Voz fue oída en Ramá, llanto y lamento grande; Raquel que llora a sus hijos, y no quiso ser consolada, porque ya no existen". Esta es una cita de Jeremías 31:15. Al leer este pasaje, nunca se nos hubiera ocurrido que se refería a lo que hizo Herodes tratando de matar al Señor Jesús. Sin embargo, debido a que el Espíritu Santo lo interpretó, ahora conocemos su significado.

En Mateo 3:3 dice: "Pues éste es aquel de quien se habló por medio del profeta Isaías, cuando se dijo: 'Voz de uno que clama en el desierto: Preparad el camino del Señor; enderezad Sus sendas'". Al leer Isaías 40:3 es posible que no hubiéramos pensado que este pasaje se refería a Juan el Bautista. El Espíritu Santo interpretó su significado a Mateo.

En Mateo 4:13 descubrimos que el Señor Jesús habitaba en Capernaum, que está en la región de Zabulón y de Neftalí. Y en los versículos 14 al 16, cita Isaías 9:1-2 diciendo: "Para que se cumpliese lo dicho por medio del profeta Isaías cuando dijo: 'Tierra de Zabulón y tierra de Neftalí; camino del mar, al otro lado del Jordán, Galilea de los gentiles; el pueblo asentado en tinieblas vio gran luz; y a los asentados en región y sombra de muerte, luz les amaneció'". Sólo el Espíritu Santo nos puede revelar que Isaías 9 se refiere al Señor Jesús. Esto nos muestra una vez más que no es suficiente conocer la Palabra; el ministro de Dios también debe saber interpretarla según la revelación que procede del Espíritu Santo. Sólo entonces podemos afirmar que la Palabra de Dios es la base de nuestra disertación. Sin la interpretación del Espíritu Santo, la Palabra está sellada para nosotros y, por consiguiente, no es la base de nuestro discurso.

En Mateo 8, el Señor Jesús sanaba enfermedades y echaba fuera demonios. El versículo 17 cita Isaías 53:4, diciendo: "Para que se cumpliese lo dicho por medio del profeta Isaías, cuando dijo: 'El mismo tomó nuestras debilidades, y llevó nuestras enfermedades'". La revelación que recibió Mateo fue la base de lo que escribió. El ministerio de la Palabra de Dios tiene como base lo que Dios ya expresó; sin embargo, tiene que ser revelada a los ministros a fin de que sea la base de lo que anuncian. Sin revelación, cualquier cita que se haga es simplemente una aplicación artificial y no encaja en el ministerio de la Palabra de Dios. Así que necesitamos el fundamento y también la interpretación apropiada.

En Mateo 12:10-16, el Señor Jesús sanó a un hombre que tenía una mano seca. Le dijo: "Extiende tu mano" y aquel hombre la extendió, y le fue restaurada. Entonces el Señor "se retiró de allí; y muchos le siguieron, y sanaba a todos, y les encargaba rigurosamente que no le descubriesen". Al llegar a esta parte, Mateo cita Isaías 42:1-4 de esta manera: "Para que se cumpliese lo dicho por medio del profeta Isaías, cuando dijo: 'He aquí Mi Siervo, a quien he escogido; Mi Amado, en quien se complace Mi alma; pondré Mi Espíritu sobre El, y a los gentiles anunciará juicio. No contenderá, ni voceará, ni nadie oirá en las calles Su voz. La caña cascada no quebrará, y el pábilo humeante no apagará, hasta que saque a victoria el juicio. Y en Su nombre pondrán los gentiles su esperanza'" (Mt. 12:17-21). La interpretación del Espíritu Santo hizo posible la vinculación de Isaías 42 con Mateo 12. Esta interpretación permitió que Mateo tuviera el ministerio de la Palabra.

El ministerio de la Palabra requiere que el Espíritu Santo interprete la Palabra de Dios. Dicha interpretación está fuera del alcance de las personas comunes como los escribas y los fariseos. A fin de poder comunicar esta Palabra, Dios tiene que explicárnosla. Mateo no era un ministro de la Palabra que hablara al azar; lo que decía tenía como fundamento el Antiguo Testamento. ¿Cómo logró esto? El primero estudió minuciosamente el Antiguo Testamento, y luego, el Espíritu Santo abrió y explicó la Palabra. La palabra de Dios interpretada por el Espíritu Santo es la base del ministerio de la Palabra. Sin este fundamento el ministerio no existe. El libro de Mateo contiene muchas citas del Antiguo Testamento, muchas de las cuales son expresadas por el Señor Jesús. Los ejemplos mencionados fueron citados por Mateo. El dice que lo acontecido era el cumplimiento de lo que Isaías y otros profetas habían dicho. Sabemos que Mateo era un recaudador de impuestos; no obstante, es sorprendente ver que cite el Antiguo Testamento con tanto acierto. El no era ni escriba ni fariseo como Pablo, pero tenía el ministerio de la Palabra. El se basaba en el Antiguo Testamento, y el Espíritu Santo le daba la interpretación. No es suficiente tener la Biblia sola; necesitamos que el Espíritu Santo la abra a nosotros.

Estudiemos ahora el capítulo veintisiete de Mateo. La partida del Señor Jesús estaba cerca; Judas se había ahorcado; y el sumo sacerdote y los ancianos habían tomado el dinero que Judas había recibido por traicionar al Señor Jesús y lo usaron para comprar un terreno. "Por lo cual aquel campo se llama hasta el día de hoy: Campo de Sangre" (Mt. 27:8). Notemos que Mateo después de relatar esto, añade: "Entonces se cumplió lo dicho por medio del profeta Jeremías, cuando dijo: 'Y tomaron las treinta piezas de plata, precio del que fue tasado, aquel a quien pusieron precio los hijos de Israel; y las dieron para el campo del alfarero, como me ordenó el Señor'" (vs. 9-10). Mateo nos muestra que éste es el cumplimiento de la profecía de Jeremías. Es difícil ver el significado de este pasaje en el libro de Jeremías, pero el Espíritu de Dios le abrió esta palabra a Mateo, y él pudo asociarla con lo acontecido. Vemos entonces que Mateo tenía el ministerio de la Palabra.

LA INTERPRETACION DE LA HISTORIA

En 1 Timoteo 2:13-14 se alude a la historia de Adán y Eva: "Porque Adán fue formado primero, después Eva; y Adán no fue engañado, sino que la mujer, siendo engañada, incurrió en transgresión". Satanás no vino a Adán directamente, sino a Eva, y ésta tentó a Adán. Primero Eva cayó en el engaño de Satanás, y luego cayó Adán al ser tentado por Eva. El Antiguo Testamento narra este hecho, y el Nuevo Testamento nos da la revelación por medio del Espíritu Santo, el cual nos muestra que la mujer no debe ser la cabeza de la iglesia, ni debe predominar sobre el hombre. Esto establece un principio básico y nos presenta un patrón. Siempre que la mujer asume el mando, el pecado se introduce en el mundo. Este hecho es parte de la historia de Adán y Eva, pero al ser revelado, se convierte en la base para el ministerio de la Palabra.

En Romanos 9 Pablo cita Génesis 21 cuando habla de la historia de Abraham. Leemos en Romanos 9:7: "En Isaac te será llamada descendencia". Y añade: "En este tiempo el próximo año vendré, y Sara tendrá un hijo" (v. 9). Este hecho de la historia está en el Antiguo Testamento, pero el Espíritu Santo abrió esta palabra a Pablo y le reveló su significado. Pablo comprendió que "no todos los que descienden de Israel son israelitas, ni por ser descendientes de Abraham, son todos hijos" (vs. 6-7). Sólo los que nacen de Sara son contados como hijos, ya que la promesa de Dios se relacionaba con Sara. Isaac nació según esta promesa y fue el hijo contado como descendiente de Abraham. De igual manera, sólo los que creen en el Señor Jesús y nacen según la promesa, son hijos de Dios. Ver esto le dio a Pablo el ministerio de la Palabra de Dios. Si al leer la historia de Abraham y Sara, Pablo no hubiera recibido la interpretación del Espíritu Santo, ésta habría sido un simple relato. Como podemos ver, el ministerio de la Palabra de Dios requiere la interpretación del Espíritu Santo, sin esta revelación no podemos usar como base la palabra que Dios dio en el pasado.

En el libro de Gálatas, Pablo explica la historia de Isaac con más detalles y más claramente. En Gálatas 3:29 dice: "Y si vosotros sois de Cristo, ciertamente descendencia de Abraham sois, y herederos según la promesa". Y en Gálatas 4:28 leemos: "Así que, hermanos, nosotros, a la manera de Isaac, somos hijos de la promesa". Este era el pensamiento de Pablo y constituía su ministerio. ¿De donde provenía su ministerio? De una historia del Antiguo Testamento. El Espíritu Santo le reveló que la promesa era la llave para comprender el significado de dicha historia. Dicha promesa se encuentra en Génesis 18:10: "De cierto volveré a ti; y según el tiempo de la vida, he aquí que Sara tu mujer tendrá un hijo". Puesto que esa promesa se cumpliría el año siguiente, no en ese mismo día, podemos decir que Isaac nació según la promesa. Nosotros, igual que Isaac, también nacimos según la promesa. Este asunto es muy claro. Pablo pudo comunicar esto a los hijos de Dios porque el Espíritu Santo le dio la interpretación. Sin ésta no se puede anunciar la Palabra de Dios. Necesitamos la interpretación que viene del Espíritu Santo en cada profecía y en cada historia. Todos los relatos del Antiguo Testamento requieren la explicación del Espíritu, pues sin ella no es posible ministrar la Palabra.

Veamos este otro ejemplo: "Hermanos, hablo en términos humanos: Un pacto, aunque sea de hombre, una vez ratificado, nadie lo invalida, ni le añade" (Gá. 3:15). Pablo dice que una vez que un pacto es concertado, no se puede invalidar ni alterar. Esto es válido no sólo con relación a Dios sino también al hombre. En el versículo 16 añade: "Ahora bien, a Abraham fueron hechas las promesas, y a su descendencia. No dice: 'Y a los descendientes', como si hablase de muchos, sino como de uno: 'Y a tu descendencia', la cual es Cristo". Esto nos muestra cuán exacto era Pablo. En Génesis Dios le dijo a Abraham que iba a bendecir a otros por medio de su simiente. El Espíritu de Dios le dio a Pablo la explicación de este pasaje y él la escribió en estos versículos. Dios iba a bendecir a otros por medio de Abraham y de su descendencia.

¿Cuál es nuestro entendimiento de la palabra hebrea que se traduce *descendencia*? Notemos que esta palabra está en singular. Pablo observó esto e inmediatamente se dio cuenta de que la intención de Dios no era bendecir a las naciones por medio de todos los descendientes de Abraham. Si ese hubiera sido el caso, la gracia de Dios se habría limitado a los judíos, pues sólo ellos habrían podido traer esta bendición a todo el mundo. Pero la palabra *descendencia* está en singular. Esta descendencia es Cristo. Al decir que iba a bendecir a las naciones por medio de la descendencia de Abraham, Dios se refería a Cristo. Parece un detalle sin importancia que la palabra descendencia esté en singular, y no en plural; no obstante, detrás de este asunto que parece tan sencillo, yace una verdad muy crucial. El Espíritu Santo le reveló este hecho a Pablo y le mostró su significado. Este entendimiento le permitió tener el ministerio de la Palabra.

Estudiemos otro caso. En Génesis 15 se nos dice que Abraham creyó a Dios, y le fue contado por justicia. Con base en esto, Pablo nos muestra que Dios no justifica al hombre por sus obras justas sino por la fe. Este es el ministerio de Pablo. Puesto que Abraham fue justificado por la fe, todos sus descendientes son justificados de la misma manera, y a su vez, los que son justificados por la fe, éstos son hijos de Abraham (Gá. 3:6-7). La fe de Abraham le fue contada por justicia, y de igual manera, todos los que son de la fe son justificados con el creyente Abraham (vs. 8-9). Pablo muestra que Génesis 15 no sólo habla de un hecho ni de un evento histórico, sino de un principio: la justificación por la fe.

Debemos tener presente que tanto los relatos como las profecías que contiene el Antiguo Testamento tienen un gran valor. Para algunos, las profecías, los preceptos y enseñanzas de la Biblia son valiosas, pero no la historia; piensan que la historia no tiene importancia. Un incrédulo posiblemente acepte el libro de Proverbios, pero no el de Génesis. No obstante, todos los sucesos históricos de la Biblia, sus enseñanzas, sus preceptos y sus profecías constituyen la Palabra de Dios. La Palabra de Dios es indivisible y requiere la interpretación del Espíritu Santo. Este mismo principio gobierna todos sus componentes, incluyendo la historia y la profecía.

Muchas verdades y revelaciones bíblicas son descubrimientos encontrados en la historia del Antiguo Testamento. Al servir como ministro de la Palabra de Dios, Pablo recibía la revelación del Espíritu, alguna veces por medio de las profecías del Antiguo Testamento, y otras, por medio de los sucesos históricos. El Espíritu Santo tiene que interpretarnos los hechos del Antiguo Testamento para que podamos ejercer el ministerio de la Palabra.

LA INTERPRETACION POR SINTESIS

Estudiemos la interpretación por síntesis. Dios asigna a los ministros de Su Palabra esta clase de interpretación especial. Analicemos, por ejemplo, el servicio de Pedro como ministro de la Palabra de Dios en el día de Pentecostés. Ese día ocurrió algo maravilloso: El Espíritu Santo fue derramado sobre los creyentes y aparecieron los dones. En ese día muchos hablaron en diversas lenguas. Las ciento veinte personas que estaban allí reunidas recibieron lo que los israelitas nunca antes habían recibido. Previamente, el Espíritu Santo había venido sobre personas aisladas. Una o dos personas o, a lo sumo, un grupo de profetas había recibido el Espíritu de Dios; pero ese día fue vertido el Espíritu de Dios sobre los ciento veinte hombres y mujeres que se hallaban allí, de tal manera que parecía que estaban ebrios. En toda la historia de Israel jamás había ocurrido algo semejante. Vemos claramente que en ese preciso momento Dios le dio las llaves del reino a Pedro. Pedro, uno de los once apóstoles, tomó la iniciativa y aprovechó la oportunidad para dar testimonio del Señor. Puesto en pie les explicó a los judíos lo que acababa de acontecer, les dio testimonio y los exhortó a participar de lo mismo. En eso consistió su predicación. Allí en Pentecostés él fue un ministro de la Palabra. Pedro no basó su mensaje en un solo pasaje, sino que combinó tres porciones y recibió luz por medio de esta síntesis. Lo que Pedro hizo no fue un análisis, sino una síntesis de tres pasajes de la Palabra. Aparte de la explicación que Dios le dio de este hecho extraordinario, Pedro reunió tres porciones de las Escrituras con las cuales explicó a los judíos lo que estaba sucediendo. En la actualidad, los siervos de Dios también ven las cosas espirituales al juntar varios pasajes de las Escrituras. Esta práctica sigue el mismo principio del ministerio que Pedro ejerció el día de Pentecostés.

En el día de Pentecostés, Pedro predicó basándose en la síntesis de tres pasajes: Joel 2, Salmos 16 y Salmos 110. El Espíritu Santo combinó estos tres pasajes e interpretó su significado. Es así como se interpreta valiéndose de una síntesis. Un ministro de la Palabra no necesariamente ejerce su función mediante un sólo pasaje de las Escrituras. Muchas veces, la interpretación es el resultado de una combinación de pasajes, lo cual se usa más comúnmente en el ministerio de la Palabra hoy. Necesitamos relacionar muchos pasajes para descubrir lo que comunican.

Veamos un ejemplo. En el Antiguo Testamento se usaron cuatro objetos de adoración: los dos becerros de oro, la serpiente de bronce, el efod de Gedeón y la imagen tallada que erigió Micaía (1 R. 12:28-33; 2 R. 18:4; Jue. 8:27; 18:14-31). Si queremos dar un mensaje acerca de los diferentes tipos de objetos que no se deben adorar, podemos combinar estos pasajes para hablar de ello. Podemos estudiar muchos temas sintetizando diferentes pasajes.

Pedro presentó una síntesis el día de Pentecostés. En su mensaje, habló del derramamiento del Espíritu Santo, citando Joel 2, de la resurrección del Señor Jesús, basándose en Salmos 16; y de la ascensión del Señor, apoyándose en Salmos 110. Pedro juntó estos tres temas. El Señor Jesús resucitó, pero además de eso no se quedó en la tierra, sino que ascendió a los cielos, y el resultado de esta ascensión fue el derramamiento del Espíritu Santo. La muerte no pudo retener al Señor Jesús. El resucitó y ascendió al Padre, y ahora espera hasta que Su enemigo sea puesto por estrado de Sus pies. El Padre lo glorificó, lo cual se comprueba por el derramamiento del Espíritu Santo. Ese día, mientras Pedro servía como ministro de la Palabra de Dios, el Espíritu Santo le dio la interpretación de estos tres pasajes de las Escrituras. La interpretación de estos tres pasajes, le dio a Pedro un sólido fundamento para hablar. El ministerio de la Palabra requiere que el Espíritu Santo nos interprete la Palabra de Dios, y por nuestra parte, debemos tomar la palabra interpretada como la base de nuestro mensaje en nuestro ministerio.

En el libro de Hechos encontramos otros ejemplos de esta enseñanza. En el capítulo tres, el mensaje de Pedro fue breve, pues constaba de unas cuantas expresiones. Sin embargo, en él combinó pasajes de Deuteronomio y de Génesis. Esteban, en el capítulo siete, dio un mensaje que indiscutiblemente era el ministerio de la Palabra. A pesar de que su mensaje contenía pocas explicaciones, su discurso fue poderoso. Se limitó a narrar la historia del Antiguo Testamento por períodos, comenzando con el llamado de Abraham en Génesis 12; luego habló de la época de Moisés en Egipto, hasta llegar al tiempo cuando los israelitas se rebelaron contra Dios. El citó Génesis, Exodo, Deuteronomio, Amós e Isaías. Su predicación enfureció a sus oyentes de tal modo que lo apedrearon hasta darle muerte. Esto prueba que el ministerio de la Palabra que él ejercía era muy especial. No dio muchas explicaciones; simplemente narró la historia en forma detallada. Este mensaje salió del espíritu de Esteban, y los que lo oyeron no pudieron resistirlo. Esta síntesis fue muy poderosa. En el capítulo trece, Pablo se basó en este mismo principio. Al predicar en Antioquía de Pisidia, citó 1 Samuel 13, Salmos 89, Salmos 2, Isaías 55, Salmos 16 y Habacuc. Esta fue una verdadera síntesis, en cuya conclusión Pablo alentó a la audiencia a aceptar a Jesús de Nazaret como su Salvador.

Cuando los ministros neotestamentarios leen el Antiguo Testamento, el Espíritu Santo les da la interpretación en cuanto a la profecía, la historia y la combinación de varios pasajes. Debemos prestar especial atención a la palabra que proviene de la combinación de varios pasajes. El libro de Hebreos contiene muchos mensajes de esta clase, lo mismo la epístola a los Romanos y la epístola a los Gálatas. Cuando el Espíritu Santo mandaba a los apóstoles a hablar de cierto tema, seleccionaba versículos del Antiguo Testamento y los guiaba a presentar la Palabra. Este mismo principio gobierna a los ministros de la Palabra de hoy. Así como Pedro, Pablo, Mateo y los demás apóstoles llevaron a cabo su ministerio al hablar guiados por el Espíritu Santo y según el Antiguo Testamento, nosotros también llevamos a cabo nuestro ministerio al hablar según ambos Testamentos y la guía del Espíritu Santo. Los apóstoles no hablaban al azar; ellos seguían la dirección del Espíritu Santo; proclamaban lo que Dios les decía y basaban su discurso en la interpretación que el Espíritu daba de la palabra que Dios había dado previamente. En esto consiste el ministerio de la Palabra.

ES NECESARIA LA INTERPRETACION DEL ESPIRITU

Los ministros del Nuevo Testamento, como por ejemplo, Mateo, Pablo, Pedro, se apoyaban en el Antiguo Testamento, y ninguno de ellos habló por su propia cuenta, ni de manera independiente ni autónoma.

Sin embargo, no todo el que lee el Antiguo Testamento puede hablar como Mateo, Pablo o Pedro. Para poder ejercer el ministerio de la Palabra, necesitamos la interpretación del Espíritu Santo. Es El quien ilumina y explica el significado de cierto mensaje, el que descubre los hechos del Antiguo Testamento y nos muestra las palabras a las que debemos dar importancia, y el que nos proporciona la base para hablar.

Todos los escritores del Nuevo Testamento tenían el ministerio de la Palabra. Debe suceder lo mismo entre nosotros. Si queremos ser ministros de la Palabra de Dios, necesitamos estudiar la Biblia diligentemente y recordar que no basta con leerla, pues necesitamos pedirle al Espíritu del Señor que nos muestre los hechos más importantes de la Palabra escrita, que vuelva nuestra atención a esos hechos y nos dé su interpretación. Un ministro de la Palabra debe tener una base para hablar; no debe expresarse de manera independiente, ni suponer que lo único que necesita es memorizar la Palabra, pues es necesaria la interpretación del Espíritu Santo.

Debemos tener presente que el ministerio de la Palabra hoy es mucho más extenso que el de los escritores del Nuevo Testamento. Esto no significa que lo que ahora vemos sea más profundo que lo que ellos vieron. Sabemos que la Palabra de Dios se completó con el libro de Apocalipsis. Todas las verdades de Dios, las más elevadas y las más profundas, ya están escritas. No obstante, el ministerio de la Palabra hoy es más espléndido. Pablo anunció la Palabra basándose en las palabras divinas del Antiguo Testamento; pero nosotros no sólo nos basamos en el Antiguo Testamento, sino también en los escritos de Pablo, de Pedro y del resto de los que escribieron el Nuevo Testamento. La Biblia que tenemos hoy es más extensa que la de Pablo. El sólo tenía treinta y nueve libros, pero nosotros tenemos sesenta y seis. Hoy el ministerio de la Palabra que llevan a cabo los siervos de Dios debe ser más prolífico que antes, ya que el material que el Espíritu de Dios puede usar y la oportunidad que tiene de interpretarlo es mucho mayor ahora. No hay razón para tener escasez; debe haber abundancia.

En el pasado muchas personas han dedicado un tiempo considerable al estudio de la Biblia y, con la ayuda del Espíritu Santo, han podido ver la diferencia que hay entre las palabras que aparecen con artículo y las palabras que aparecen sin él, como por ejemplo: *Cristo* y *el Cristo; ley* y *la ley; fe* y *la fe.* Descubrir esto requiere un estudio minucioso. En el Nuevo Testamento, el título *Jesucristo* se refiere al Señor antes de resucitar, y el título *Cristo Jesús* se refiere al Señor resucitado. También podemos ver que en ninguna parte de la Biblia se nos dice que los creyentes están en *Jesús*; pero sí que están *en Cristo.* Estos pormenores tan preciosos requieren un estudio muy detallado a fin de poderlos extraer. Debemos permitir que el Espíritu del Señor nos hable para que veamos la exactitud que hay en la Palabra de Dios.

En la Biblia hay muchas palabras que no son equivalentes. Muchos pronombres tienen un significado especial y no pueden ser reemplazados por otras palabras. Es claro que en la Biblia, la sangre significa redención, y la cruz habla de la disciplina por la que pasa nuestro ser, pues cuando se menciona la vieja creación, se hace alusión a la crucifixión, y cuando se habla de llevar la cruz, se refiere al hombre natural. La Palabra de Dios es inconfundible. En relación con la operación del Espíritu Santo, la obra de constitución es interna, pero en relación con la experiencia de los dones, es externa. Ejemplos como estos demuestran la exactitud de las Escrituras. Los escritores del Nuevo Testamento notaron la exactitud del Antiguo Testamento, y se subordinaron a la interpretación del Espíritu del Señor. Nosotros también debemos hacer lo mismo. Debemos basarnos en ambos Testamentos para tener un rico ministerio de la Palabra. Necesitamos estudiar la Biblia, y también tener la interpretación del Espíritu Santo.

Un verdadero ministro de la Palabra no recibe una revelación aislada, descomunal y sin precedentes, sino que desarrolla la luz que tiene sobre lo que Dios manifestó en el pasado. Esto es lo que Pablo, Pedro y los demás ministros del Señor hicieron en sus días, y esto es lo que los ministros del Señor debemos hacer hoy. Antes de Pablo hubo otros ministros, y antes de nosotros están Pablo, los demás apóstoles y los sesenta y seis libros de la Biblia, la cual es la Palabra escrita de Dios. La revelación, la luz y la palabra actual tienen que concordar con las de quienes nos precedieron. Pablo necesitó la interpretación del Espíritu a fin de ser un ministro de la Palabra. Nosotros también, si queremos ser ministros de la Palabra, necesitamos que el Espíritu Santo nos dé la interpretación. La palabra de Dios ha sido comunicada y ha adquirido más palabras de generación en generación. Nadie debe tener un mensaje autónomo. La segunda persona ve más que la primera; la tercera ve más que la segunda; y la cuarta ve más que la tercera. Con el transcurso del tiempo se ven más cosas. Dios vino directamente a la primera persona, pero las demás siguieron las pisadas de sus predecesores. Es así como la Palabra de Dios crece. Si Dios nos concede Su misericordia y Su gracia y abre nuestros ojos para que veamos lo que El expresó, tendremos una base sobre la cual servir como ministros de Su palabra.

Es posible que haya muchos ministros, pero la Palabra es una sola. De generación en generación, los ministros son el producto de la Palabra. Los ministros postreros deben pedirle a Dios que les dé la interpretación de la palabra proclamada por los ministros que les precedieron. Es así como se unen al gran "Verbo" de Dios y a todos los ministros de Dios. Este principio es esencial: la Palabra es una sola, pero los ministros son muchos.

CAPITULO SIETE

LA REVELACION PROCEDE DEL ESPIRITU SANTO

Ya vimos que el ministro debe basar su ministerio en la Palabra de Dios y en la interpretación que el Espíritu Santo le da de la misma. Estudiaremos ahora un aspecto aún más importante. Además de conocer la Palabra que Dios ya expresó, y su interpretación, un ministro debe reunir un requisito básico: debe tener revelación. El ministro debe tener revelación en cuanto a la Palabra de Dios y también la unción del Espíritu con respecto a la misma. Si no tiene un espíritu de revelación ni la unción del Espíritu Santo, no puede ser ministro de la Palabra.

UNO

La Biblia es un libro maravilloso. Su notable característica está en el hecho de que, a pesar de estar compuesta de las palabras que los hombres expresaron, es la Palabra de Dios. Los hombres la escribieron, pero a la vez fue escrita por Dios. El aliento de Dios fue infundido en las expresiones, en las oraciones y en cada palabra de la Biblia. La palabra que algunas versiones de la Biblia traducen *inspirada* en 2 Timoteo 3:16, en el idioma original significa *aliento*. La Biblia es el aliento de Dios. Los santos hombres de Dios la escribieron movidos por el Espíritu Santo (2 P. 1:21). Cuando Dios creó el mundo, formó al hombre del polvo de la tierra. Pero éste no tenía vida; así que Dios sopló y le infundió aliento de vida y el hombre llegó a ser un alma viviente. La Biblia, un libro expresado y escrito por el hombre, contiene el aliento de Dios. Por consiguiente, la Biblia es un libro vivo; es la Palabra viva del Dios vivo. A esto se refiere el hecho de que toda la Escritura es dada por el aliento de Dios.

La Biblia está llena de los elementos y las palabras del hombre, y ésa es la única impresión que muchas personas reciben cuando la leen; no perciben que Dios habla en ella. Lo que hace que la Biblia sea tan especial es su doble dimensión. Por una parte, la Biblia es externa y física, es decir, posee la dimensión física del hombre, quien fue hecho del polvo de la tierra; por otra, tiene una dimensión espiritual, es decir, está ligada al Espíritu Santo, es el Verbo y el aliento de Dios. En cuanto a su forma, la Biblia fue escrita usando la memoria del hombre, y puede ser retenida en la memoria; es emitida por la boca del hombre, y puede ser oída por los oídos humanos; fue escrita en un lenguaje humano, y es comprendida por el entendimiento humano. Cuando predicamos las verdades que se hallan en este libro, éstas son retenidas en la memoria del hombre, comprendidas por su entendimiento y compartidas de una persona a otra. Todo esto sucede en el aspecto exterior y físico de la Biblia. En esta categoría caben las doctrinas y las enseñanzas, porque la mente se aferra a ellas, y el intelecto puede entenderlas. Esta es la dimensión física de la Palabra.

Sin embargo, la Biblia tiene otra dimensión. El Señor Jesús dijo: "Las palabras que Yo os he hablado son espíritu y son vida" (Jn. 6:63b). Este aspecto de la Biblia tiene que ver con el espíritu y la vida. En esta dimensión, Dios deposita Su palabra en el interior del hombre. Este aspecto no se puede entender con la inteligencia ni se puede retener en la memoria. Tampoco es algo que una persona muy hábil pueda profundizar. Para entender este aspecto se requiere de otro órgano, ya que ni los oídos, ni los ojos ni la mente lo pueden ver ni entender.

Un ministro de la Palabra de Dios, a fin de servir en la iglesia, debe palpar la dimensión espiritual de la Biblia, no la física. Los que sólo tocan su dimensión física no son ministros de la Palabra de Dios. Si la Biblia no tuviera un aspecto físico, no habría dificultad en determinar si alguien es o no ministro de la Palabra de Dios; pero como tiene elementos humanos y físicos, el hombre la puede entender y aceptar fácilmente. Es aquí donde yace el peligro y el problema. El hombre puede predicar y presentar a la iglesia los elementos humanos que hay en la Biblia valiéndose de sus propias facultades, y suponer que es ministro de la Palabra y que está trayendo a la iglesia la Palabra de Dios. Incluso puede vanagloriarse de que las verdades que predica son bíblicas y de que sus enseñanzas concuerdan con la fe pura y ortodoxa. Dicha persona se engaña a sí misma si piensa que sus enseñanzas son ortodoxas. Debemos darnos cuenta de que este tipo de enseñanza pertenece a una esfera que no tiene nada que ver con el aspecto espiritual de la Biblia.

Algunos creyentes jóvenes piensan que si supieran griego, entenderían mejor la Palabra de Dios. Pero en realidad, muchas personas que hablan griego casi no conocen la Palabra de Dios, y posiblemente ni la entiendan. El hecho de hablar hebreo no garantiza que uno pueda entender el Antiguo Testamento. Uno puede hablar en hebreo o en caldeo, pero eso no significa que pueda entender el libro de Daniel; o puede hablar chino, sin embargo, eso no garantiza que pueda entender la Biblia en chino. La Biblia contiene palabras cuyo significado va más allá del chino o del griego; palabras que posiblemente ni los hebreos ni los caldeos entiendan. Estas son las palabras que un ministro debe esforzarse por discernir. Conocer la Palabra es totalmente diferente de entender un idioma. Por otra parte, es un error pensar que por estudiar la Palabra de Dios podemos ser sus ministros, ya que esto no depende del estudio de la Biblia solo, sino del método que usemos al estudiarla. Dios tiene que hablarle al hombre primero para que cuando éste hable, exprese la Palabra de Dios. Dios es el único que puede expresar Su palabra, así que necesitamos conocer Su voz. El tiene que hablarnos antes de que podamos ser ministros de Su palabra.

Al predicar ministramos el evangelio, no su base. La Biblia es la base del evangelio, de las palabras de Dios. Dios habló por medio de ella en el pasado. Sin embargo, necesitamos que exhale Su aliento por medio de ella nuevamente y nos revele Su palabra, a fin de que ésta cobre vida en nosotros y llegue a ser nuestra experiencia. El Espíritu de Dios tiene que depositar Su aliento en la Palabra para que ésta adquiera vida en nosotros. La diferencia que hay entre una palabra viva y una palabra muerta es enorme. Necesitamos ver que la

Palabra de Dios, aparte de ser lo que El expresó en cierto momento en el pasado, también es lo que El dice en la actualidad. El debe emanar Su aliento de nuevo por la palabra que habló en el pasado. Debemos comprender que existen dos esferas en lo que a la palabra de Dios se refiere. Una es la de la Biblia escrita, que incluye las doctrinas, el conocimiento, las enseñanzas, las profecías y las verdades bíblicas. Esto es lo que constituye la esfera visible de la Biblia. Puede ser que hayamos oído que Abraham creyó a Dios y que Dios se lo contó por justicia. Sin embargo, es posible que tengamos como una enseñanza superficial el hecho de que Dios justifica a los que creen. Alguien que tenga buena memoria y un intelecto vigoroso puede predicar esto y pensar que está predicando la Palabra de Dios. En realidad, está predicando el aspecto superficial de la palabra, no está ejerciendo el ministerio de la Palabra de Dios.

Debemos prestar atención a lo que es la Biblia misma. La Biblia es lo que Dios expresó en el pasado. En determinado momento Dios comenzó a hablar, y mientras hablaba, el Espíritu infundía Su aliento al hablar. Tan pronto Su Palabra se expresaba, algunos la podían palpar, y otros no. Cuando Pablo escribió su epístola a los creyentes que estaban en Roma, utilizó algunos materiales físicos. Posiblemente escribió en papiros hechos de pieles de cordero y usó como tinta la savia de algún árbol y, obviamente escribió en cierto idioma. Este es el aspecto físico de la epístola, y la esfera en la que entramos al leerla. Si a los creyentes de Roma sólo les hubiera impresionado su caligrafía, la epístola habría sido una simple carta. Pero mientras los creyentes romanos leían la epístola, Dios exhalaba Su aliento infundiéndolo en cada palabra, y ellos creyeron y recibieron la Palabra de Dios, y comprendieron que eran pecadores y que el hombre es justificado por la fe. En esto consiste el ministerio de la Palabra. Mientras los hermanos romanos leían, estudiaban y trataban de entender la Palabra de Dios, debían tocar la "palabra" que Pablo les comunicaba en su carta. Una persona muy competente, inteligente y con muy buena memoria, puede leer la epístola de Pablo y memorizarla sin ningún problema y, aún así, no conocer el significado de ser justificado por la fe. Es posible que conozca la doctrina, pero no palpe la realidad. Puede tocar las cosas que pertenecen a la dimensión física de la Biblia, pero no su dimensión espiritual. Dicha persona puede tocar la superficie y la doctrina de la Biblia, sin llegar a palpar la vida que está en la Palabra.

Debemos comprender la Biblia, la cual es la Palabra de Dios. La Palabra es el ministerio que fue llevado a cabo por los siervos de Dios en tiempos pasados. La epístola a Romanos fue el ministerio de la Palabra que Pablo llevó a cabo. En determinado momento, Dios expresó las palabras de dicho libro. Debido a que al leerlo es posible que lo hagamos superficialmente, Dios tiene que exhalar Su aliento en ese libro de nuevo a fin de que podamos tocar Su Palabra. No es suficiente que Dios haya puesto Su aliento en Su palabra una vez, El tiene que seguir exhalándolo. El aliento divino nos permite conocer Su Palabra y ser sus ministros.

DOS

¿Qué es la inspiración? ¿Qué es la revelación? La inspiración de la Palabra de Dios radica en que en cierto momento Dios exhaló Su aliento en Su Palabra. Sin la inspiración, la Biblia no sería la Biblia, pues la inspiración divina es su base. Dios inspiró a Pablo a escribir la epístola a los Romanos. Así que la inspiración y el aliento de Dios estaban en Pablo cuando escribió este libro. Y ¿qué es la revelación? Es el aliento de Dios, infundido en dicha epístola o en cualquier otro libro de la Biblia, que brota cuando se abren sus páginas dos mil años más tarde. La revelación nos permite tocar la Palabra de Dios una vez más. La inspiración ocurre una sola vez, pero la revelación se repite continuamente. La revelación entra en acción cuando Dios imprime Su aliento en Su Palabra una segunda vez y, nosotros, por medio del Espíritu Santo y de la unción que hay en ella, descubrimos la luz que nos permite ver lo que Pablo vio. La revelación es una indicación de que Dios revive lo que antes le dio al hombre por medio de la inspiración. ¡Esto es extraordinario!

Hermanos y hermanas, ¡esto es glorioso! El Espíritu de Dios revive Su Palabra de tal manera que la vigoriza y la vuelve tan viviente como cuando Pablo la escribió. Mientras

Dios escribía Su palabra por medio de Pablo, la vida vibraba tanto en el escritor como en lo escrito. Hoy esas mismas palabras pueden ser difundidas de nuevo. Dios llena la Palabra del Espíritu Santo y la activa con Su unción. Cuando esto acontece, la Palabra llega a ser poderosa, iluminadora y tan vivificante como entonces. En esto consiste la revelación, y sin ella el estudio de la Palabra es improductivo. Podemos estudiar minuciosamente sin oír a Dios. La Biblia es la Palabra de Dios, pues en determinado momento Dios habló. Pero si queremos que Sus palabras sean actuales, tenemos que pedirle que nos la hable de nuevo. Cuando nos habla, nos trae Su palabra, Su luz y Su vida. Si Dios no nos habla, la Biblia llega a ser para nosotros un libro cerrado y muerto.

Supongamos que Dios les habla a cien hermanos que están reunidos en cierto lugar. Aunque todos escuchan las palabras, no todos oyen la voz de Dios. Algunos están en una esfera, y otros en otra. Es posible que algunos oigan las doctrinas y las verdades que las palabras trasmiten. Posiblemente entiendan la lógica, e incluso quienes tienen buena memoria hagan una disertación perfecta sin haber oído nada de parte de Dios. Hermanos y hermanas, la Palabra de Dios no es una simple doctrina o enseñanza. Si bien es cierto que necesitamos oír la doctrina y la enseñanza, es más importante que Dios nos hable personalmente. Cuando hayamos adquirido esta clase de oído, diremos: "Gracias Señor, porque he oído Tu Palabra". Sólo entonces podemos decir que hemos tocado algo verdadero.

Supongamos que de las cien personas que escuchan la predicación del evangelio, noventa y nueve de ellas escuchen y entiendan todo lo que se habló, e incluso entiendan la doctrina, la enseñanza y la verdad, y que en señal de aprobación, asientan con la cabeza. Sin embargo, es posible que de las cien, sólo una reciba una enseñanza que va más allá de la que los demás recibieron; quizá oiga una voz que las demás no oyeron; y perciba un mensaje que va más allá de lo que el resto oyó. Además de oír la enseñanza, la persona oye la voz de Dios, lo cual le impresiona al punto de inclinar su cabeza y confesar: "Soy pecador. Oh Dios, sálvame". Las otras noventa y nueve sólo tocaron lo relacionado con el aspecto humano y físico de la Palabra; pero dicha persona oyó la Palabra de Dios. Existe una diferencia fundamental entre estas dos clases de creyentes.

Lo mismo podemos decir con respecto a la lectura de la Biblia. La Biblia es la Palabra de Dios. En determinado momento Dios le dio Su mensaje a Pablo, a Pedro y a Juan. Sin embargo, algunos al leerla lo único que ven son palabras, expresiones, doctrinas, verdades y enseñanzas. Encuentran allí todo, menos la voz de Dios. Ellos posiblemente hayan estado leyendo la Biblia por diez años sin que Dios les haya hablado ni una sola vez. Hermanos y hermanas, posiblemente hayan oído alguna vez que alguien testifica y dice: "He estado leyendo la Biblia veinte años, pero todavía no entiendo lo que dice", o a alguien que se pone en pie y dice: "He estado leyendo la Biblia por cinco o diez años. Yo pensaba que lo sabía todo; pero un día Dios tuvo misericordia de mí y me habló. Ahora me doy cuenta de que no sabía nada". Hermanos, una persona de experiencia discierne rápidamente la diferencia entre estos dos casos. Necesitamos la Palabra de Dios además de las palabras del hombre, y necesitamos las palabras del hombre además de la Palabra de Dios. Si Dios no nos habla, nuestro esfuerzo es vano. Estas esferas son completamente diferentes. En una están las doctrinas, las verdades, las enseñanzas, las palabras, el idioma y las expresiones, y en esa esfera toda persona diligente, inteligente y de buena memoria puede desenvolverse bien; pero en la otra esfera, Dios tiene que ratificar Su palabra al hombre. Hermanos, ¿pueden ver la diferencia entre estas dos esferas? Dios ha hablado y Sus palabras constan en la Biblia fielmente. Por medio de estas palabras, El le habla al hombre de nuevo. Esto es lo que podríamos llamar las palabras actuales de Dios. Al hablarnos, El usa las mismas palabras y nos ilumina con la misma luz que usó en el pasado. La revelación que recibimos es fresca y procede de la revelación dada anteriormente. Esto constituye el principio básico del ministerio de la Palabra. Sin esta base no lo podemos llevar a cabo.

Permítanme dar otro ejemplo para mostrar la relación que hay entre las Escrituras y la revelación presente de Dios. Supongamos que usted una vez se haya dado cuenta de que

Dios lo usó para que hablara por El. Puede ser que lo que dijo no haya sido algo espectacular; sin embargo, tuvo la sensación de que en ese momento el Señor estaba hablando por medio de usted. Indiscutiblemente usted proclamó palabras especiales, ya que éstas fueron ungidas por el Espíritu. Supongamos que dos meses más tarde usted se halla en una situación similar, con las mismas personas y ante la misma necesidad. Posiblemente usted piense que es oportuno repetir lo que dijo dos meses antes y tenga la certeza de poderles ayudar de esta manera. Pero en esta ocasión, al repetir lo mismo, usted se siente incómodo y sus palabras no tienen impacto. ¿Qué sucede? Puesto que está usando las mismas palabras que un día estuvieron llenas de la unción, usted piensa que el Espíritu Santo seguramente seguirá ungiéndolas. Sin embargo, no sucede así. El hecho de que el Espíritu Santo unja sus palabras en cierta ocasión, no significa que las ungirá una vez más.

Debemos recordar que recibir revelación una vez no significa que lo que se habló en determinado momento traiga consigo inherentemente la revelación cada vez que se repita. Aunque las palabras sean las mismas, la revelación ya no está allí. Podemos recordar y repetir lo que dijimos, pero no podemos duplicar la revelación ni la unción, porque éstas dependen de Dios. Necesitamos ver la relación que hay entre el ministerio de la Palabra y las Escrituras, y entre la Biblia y las palabras proclamadas. Es posible que al hablarle de Juan 3:16 a un incrédulo, él inmediatamente confiese que es un pecador, y más tarde, al citar el mismo versículo a otra persona, ésta no sea salva. El versículo es el mismo, las circunstancias las mismas, pero el Espíritu Santo no habla en esta ocasión. Como podemos ver, uno debe contar con la unción y la revelación.

TRES

Los que servimos como ministros de la Palabra de Dios debemos aprender esta lección. Lo importante no es cuánto conozcamos las Escrituras, ni cuántas verdades bíblicas hayamos estudiado, ni cuántos versículos podamos citar de memoria. Estas cualidades no nos constituyen ministros de la

Palabra. Si bien es cierto que es indispensable conocer las verdades bíblicas, y poder citar y entender la Biblia, también necesitamos el ingrediente básico de la revelación del Espíritu Santo. Este ingrediente nos capacita para ejercer el ministerio de la Palabra. Se requiere la revelación del Espíritu Santo para ejercer el ministerio de la Palabra. No se trata de repetir las mismas palabras, sino de tener la revelación, pues sin ésta, el ministerio de la Palabra cesa. Es vital entender esto cabalmente.

Dios ya habló. Y ahora, a fin de que Su palabra ocasione el mismo efecto, El repite lo que ya dijo. La Palabra que anunció antes es la misma que anuncia ahora; para que ésta sea eficaz, la unción tiene que estar en ella. Aquí podemos ver el equilibrio. Por una parte, al predicar la Palabra de Dios, debemos usar las mismas palabras que Dios expresó antes. Nuestro hablar se debe basar en lo que ya se dijo. No necesitamos añadir nada nuevo. Por otra, aunque al predicar usemos las mismas palabras, éstas no deben ser las mismas. Debemos tener la Palabra como base, porque sin ella Dios no puede hablar; pero a la vez, necesitamos que una unción y una revelación fresca del Espíritu Santo la acompañen, ya que sin esto, aunque digamos lo mismo, no se producirá el mismo efecto. Debemos mantener un equilibrio entre estas dos.

Muchas veces tenemos la tentación de dar el mismo testimonio esperando obtener el mismo resultado, la misma luz y la misma revelación que tuvimos anteriormente. Pero esto no sucede. Podemos repetir las mismas palabras, las mismas enseñanzas, los mismos testimonios, las mismas parábolas y las mismas expresiones, pero eso no tiene nada que ver con Dios, ya que el poder que usamos en ese momento es el nuestro, no el Suyo. Es posible repetir las acciones externas, pero no lo interno, porque esto pertenece a la esfera de Dios.

Usemos otro ejemplo para entender más claramente este asunto. Dios habla conforme al principio de la resurrección. ¿Qué es la resurrección? Es regresar a la vida lo que estaba muerto. La resurrección no da a luz, sino que regresa lo muerto a la vida. El nacimiento de un niño no es resurrección, pero si un difunto recobra la vida, eso es resurrección. La hija de

Jairo, el hijo único de la viuda de Naín, y Lázaro murieron, pero volvieron a vivir. Esto es resurrección. Hoy los ministros de Dios al proclamar la Palabra, sirven conforme al principio de la resurrección. Aunque Dios puso Su vida en Su Palabra y está allí todavía, Él tiene que exhalar Su aliento sobre ella de nuevo. ¿Comprendemos esto? El principio de la resurrección es muy diferente al de la creación. Cuando la palabra se habló por primera vez, fue comunicada conforme al principio de la creación. La palabra fue expresada y algo se creó. De igual manera, cuando un niño nace, lo que ocurre es un nacimiento. El ministerio de la Palabra no opera así. La Palabra de Dios ya fue dada, y Él sólo repite lo que ya dijo. Esto hace que la Palabra recobre la vida y el hombre reciba revelación.

La vara de Aarón que reverdeció tipifica la resurrección. Estaba muerta, no porque fuera de hierro, sino porque la vida que había en ella se había secado. Pero al ser puesta en el arca, la vara reverdeció, floreció de nuevo y dio fruto. Esto es resurrección. La vara es la misma, pero cuando la vida entra de nuevo en ella, se produce la resurrección. De igual manera, la Palabra es la misma, pero cuando cobra vida, trae revelación y luz. Es entonces cuando la Palabra adquiere vida para nosotros. Toda palabra contenida en las Escrituras es inspirada por Dios, y tenemos que honrarla. Todo aquel que rechace la Biblia será rechazado por Dios por haber rechazado la Palabra que Él comunicó. La Biblia es el fundamento de la fe ortodoxa y de la revelación divina. Sin embargo, necesitamos acercarnos a Dios a fin de recibir la luz y la revelación de las Escrituras. La Palabra de Dios sigue siendo la misma, pero es necesario que de ella brote nuevamente la revelación. La vara era la misma, pero una nueva vida entró en ella y retoñó, echó flores y produjo frutos. Este es el significado de recibir revelación de la Palabra de Dios.

La inspiración ocurre una vez, pero la revelación es continua. Sólo tenemos una Biblia, pero la unción del Espíritu Santo se repite continuamente y produce así el ministerio de la Palabra. Cada vez que alguien trata de explicar la Biblia sin tener unción ni revelación ni luz, el ministerio de la Palabra cesa en esa persona. Tenemos que prestar atención a este hecho. La diligencia, la memoria, el entendimiento y la inteligencia del hombre son necesarios, pero no son suficientes; Dios debe concederle misericordia al hombre y hablarle de nuevo. En realidad, no podemos hacer nada si no oímos hablar a Dios; es decir, El tiene que estar dispuesto a hablar de nuevo, ya que si no lo hace, aunque nos esforcemos, no lograremos ningún resultado. Si El no habla, los ministros no lograrán su cometido por mucho que prediquen. Para que la palabra opere, lo que digamos debe provenir de la esfera espiritual, porque si viene de la esfera física, aunque las palabras y la sensación interna sean iguales, lo que comuniquemos será diferente. Cuanto más hablamos por el espíritu, más comprendemos que esto está fuera de nuestro alcance. Aunque nuestro mensaje sea el mismo palabra por palabra y oración por oración, e inclusive, aunque sea una repetición literal del primer mensaje que dimos, el resultado no es el mismo. Debemos recordar que el único que puede anunciar la Palabra de Dios es Dios mismo. La Biblia es la Palabra de Dios y es necesario que sea El quien la comunique. La obra de los ministros consiste en permitir que El comunique Su palabra nuevamente. Cuando el oráculo de Dios le permite expresarse sin obstáculos, se produce el ministerio de la Palabra. Esta es la única esfera en la cual podemos servir.

Hay una enorme diferencia entre la teología y la voz de Dios. Al oír una predicación, no debemos limitarnos a analizar si la doctrina es correcta, si la enseñanza es bíblica, o si la verdad de la que se habla es fiel. Con esto no queremos decir que debemos menospreciar estos factores. Sin embargo, todo aquel a quien Dios ha instruido y cuyos ojos haya abierto, cuando escucha a un predicador, inmediatamente sabe qué clase de exposición hace. Podemos ser muy inteligentes y carecer de las palabras de Dios; o no ser muy versados, y expresar Su Palabra. Es fácil detectar cuándo habla Dios por una persona y cuándo no.

Si todos los hermanos comprendieran esto, la iglesia en lugar de prestar tanta atención a los dones, le daría más atención al ministerio. El problema hoy es que muchos hermanos y hermanas jóvenes no pueden discernir entre los dones y el ministerio. Por esta razón los dones son bien acogidos y admirados en la iglesia, mientras que al ministerio no se le da importancia. Las palabras y los aspectos externos podrán ser los mismos, pero la realidad es diferente. Todo aquel que tiene discernimiento espiritual puede ver la diferencia en ambos casos. Cierto hermano dijo una vez, "Yo predico lo que el hermano fulano predica". El era muy diestro y pensaba que su predicación era tan buena como la de otros, pero no se daba cuenta de que su predicación se encontraba en una esfera completamente diferente. Algunas personas al predicar, se valen de la inteligencia, mientras que otras usan el espíritu. Estas son dos esferas completamente diferentes. Es erróneo pensar que repitiendo las mismas palabras produciremos los mismos resultados. Algunos pueden predicar lo mismo, pero puede ser que Dios no hable por medio de ellos. El que sirve en el ministerio de la Palabra, sirve ahí porque Dios habla por medio de él.

CUATRO

Al analizar la historia de la iglesia, vemos que desde los días de Martín Lutero, Dios ha estado haciendo una obra de recuperación. El levantó a Lutero y a sus contemporáneos para abrir el camino de dicha restauración. Desde 1828 muchas verdades se han ido recobrando gradualmente. Los que aman al Señor se preguntan por cuánto tiempo proseguirá el Señor esta obra. Primero que todo, necesitamos saber qué es esta restauración. Esta obra no consiste en predicar lo que los apóstoles predicaron, ni en expresar todas las verdades que se encuentran en la Biblia. Tampoco es obtener revelación por predicar estas verdades. En la actualidad hay muchos que predican las doctrinas del bautismo y de la imposición de manos sin saber lo que significan; o enseñan acerca de la iglesia, sin jamás haber visto lo que es; o enseñan acerca de la sumisión, sin siquiera conocer la autoridad de Dios. No piensen que por hablar del mismo tema, el contenido sea el mismo, ni piensen que el mensaje causará la misma reacción por el hecho de que la doctrina y la terminología sean iguales. Muchos predican en la esfera de la letra. Tales personas no tienen el ministerio de la Palabra.

Para ejercer el ministerio del Nuevo Testamento necesitamos recibir revelación. Solamente cuando recibimos la misma unción y la misma revelación que los apóstoles, podemos participar en el ministerio de la Palabra. No recibimos las palabras divinas que ellos recibieron simplemente repitiéndolas. La Palabra de Dios es totalmente diferente. Supongamos que los miembros de una iglesia son engañados como lo fueron los creyentes de Galacia, ¿qué debemos hacer? ¿Copiar toda la epístola a los Gálatas y enviársela? La epístola a los Gálatas fue escrita por Pablo, pero lo que los gálatas recibieron fue la Palabra de Dios. Al recibir la carta de Pablo, tocaron la Palabra de Dios. Hoy podemos copiar la epístola a los Gálatas y enviársela a la iglesia que tiene problemas; sin embargo, es posible que ellos sólo la lean pero no reciban la Palabra de Dios. Es muy común que una persona lea la Biblia sin tocar la vida, y que sólo vea las palabras que Dios proclamó antes, no lo que El comunica ahora. De igual manera, podemos leer la Biblia, la cual fue escrita por inspiración, sin que por ello recibamos la revelación del Espíritu Santo. Hermanos y hermanas, ¿cómo es posible que a pesar de que cientos de personas leen la Biblia, muy pocas sean beneficiadas? ¿Cómo se explica que tantas personas prediquen la Palabra y, sin embargo, muy pocos la pueden percibir? La única explicación es que las personas sólo tocan lo exterior de la Palabra, es decir, leen lo que Dios dijo en el pasado, no lo que Dios dice en el presente. Dios no les habla por medio de las palabras que El usó antes.

Debemos comprender que los ministros son el conducto que Dios usa para comunicar de nuevo Su palabra. Ellos tienen la responsabilidad de permitir que Dios exprese de nuevo las Escrituras. Así que, todo ministro de la Palabra de Dios debe transmitir a su audiencia las palabras que Dios expresa hoy, no la letra de la Biblia. Por una parte, si los oyentes no quieren escuchar, no se puede hacer nada, ya que para oír la voz de Dios deben abrir su espíritu, su corazón y su mente. Por otra, si quienes nos escuchan no oyen a Dios mientras interpretamos la Biblia y explicamos sus enseñanzas, es porque algo esta fallando en nosotros. Puesto que Dios habla por medio de los ministros de la Palabra, los oyentes deben tener la sensación y la convicción de que Dios les habla y de que deben consagrarse a El. Si la iglesia es pobre se debe a que los ministros son pobres. A menudo nos lamentamos porque no son muchos los que han recibido revelación, pero ¿por qué no se la damos nosotros? Decimos que la iglesia es pobre; ¿por qué no la enriquecemos nosotros? Esta es nuestra responsabilidad. La función de los ministros no es simplemente hablar de la Biblia, sino comunicar la Palabra de Dios. Las palabras de la Biblia en boca de sus ministros dejan de ser letra impresa y se convierten en la Palabra de Dios, la cual viene a ser vida y luz.

Es erróneo pensar que todo aquel que usa la Biblia para predicar e interpretar sus profecías es un ministro de la Palabra. Lo único que esta persona hace es mostrarle a los demás el aspecto externo de la Biblia. Algunos se quejan de que a la iglesia le falta revelación. Es posible que sea así, pero ¿quién se la dará? No podemos culpar a los hermanos y hermanas. Cuando los ministros de Dios tienen escasez, la iglesia se halla en esa misma condición; y cuando la iglesia no tiene profetas ni visión, el pueblo de Dios carece de luz. Dios imparte Su luz a la iglesia por medio de los ministros. ¡Cuán grande es la responsabilidad de la iglesia! No es correcto nombrarse a uno mismo sucesor de los apóstoles simplemente por predicar de las mismas Escrituras que ellos predicaron. Lo que nos constituye sucesores de los apóstoles es la medida de revelación que hayamos recibido y la unción que hayamos experimentado. Lo importante no es tener la misma doctrina, sino tener la misma unción.

Nada afecta más a la iglesia que la falta de personas que ministren la Palabra, la revelación y la luz de Dios. Si no les traemos esto, ¿esperamos que ellos lo reciban por medio de la oración? Al pedirles que ellos mismos oren por estos aspectos, estamos evadiendo nuestra responsabilidad y echando la carga sobre sus hombros. Son los ministros de la Palabra los que tienen la responsabilidad de ministrar a la iglesia. En ellos debe haber abundancia de revelación, luz y unción del Espíritu, de tal manera que cuando ministren la Palabra, Dios hable por medio de ella. Ministrar es lo mismo que servir. Cuando preparamos un platillo y lo servimos, este servicio satisface el hambre. De igual manera, el ministro debe preparar la Palabra de Dios de modo que pueda alimentar con ella a los demás.

Son muchas las personas que pueden disertar sobre la Biblia, pero Dios no habla por medio de ellas. Por eso es importante que veamos la diferencia que hay entre conocer la Biblia y ser portadores de las palabras de Dios. Muchas veces, aun después de estudiar la Biblia por varios días, Dios no nos dirige ni una sola palabra. Cuando El habla, los problemas se resuelven y todo cambia. Entonces nos damos cuenta de que la manera en que hemos estado leyendo la Biblia por años no es correcta. Ahora ésta adquiere nueva luz para nosotros. Así que lo que cuenta es que Dios hable. Muchas personas que no disciernen los asuntos espirituales, posiblemente nunca hayan oído que Dios les hable, con excepción del día que fueron salvas. Sin embargo, un día al oír a ciertos hermanos anunciar la Palabra, son impresionadas. Anteriormente, sólo oían mensajes de la Biblia, pero en esta ocasión oyen hablar a Dios. Aquí yace una diferencia fundamental. ¿Qué es la Palabra de Dios? Es Dios expresado. Necesitamos comprender esto. Solamente cuando la Palabra de Dios es proclamada y Dios nos habla, llegamos a realizar nuestra función como ministros. Este es un principio fundamental. Dios debe hablarnos y debe hablar por medio de nosotros. Si El no nos habla, nosotros no podemos proclamar Su palabra. Muchas personas quisieran ser oráculos de Dios y ministros Suyos; pero para serlo deben recibir revelación.

De los ministros depende la edificación de la iglesia, y el poder llegar a la unidad de la fe y a la medida de la estatura de la plenitud de Cristo. Dios llama a Sus ministros a la obra del ministerio. Según Efesios 4 solamente cuando ésta se realiza, se llega a la unidad de la fe y a la medida de la estatura de Cristo (vs. 12-13). Lamentablemente, en la actualidad son pocos los que pueden ser ministros. Todos los días se predica la Biblia en algún lugar, pero qué medida de dicha predicación comunica la Palabra de Dios. El pueblo de Dios carece de luz y de revelación, y no podemos culpar a nadie, excepto a nosotros mismos. Las almas no son salvas, ni los creyentes edificados porque no se proclama la Palabra de Dios. Esto nos indica que la falta está en los ministros. ¿Cómo, entonces, podemos esperar que la iglesia prevalezca? Hemos cerrado nuestro ser a Dios y no hemos permitido que Su luz nos ilumine. Nuestros hermanos no han logrado ver la luz divina por culpa nuestra. Este es un asunto muy serio que nos debe hacer recapacitar. Una de las razones por las que hoy la iglesia se encuentra en ruinas es que el Señor no ha podido derribar las barreras que hay en nosotros. La Palabra de Dios es abundante, y Su luz y Su revelación nunca faltan; pero, ¿dónde están los ministros? Dios busca a los ministros que lo expresen. El no cuenta en la actualidad con estas personas idóneas. Hemos impedido que Su luz brille por medio de nosotros.

Hay obreros que afirman ser oráculos de Dios; sin embargo, al disertar acerca de la Biblia, ni esperan ni tienen la más remota idea de que Dios pueda hablar por medio de ellos. El único interés que tienen es presentar sus propias doctrinas y propagar sus ideas y sus proyectos personales. Ellos no esperan que Dios se exprese en lo que dicen. Debemos recordar que somos portadores de la Palabra de Dios solamente cuando El se expresa en lo que decimos. Si Dios no es expresado, lo único que oirán los oyentes es el pensamiento del hombre. La revelación sólo viene cuando Dios es manifestado. Si esto no sucede, la enseñanza sólo logra pasar de una persona a otra, de una boca a otra y de una mente a otra. ¡Qué diferente es cuando Dios por Su misericordia se expresa desde nuestro interior!

Hermanos, debemos comprender que hay una gran diferencia entre el análisis de las Escrituras y la comunicación de la revelación divina. Es posible que nuestras palabras sean lógicas, maravillosas, agradables y elocuentes, pero Dios no está en ellas. Si nos diéramos cuenta de ello, nos postraríamos delante de El y diríamos: "Señor, de ahora en adelante, aborrezco toda obra que no tenga ni imparta revelación a los demás". No debemos convertirnos en predicadores profesionales, ya que cuando esto sucede, predicamos porque es nuestro deber, no porque hayamos recibido algo de parte de Dios. Necesitamos vivir en la presencia de Dios, pues sin Su presencia, no es posible participar en el ministerio de la Palabra.

Quiera el Señor concedernos Su misericordia y revelarnos Su palabra para poder transmitirla a los demás. Si el Señor no se expresa por medio de nosotros, no podemos proclamar Su palabra. Si sólo tenemos la Biblia, aunque ésta sea la base del ministerio, puede llegar a ser un libro sin vida. Así que es esencial que ella transmita la revelación del Espíritu Santo.

Hermanos, necesitamos que el Espíritu nos unja, y debemos esperar esta unción. Tenemos que orar reiteradas veces: "Señor, unge hoy Tu palabra una vez más para que yo pueda recibirla y usarla". Y orar así antes de dar un mensaje: "Señor, unge las palabras que voy a hablar y exprésalas junto con Tu unción". Este es el momento oportuno para pedir misericordia. Parece que muchas personas tienen puesta su esperanza en la verdad y en el conocimiento, no en la revelación; por eso, cuando se predica el evangelio, muy pocas almas llegan a la salvación. Se dan muchos mensajes, pero son pocos los que reciben bendición. Tenemos que darnos cuenta de que si la vida de Dios no acompaña Su Palabra, lo que se diga, no vale la pena y es vano. La Palabra de Dios y quienes la proclaman son bien acogidos; sin embargo, las palabras no transmiten una luz que consuma, ni una revelación lo suficientemente fuerte como para lograr que las personas se humillen ante Dios. La necesidad actual no es tanto que se admire la Palabra de Dios, sino que los hombres se postren ante El debido a la intensidad de Su luz. Si como ministros no podemos lograr esto, no podemos culpar a nadie por este fracaso, salvo a nosotros mismos. Que el Señor tenga misericordia de nosotros.

CAPITULO OCHO

CRISTO, EL VERBO DE DIOS

UNO

En Juan 1:1-2 leemos: "En el principio era el Verbo, y el Verbo estaba con Dios, y el Verbo era Dios. El estaba en el principio con Dios". Aquí se nos dice que el Hijo de Dios es el Verbo, es decir, Cristo es la Palabra de Dios. Por tanto, ministrar la Palabra equivale a ministrar al Hijo de Dios. Ministrar la palabra de Dios a la iglesia significa que le ministramos al Hijo de Dios. Un ministro de la Palabra de Dios imparte el Verbo de Dios en los oyentes. Al igual que los siete diáconos de Hechos 6, los cuales servían en la distribución de alimentos para los santos, un ministro de la Palabra sirve distribuyendo la Palabra a los demás. Pero esta Palabra no se compone sólo de palabras, ya que es una persona, es Cristo mismo. Por esta razón, ministrar la Palabra a otros significa que les ministramos al Hijo de Dios. Un ministro sirve a la iglesia ministrándole al Hijo de Dios.

Algunos sólo ministran enseñanzas bíblicas; no pueden ministrar el Señor Jesús a los demás. Ellos viven en la esfera de la letra y sólo pueden ministrar verdades, doctrinas y enseñanzas. Hasta ahí llega Su servicio. No pueden ministrar a Cristo, quien está contenido en la Palabra. Este es el problema de muchas personas. El Verbo de Dios es Cristo mismo. La Biblia no es simplemente un libro; no consiste exclusivamente en páginas escritas de las que el hombre recibe doctrinas y enseñanzas. Si separamos la Biblia de la persona de Cristo, será un libro muerto. En un aspecto, la Biblia es un libro, pero en otro, es Cristo mismo. Si uno permanece en la primera esfera, lo único que tendrá será un libro y no podrá servir como ministro de la Palabra de Dios. Sólo podrá ministrar doctrinas, verdades y enseñanzas; no podrá infundir a

Cristo en los oyentes. Sólo aquellos que están en la segunda esfera pueden ministrar a Cristo.

DOS

Pablo fue claro cuando dijo: "De manera que nosotros de aquí en adelante a nadie conocemos según la carne; y aun si a Cristo conocimos según la carne, ya no lo conocemos así" (2 Co. 5:16). Nosotros no conocemos a Cristo según la carne; tenemos que conocerle según el Espíritu. En otras palabras, no lo conocemos como el Jesús de Nazaret que anduvo en esta tierra, es decir, como el Jesús histórico, sino que lo conocemos como el Cristo que está en el Espíritu. Debemos recordar que quienes lo conocen como un personaje de la historia posiblemente no lo conozcan en absoluto. Muchos judíos pensaban que conocían al Señor y decían: "¿No es éste el hijo del carpintero? ¿No se llama Su madre María, y Sus hermanos, Jacobo, José, Simón y Judas? Y Sus hermanas, ¿no están todas con nosotros?" (Mt. 13:55-56). Ellos pensaban que porque tenían esta información conocían al Señor. Pero sabemos que no lo conocían.

Juan el Bautista fue un hombre enviado por Dios. Y él confesó diciendo: "Viene tras mí el que es más fuerte que yo, a quien no soy digno de desatar, agachado, la correa de Sus sandalias. Yo os he bautizado en agua; pero El os bautizará en el Espíritu Santo" (Mr. 1:7-8). Agacharse y desatar la correa de las sandalias de una persona era trabajo de los esclavos en el tiempo de los romanos. Cuando el amo llegaba a la puerta, el esclavo se agachaba y le desataba la correa de las sandalias. Era una tarea humillante. Juan sabía que el que había de venir después de él era mucho mayor que él y lo entendía claramente. Sin embargo, no sabía que quien había de venir después de él era el Señor Jesús. Esto no lo entendía con claridad. En cuanto a la carne, Juan era primo de Jesús. Pese a que se conocían desde su juventud, Juan no sabía que el Señor Jesús era el que había de venir después de él. Juan dijo: "Y yo no le conocía; pero el que me envió a bautizar en agua, El me dijo: Sobre quien veas descender el Espíritu y que permanece sobre El, ése es el que bautiza en el Espíritu Santo. Y yo le vi, y he dado testimonio de que éste es el Hijo de Dios" (Jn. 1:33-34). El día que el Señor Jesús fue bautizado, el Espíritu Santo descendió sobre El, y entonces Juan reconoció que este Jesús, su primo, a quien conocía hacía treinta años, era el Hijo de Dios. Antes de este suceso, él tenía una relación muy intima con el Señor Jesús, pero no lo conocía. Fue el Espíritu el que le abrió los ojos para que pudiera reconocerlo. Juan estuvo con el Señor Jesús treinta años y aun así no lo conocía. Durante esos treinta años, Juan el Bautista mantuvo contacto con el Señor, pero sólo lo conoció como su primo. El conoció al Jesús histórico, al hombre de Nazaret, pero no se dio cuenta de que este Jesús era Dios mismo.

El Señor Jesús es el propio Dios. Anduvo en la tierra encubierto, y la gente no sabía quién era. Dios andaba encubierto entre la gente, y nadie se daba cuenta de que el Señor Jesús era Dios. Es necesario que el Espíritu de Dios abra los ojos del hombre para que éste pueda reconocer a Jesús como el Hijo de Dios y como el Cristo. En cierto sentido la Biblia es como Jesús de Nazaret. Desde el punto de vista humano, la Biblia es simplemente un libro, aunque quizás más especial que otros. Pero cuando el Espíritu de Dios abre los ojos del hombre, éste se da cuenta de que la Biblia no es un libro ordinario, sino que es la revelación de Dios y presenta al Hijo de Dios. Así como Jesús de Nazaret es el Hijo del Dios viviente, así este libro es una revelación del Hijo del Dios vivo. Si para nosotros este libro es un libro más, no conocemos la Biblia de Dios. Los que no conocen al Hijo de Dios no conocen a Jesús. De la misma manera, los que no conocen al Hijo de Dios no conocen la Biblia. Quienes conocen a Jesús conocen al Hijo de Dios. De la misma manera, aquellos que conocen la Biblia saben que el Señor Jesús es el Hijo de Dios, le conocen y saben de quién habla la Biblia. La Biblia revela a Cristo, el Hijo de Dios; por eso no es un libro ordinario.

Cuando el Señor Jesús anduvo en la tierra, Sus contemporáneos tenían mucho qué decir a cerca de El y lo criticaban en todo lo que podían. Algunos decían que era Jeremías; otros, que era alguno de los profetas. Unos decían una cosa, y otros otra. Pero el Señor Jesús les preguntó a Sus discípulos: "Y vosotros, ¿quién decís que soy Yo?" Pedro le contestó: "Tú eres el Cristo, el Hijo del Dios viviente". El Señor le dijo: "No te lo

reveló carne ni sangre, sino Mi Padre que está en los cielos".
El conocimiento del Señor Jesús no viene de carne ni sangre,
sino de la revelación celestial. Después de esto, el Señor
añadió: "Sobre esta roca edificaré Mi iglesia" (Mt. 16:15-18).
Sin esta revelación no puede haber iglesia, pues su cimiento
es dicha revelación y se edifica sobre la misma. Cuando una
persona reconoce que el Jesús histórico es el Cristo y el Hijo
de Dios, esta visión se convierte en el fundamento sobre el
cual se edifica la iglesia.

Hay personas que se lamentan y dicen: "Yo nací dos mil
años tarde. Si hubiera nacido hace dos mil años, habría
podido ir a Jerusalén y haber visto al Señor Jesús cara a cara.
Los judíos no creyeron que Jesús era el Hijo de Dios, pero yo
sí hubiera creído". Si estas personas hubieran vivido, andado,
y trabajado junto con el Señor Jesús todos los días, tampoco lo
habrían conocido. Sólo habrían conocido al hombre Jesús; no
se hubieran dado cuenta de quien era El en realidad. Mientras el Señor Jesús anduvo en la tierra, la gente hacía
muchas conjeturas acerca de El. Notaban que El era bastante
especial y que era muy diferente a los demás. Pero no lo conocieron. Sin embargo, Pedro no tuvo necesidad de adivinar. El
lo vio y supo quién era. ¿Cómo pudo conocerlo? En primer
lugar, Dios hizo resplandecer Su luz sobre él y le mostró que
Jesús de Nazaret es el Cristo, el Hijo del Dios viviente. Sin tal
revelación de parte de Dios, una persona puede seguir al
Señor por doquier sin enterarse de quién es El. Inclusive si una
persona hubiera seguido al Señor Jesús a Cesarea de Filipo,
tampoco habría sabido quién era El. Una persona puede estar
con el Señor todos los días y aún así no conocerlo. A Cristo no
se le puede conocer teniendo una relación externa con El, sino
por medio de una revelación. El conocimiento del Señor Jesús
se recibe por revelación, no por relacionarse con El. Si uno no
tiene revelación, puede vivir con El diez años y no llegar a
conocerlo. El día que Dios nos dé la revelación, nos hable en
nuestro interior, y abra nuestros ojos internos, conoceremos a
Jesús como el Cristo y como el Hijo del Dios viviente. La relación externa que podamos tener con El no equivale a tener un
conocimiento verdadero de El.

Lo mismo se puede decir de la Biblia. La Palabra de Dios es una persona, y también un libro. El Verbo de Dios es Jesús de Nazaret y también es la Biblia. Necesitamos que Dios abra nuestros ojos para que podamos reconocer que Jesús de Nazaret es el Verbo de Dios y el Hijo de Dios. De la misma manera, Dios tiene que abrir nuestros ojos para que podamos reconocer que la Biblia es Su Palabra y que es una revelación de Su Hijo. Los que estuvieron cerca del Señor Jesús y lo rodearon por muchos años no lo conocieron. De la misma manera, muchos que están familiarizados con la Biblia y que la han leído y estudiado por muchos años no la conocen necesariamente. Se necesita además la revelación de Dios. Sólo lo que Dios nos revela es viviente.

La historia de la sanidad de la mujer que tenía flujo de sangre, narrada en Marcos 5, nos muestra que había muchas personas que apretaban al Señor Jesús, pero ninguna de ellas lo tocó. Entre todas ellas, sólo la mujer que tenía el flujo de sangre tocó el vestido del Señor. Ella pensó que si sólo tocaba el manto del Señor, sería sana. Ella tuvo fe, y fue sensible. Esa mujer se acercó y tocó al Señor; cuando lo hizo, quedó sana. El Señor preguntó: "¿Quién ha tocado Mis vestidos?". Al oír esto los discípulos, le dijeron: "Ves que la multitud te aprieta, y dices: ¿Quién me ha tocado?" (vs. 30-31). Los discípulos se quejaron de la multitud que lo apretaba por todos lados y se les hacía extraño que el Señor preguntara quién lo había tocado. Cuando alguien tocó al Señor, El se dio cuenta y lo percibió. Muchas personas lo apretaban, y nada les ocurrió; pero la mujer que lo tocó experimentó un cambio inmediato. Si el Señor se parara frente a usted, esto no le traería ningún beneficio si usted solamente está entre la multitud que lo aprieta. Uno no puede conocer a Jesús de Nazaret simplemente con la experiencia que tuvo la multitud, la cual lo apretaba sin darse cuenta de quién era El. Sólo la mujer que tuvo fe y discernimiento tocó Sus vestidos y pudo conocerlo. Aquel hombre era Jesús de Nazaret, y además era el Hijo de Dios. Muchas personas apretaban a Jesús de Nazaret, pero ninguna de ellas tocó al Hijo de Dios. Muchos tocaron al Jesús físico, pero no al Hijo de Dios.

El mismo principio se puede aplicar a la manera en que leemos la Biblia. Muchos utilizan la Biblia, pero pocos tocan en ella al Hijo de Dios. Uno puede tocar al Hijo de Dios por medio de Jesús de Nazaret. De la misma manera, puede tocar al Hijo de Dios por medio de la Biblia. El problema de muchas personas es que sólo ven la Biblia, mas no al Hijo de Dios. Cuando el Señor Jesús anduvo en la tierra, la gente le conoció conforme a dos esferas diferentes. En una, la gente oía Su voz y observaba Sus movimientos sin saber en lo absoluto quién era Él. En la otra esfera, una mujer tocó Sus vestidos y fue sana. Muchos lo vieron, pero sólo una persona se dio cuenta de que Dios estaba en aquel hombre de Nazaret. Me temo que cuando presentamos a Jesús de Nazaret, es posible que sólo les presentemos un libro. Debemos recordar que los que apretaban a Jesús de Nazaret no recibieron ningún beneficio de Él. Muchos enfermos que lo apretaban no fueron sanados. Igualmente, aquellos que hacen lo mismo con la Biblia no reciben nada de ella. Pero algunos reciben luz interiormente y tocan al Hijo de Dios contenido en ella. Lo que nos dice el Señor Jesús es espíritu y vida. Cuando percibimos esto, tocamos el ministerio de la Palabra. Lo que presentamos no debe ser un libro. Al utilizar la Biblia, debemos presentar al Hijo de Dios. El ministro de la Palabra sirve la Palabra de Dios a quienes lo escuchan y con ella, al Hijo de Dios. Nosotros servimos impartiendo a Cristo en los oyentes. Solamente cuando presentamos a Cristo, somos ministros de la Palabra.

Algunas personas sólo conocen al Jesús histórico, no conocen al Hijo de Dios. Al acudir a la Biblia muchos lectores, sólo ven al Jesús histórico y no perciben en sus páginas al Hijo de Dios. La Biblia no es simplemente un libro, así como Jesús no es simplemente un hombre. En la Biblia encontramos a Cristo. Si uno se acerca solamente al libro sin tocar al Hijo de Dios, no tiene el ministerio de la Palabra.

En Lucas 24:13-31 el Señor Jesús se unió a dos discípulos que iban rumbo a Emaús. Mientras caminaban, el Señor Jesús les hacía preguntas, y ellos contestaban, o ellos hacían las preguntas y el Señor respondía. En la conversación el Señor les presentó las Escrituras. Al llegar a Emaús, los dos discípulos le instaron a quedarse, diciéndole: "Quédate con

nosotros, porque se hace tarde, y el día ya ha declinado"
(v. 29). El Señor accedió y se quedó con ellos. Inclusive lo invi-
taron a comer. Durante esta larga conversación, ellos no
reconocieron al Señor Jesús. Sólo cuando el Señor tomó el
pan, lo bendijo, lo partió y lo dio, les fueron abiertos los ojos y
reconocieron al Señor. Esto nos muestra que es posible andar
con el Señor, y aun así no conocerle. Uno puede hablar con El
sin saber quién es El.

Hermanos y hermanas, aunque el Señor nos hablara o se
quedara con nosotros, es posible que no sepamos quién es El.
Debemos conocer algo en cuanto al Señor que sea mucho más
profundo que el conocimiento que pudiéramos obtener al quedarnos con El, andar con El o hablar con El. El día que abra
nuestro ojos, le conoceremos. Andar con El, hablar con El, y
recibir el conocimiento de las Escrituras no bastan para
garantizarnos que lo conoceremos. Debemos darnos cuenta de
que conocer al Señor de manera auténtica va más allá de todo
esto. Puede ser que nos lamentemos por no haber estado con
el Señor cuando El anduvo en la tierra, pero debemos comprender que aun si hubiéramos estado con El, no lo habríamos conocido más de lo que lo conocemos hoy. El más pequeño
o el más débil de los hermanos, conoce al Señor Jesús tanto
como lo conoció Pedro. Cuando el Señor Jesús estuvo en la
tierra, los doce discípulos lo conocieron; pero la manera en
que lo conocieron no es superior a la manera en que lo conoce
el hermano más débil que esté entre nosotros. No pensemos
que lo conoceremos sólo por relacionarnos con El unos cuantos años. Debemos comprender que el Señor a quien conocieron los discípulos en su espíritu no es diferente al que
nosotros conocemos en nuestro espíritu hoy.

Lo fundamental es saber qué constituye el verdadero conocimiento del Señor, pues éste no proviene de afuera. Necesitamos la revelación que Dios concede para conocer al Señor. El
tiene que abrir nuestros ojos y mostrarnos lo que debemos
conocer. El tiene que abrir nuestros ojos. Esto es lo que se
requiere para ser un ministro de la Palabra. Tal vez alguien
pase mucho tiempo estudiando, pueda recitar todos los versículos de la Biblia, entienda claramente todas las doctrinas
bíblicas y pueda contestar rápidamente cualquier pregunta;

sin embargo, es posible que con todo eso no conozca al Hijo de Dios. El día que Dios abra los ojos de esa persona, verá al Hijo de Dios. Cuando Dios abre nuestro ojos, vemos a Jesús de Nazaret, a Cristo. De la misma manera, cuando Dios abre nuestro ojos, vemos la Biblia y al Hijo de Dios revelado en ella.

Con esto no decimos que la obra que realizó el Señor Jesús en la tierra no sea importante, sino que la persona tiene que creer que Jesús es el Cristo para poder ser engendrada de Dios. Si alguien cree que el Señor Jesús es el Hijo de Dios, llega a ser engendrado de Dios. No sólo debemos ver que Jesús es el Cristo, el Hijo de Dios, sino que también debemos ver la Biblia. No es posible tener al Hijo de Dios o a Cristo, si hacemos a un lado a Jesús de Nazaret. Jesús de Nazaret es el Hijo de Dios, el Cristo. Del mismo modo, uno no puede hacer a un lado el Antiguo Testamento ni el Nuevo y decir que conoce a Cristo. No puede hacer a un lado la Biblia y decir que conoce al Hijo de Dios, pues Dios nos da a conocer a Su Hijo por medio de la Biblia. Si no recibimos revelación, podemos leer el libro y sólo veremos doctrinas; no conoceremos al Cristo que está contenido en el libro. Este asunto es fundamental. Es posible entender toda la Biblia y aún así no ver a Cristo.

La existencia de dos esferas diferentes hace que la vida cristiana sea muy compleja. Si se eliminara todo lo externo y permaneciera sólo lo interno, la situación sería mucho más sencilla: el que conoce al Hijo de Dios lo conoce, y el que no, no. Pero el problema es que en una esfera la gente "aprieta al Señor", y en otra hay quienes "tocan al Señor". Algunos lo aprietan, pero otros lo tocan. Estos dos tipos de contactos son completamente diferentes. ¿Podemos ver la diferencia que hay entre estas dos cosas? Son dos mundos diferentes. Los que aprietan al Señor se encuentran en una esfera, y los que lo tocan están en la otra. Los que están en la esfera donde se aprieta a Jesús no experimentan nada, mientras que los que están en la esfera donde se toca a Jesús son sanados de todas sus enfermedades y librados de todos sus problemas. En una esfera se encuentran los intelectuales que entienden la Biblia, las doctrinas y las verdades; pero en la otra, uno experimenta la luz, la revelación y la unción del Espíritu Santo. Hermanos, ¿pueden ver esto? En una esfera se encuentran los maestros de la letra, y en la otra se encuentran los ministros de la Palabra de Dios. Nosotros sólo podemos enseñar lo que sabemos. Dios tiene que llevarnos a un punto donde toquemos la esfera interior; pues en la esfera donde se aprieta al Señor Jesús no podemos conocerle ni conocer la Biblia. Necesitamos entrar en la esfera donde le podemos tocar a fin de serle útiles. Solamente en esta esfera encontramos las palabras que proceden de Dios. Solamente esta esfera producirá resultados, y solamente esa manera de relacionarnos con El será fructífera. Es asombroso que el Señor Jesús no sintiera que la gente lo apretaba, pero sí estuvo muy consciente cuando alguien lo tocó.

Puede suceder que un hermano sencillo que no tiene nada ni sabe nada lea la Biblia y toque la Palabra con temor y temblor, y en la presencia del Señor vea la luz. Por otro lado, quizás otro hermano que esté bien familiarizado con el griego y el hebreo, conozca bien su propio idioma y haya leído la Biblia de pasta a pasta muchas veces y hasta se la haya memorizado. Si tal persona no ha recibido luz de parte de Dios, no puede ser un ministro de Su Palabra. A lo sumo, podrá pasar conocimiento bíblico a los demás, mas no podrá ministrar a Cristo a la iglesia. La Biblia es una persona viviente; es el Hijo de Dios. Si al leer la Biblia no tocamos la Palabra viva, nada de lo que sepamos dará fruto.

TRES

Nuestro Señor enseñó acerca de muchas cosas cuando estuvo en la tierra, y muchos lo oyeron. En Juan 8 el Señor Jesús habló de muchas cosas. Habló de una mujer adúltera que fue perdonada. Más tarde, les dijo a los judíos que la verdad los haría libres y que no tenían que seguir siendo esclavos. Los judíos respondieron diciéndole que ellos eran descendientes de Abraham y que no eran esclavos. Pero el Señor les dijo que todo el que peca es esclavo del pecado (vs. 32-34). Quizá los judíos entendieron lo que se les dijo, o quizás no. Pero no podían decir que no lo hubieran oído. Sus oídos no estaban cerrados, ni eran sordos. No obstante, el

Señor Jesús dijo algo muy peculiar: "El que es de Dios, las palabras de Dios oye; por esto no las oís vosotros, porque no sois de Dios" (v. 47). Oír va más allá de percibir el sonido de la voz. Algunos oyen la voz y perciben la Palabra de Dios, pero otros no. Vemos que se trata de dos esferas diferentes. Si les preguntáramos a los judíos si habían oído las palabras del Señor, ellos habrían dicho que sí. Pero el Señor les dijo que no habían oído nada, porque no eran de Dios.

Este es un asunto que nos hace recapacitar. Uno no recibe la Palabra de Dios simplemente por estar en el lugar donde El habla. Una persona puede estar presente en el sitio donde Dios habla y no oír nada. Puede ser que oiga todos los sonidos y las palabras, pero el Señor Jesús dirá que no oyó nada. El oír al que se refiere el Señor Jesús es totalmente diferente. Hay dos maneras de oír, las cuales pertenecen a dos esferas diferentes. Uno puede oír cosas de una esfera y no de la otra. Esto constituye un problema básico en la experiencia de muchas personas. Muchos oyen las palabras de las Escrituras, pero no detectan la Palabra de Dios. El Señor les habló a aquellas personas. No podemos decir que todas eran insensatas ni que todas tuviesen problemas psicológicos ni que fueran sordas. Todas oían lo que el Señor decía. De no ser así, ¿cómo pudieron rechazarlo? Lo rechazaron porque habían oído Sus palabras. No obstante, el Señor Jesús dijo que los que son de Dios oyen las palabras de Dios y que los demás no las oyen porque no son de Dios. Ahí radica el problema. Muchas personas sólo oyen las voces de una esfera y no oyen ninguna voz de la otra esfera. No oyen nada porque no son de Dios. El Señor Jesús dijo que algunos no entendían Su palabra debido a que no eran rectos. En el versículo 43 el Señor Jesús dijo: "¿Por qué no entendéis Mi lenguaje? Porque no podéis escuchar Mi palabra". Los oídos físicos sólo pueden oír palabras humanas, las cuales están en una esfera. Las palabras de la otra esfera sólo se pueden oír con otra clase de oído. Solamente los que son de Dios pueden oírlas.

Muchas personas que leen la Biblia sólo perciben la cáscara o la apariencia de la Palabra de Dios. Pero la palabra de Dios se encuentra en una esfera completamente diferente. Es menester que comprendamos esto. Si no podemos oír las palabras de Dios, no podemos ser Sus ministros. ¿A qué nos referimos cuando decimos que una persona no oye la Palabra de Dios? Nos referimos a que es posible tener al Señor Jesús frente a nosotros hablándonos por varias horas sin que oigamos nada. En tal caso, no habríamos oído la Palabra de Dios. Tal vez hayamos oído todo lo que el Señor dijo en tal ocasión y hasta tomamos notas, y al llegar a casa tal vez lo memorizamos todo, y aún así no haber oído la Palabra de Dios. En otras palabras, no oímos lo que Dios dijo ni nos penetró, pues sólo tocamos la envoltura de la Palabra. Muchas personas no pasan de la cáscara de la Biblia, y aún así, piensan que son ministros de la Palabra de Dios. Debemos recalcar que éste no debe ser nuestro caso. La inspiración debe ser complementada con la revelación para que pueda convertirse en la Palabra de Dios, pues la inspiración sola no basta. Si lo único que tenemos es la inspiración, sólo tenemos la envoltura de la Biblia, mas no la palabra de Dios. Puede ser que nos jactemos de haber leído mucho la Biblia, pero eso no significa necesariamente que hayamos oído la Palabra de Dios. No podemos negar que las personas mencionadas en Juan 8 oyeron las palabras de Dios. Aún así, el Señor dijo que no las oyeron.

Necesitamos entender lo que es la Palabra de Dios. Es la palabra que yace detrás de la Palabra, la voz que está detrás de la voz, y el lenguaje que está detrás del lenguaje. Lo que hace que la palabra de Dios sea tan especial es que el oído natural, el oído carnal, puede oírla, y aún así, eso no cuenta. Una persona puede ser muy inteligente en su constitución natural, puede estar muy capacitada, tener un agudo raciocinio y un intelecto desarrollado. ¿Cree usted que tal persona puede oír la palabra del Señor? Recuerde que tal persona puede quizá palpar la cáscara de la Palabra del Señor; tal vez sólo toque el aspecto físico de la Biblia. Esta manera de oír sólo hace que la persona tenga contacto con la esfera física; no le ayuda a tener contacto con la esfera espiritual en la cual se halla la palabra de Dios. La palabra de Dios pertenece a otra esfera. Es erróneo suponer que cualquiera puede oír la palabra de Dios. Sólo quienes pertenecen a Dios pueden oír esta palabra. El factor que determina si alguien puede oír es su persona misma. Si mis oídos físicos tienen problemas, yo no podré oír la palabra del Señor Jesús en la esfera natural; y si mis oídos espirituales tienen problemas, no podré oír Su palabra en la esfera espiritual. Podemos entrar en una de dos esferas, y lo mismo sucede con la Palabra. Si permanecemos en la esfera física, cuando mucho podré percibir el lado físico de la Palabra de Dios. Podré oírla y entenderla, pero el Señor aún dirá que no la he oído. El desea que yo oiga las palabras que se enuncian en la otra esfera. Puede ser que haya millares o millones de personas que hayan oído las palabras de la esfera física, pero tal vez sólo ocho o diez de ellas hayan oído las palabras de la esfera espiritual. En esto radica el problema de muchas personas al acercarse a la Biblia. Ellos sólo tocan la fachada de la Biblia sin tocar al Cristo que ésta contiene. Es el mismo caso de una persona que toca a Jesús sin tocar al Hijo de Dios. Ver la Biblia sola, es decir el libro, sin tocar la Palabra o al Cristo de Dios, no tiene ningún valor.

Leamos 1 Juan 4:6: "Nosotros somos de Dios; el que conoce a Dios, nos oye; el que no es de Dios, no nos oye. En esto conocemos el Espíritu de verdad y el espíritu de engaño". Juan no era pusilánime en lo más mínimo. El dijo que debemos tener la confianza de que somos de Dios y de la verdad. Aquellos que conocen a Dios nos oirán, y los que no lo conocen no nos oirán. Esto es lo que Juan quiso decir y nos muestra que los apóstoles creían que no bastaba oír el sonido, es decir, oír la voz física. Para ese entonces Juan era ya viejo. Puede ser que los que lo oían estaban muy familiarizados con su voz. Ellos de ningún modo confundirían la voz de Juan. Pero lo extraño es que Juan les dijo que sólo los que conocían a Dios podían oírlo. Esto nos muestra claramente que lo importante no es si tenemos oídos para oír o no. El problema no son los oídos. Juan se refería a que los que no son de Dios no pueden oír la Palabra de Dios, puesto que ésta se halla en otra esfera, en otro mundo. No todos los que conocen la Biblia, conocen la Palabra de Dios. No todos los que pueden hablar de la Biblia pueden comunicar la Palabra de Dios. No todos los que reciben la Biblia pueden recibir la Palabra de Dios. La persona tiene que desarrollar cierta relación con Dios para poder oír Su Palabra.

Examinemos tres versículos paralelos del evangelio de Juan. En Juan 4:24 se nos dice: "Dios es Espíritu; y los que le adoran, en espíritu y con veracidad es necesario que adoren". En Juan 3:6 se nos dice: "Lo que es nacido de la carne, carne es; y lo que es nacido del Espíritu, espíritu es". Luego en Juan 6:63 dice: "...las palabras que Yo os he hablado son espíritu y son vida". Estas tres referencias a la palabra *espíritu* son muy significativas. Dios es Espíritu; las palabras del Señor son espíritu; y el Espíritu engendra al espíritu. Puesto que las palabras del Señor son espíritu, sólo una persona con espíritu puede entenderlas. Entes de la misma naturaleza pueden entenderse mutuamente. La palabra por fuera es simplemente una voz. Una persona puede leer las palabras de la Biblia, estudiarlas, oírlas y entenderlas. Pero dentro de ellas hay espíritu. Esto es algo que los oídos no pueden oír ni la mente entender. La Palabra del Señor es espíritu. Por tanto, es imposible que la mente, el intelecto, o cualquier sabiduría humana la entienda o la pueda trasmitir. Ya que las palabras del Señor son espíritu, sólo los que han nacido del Espíritu la oirán. Los que han nacido del Espíritu son del espíritu y tienen algo diferente en su interior. El hombre necesita ser adiestrado y reeducado con relación a la Palabra de Dios para poder captarla, pues ella pertenece a otra esfera y está fuera de lo ordinario.

Hermanos, ¿entienden ahora por qué debe ser quebrantado nuestro hombre exterior? Tiene que ser quebrantado porque sin este quebrantamiento, una persona no puede ser ministro de la Palabra de Dios. El hombre exterior no tiene relación alguna con la Palabra de Dios. Nuestra sabiduría, nuestras emociones, sentimientos, pensamientos y entendimiento son inútiles. (Más adelante veremos que ellos sí son útiles. Lo que decimos ahora es que son inútiles como órganos fundamentales para recibir las cosas espirituales.) La Palabra de Dios es espíritu, y sólo aquellos que usan su espíritu la podrán oír. Tenemos que entender claramente este principio: Dios es Espíritu, y los que le adoran tienen que hacerlo con su espíritu; asimismo, Dios es Espíritu, y los que reciben Su palabra tienen que recibirla con su espíritu. No podemos recibir lo espiritual con la mente. Sólo cosas que tienen la misma naturaleza son compatibles. De no ser así, no habrá fruto alguno.

En Mateo 13:10-15 dice: "Entonces, acercándose los discípulos, le dijeron: ¿Por qué les hablas en parábolas? El respondiendo, les dijo: Porque a vosotros os ha sido dado conocer los misterios del reino de los cielos; mas a ellos no les ha sido dado. Porque a cualquiera que tiene, se le dará, y tendrá en abundancia; pero al que no tiene, aun lo que tiene le será quitado. Por eso les hablo en parábolas, porque viendo no ven, y oyendo no oyen, ni entienden. Y se cumple en ellos la profecía de Isaías, que dice: 'De oído oiréis, y no entenderéis; y viendo veréis, y no percibiréis. Porque el corazón de este pueblo se ha engrosado, y con los oídos han oído pesadamente, y han cerrado sus ojos; para que no vean con los ojos, y oigan con los oídos, y con el corazón entiendan, y se conviertan, y Yo los sane'". El Señor les dijo a Sus discípulos que a ellos se les permitía conocer los misterios del reino de los cielos; mas a la multitud no le era dado.

¿Por qué dijo el Señor esto? En Mateo 12 había ocurrido un incidente. Ciertas personas blasfemaron contra el Espíritu Santo. El Señor Jesús, por el poder del Espíritu Santo, había echado fuera demonios; pero aquellas personas odiaban tanto al Señor que afirmaban que el Señor lo había hecho por Beelzebú (vs. 28, 24). Ellos sabían muy bien que aquello era obra del Espíritu Santo, pero aseveraban que aquello era obra de Beelzebú, "el señor de las moscas". Decir que el Espíritu Santo era Beelzebú, "el señor de las moscas", constituyó una blasfemia. Por lo tanto, en el capítulo trece, el Señor habló en parábolas. O sea que desde ese momento, aquellas personas verían pero no entenderían. Oirían que un hombre salió a sembrar, que un enemigo vino a sembrar cizaña mientras cierto hombre dormía, que una red fue echada al mar, que una mujer tomó levadura y la escondió en tres medidas de harina, y no conocerían el significado de nada de ello. Podrían oír todo pero sin entender nada.

Desde el día que blasfemaron contra el Espíritu Santo, los judíos solamente oían parábolas. En la actualidad nosotros hablamos en parábolas como ayuda para que se entienda el significado de lo que decimos, pero cuando el Señor Jesús se dirigió a aquellas personas en parábolas, Su intención era que no entendieran. El Señor a propósito usaba las parábolas para hacer que ellos se quedaran en la esfera externa, sin entender el significado de las palabras. Ellos sólo oían la descripción literal de las cosas, tales como la siembra, el trigo, la red y la levadura, pero desconocían el significado. Muchas personas hoy leen la Biblia de la misma manera en que los judíos escuchaban las parábolas; ellos sólo sabían que el sembrador salió a sembrar; entendían lo que es la tierra buena, los espinos, la tierra sin profundidad, los pedregales, y del fruto a treinta, a sesenta y a ciento por uno, pero no pasaban de ahí. Muchos hoy leen las palabras, pero no entienden nada; sólo ven lo externo y no perciben lo interno. Es bastante interesante que el Señor Jesús hablara adrede en parábolas para evitar que entendieran. Los judíos pensaban que lo sabían todo. En realidad, no sabían nada.

CUATRO

¿En que consiste el ministerio de la Palabra? El ministerio de la Palabra está relacionado con aquello que está implícito en las parábolas, con lo que yace detrás de las palabras mismas. Una persona sólo puede percibir estas cosas cuando tiene la debida condición delante de Dios. En el caso de los judíos, su corazón se había embotado y, por ende, no podían entender estas palabras. Sus oídos estaban cargados y sus ojos cerrados. El problema de hoy no es que la Palabra de Dios escasee sino que los hijos de Dios no la conocen. Lo que las personas tienen por Palabra de Dios no es más que parábolas y relatos. Hermanos, el hecho de que una persona lea la Biblia no significa que toque la Palabra de Dios. Para tocar la Palabra de Dios, uno tiene que acudir a la Biblia. Esto es un hecho, y además es necesario, pero no es suficiente. Tenemos que decirle al Señor: "Deseo captar el mensaje contenido en Tu Palabra. Deseo ver la luz que está en Tu luz, y la revelación que se halla en Tu revelación". Si no tocamos la realidad implícita en la Palabra, podremos predicar todo lo que queramos, pero no tendremos nada que ministrar. Si no vemos la realidad implícita en la Palabra, no podremos proclamar a Cristo. Necesitamos ver al Señor Jesús en la Palabra. No sólo debemos ver la Biblia sino al propio Señor Jesús. Una vez que conocemos al Señor, conocemos la Biblia. Uno no llega a conocer al Señor simplemente por entender las doctrinas. Muchos de los que entienden las doctrinas posiblemente no conozcan al Señor. Uno tampoco conoce al Señor simplemente por conocer la verdad contenida en la Palabra. Sólo al ver la luz de gloria en la faz del Señor puede uno entenderlo todo claramente. Cuando vemos la luz de gloria en Su faz, muchos de los problemas que tenemos en cuanto a la palabra de Dios desaparecen. Cuando conocemos al Señor, conocemos la Biblia. Cuando conocemos a Cristo, conocemos la Palabra de Dios. Si no experimentamos esto, no podremos impartir a Cristo en la iglesia.

Cuando una persona vive delante de Dios y descubre lo que es el Señor, halla esto mismo en la Biblia. Rápidamente relacionará un pasaje con algún aspecto del Señor o con algo que el Señor expresa de Sí. Por eso alguien dijo que todas las páginas de la Biblia hablan de Cristo. Hermanos, una vez que conocemos a Cristo, la Biblia se vuelve viviente. Es crucial que tengamos la revelación de Cristo, pues en tal caso, el conocimiento de la Biblia confirmará el conocimiento que tenemos de El. En caso contrario, la Biblia seguirá siendo un libro, y el Señor seguirá siendo el Señor, y sólo podremos ministrar la Biblia en la iglesia; no podremos impartirle a Cristo. Pero si al presentar cierto pasaje presentamos a Cristo, entonces El sí será ministrado a los oyentes. Al presentar algún pasaje, debemos presentar a Cristo. Si luego tenemos que presentar otra porción, volveremos a presentar a Cristo. De este modo no citaremos sólo términos bíblicos, sino que infundiremos a Cristo en la iglesia. Si uno no conoce a Cristo, tampoco conocerá la Biblia. Ocuparse de las explicaciones, la exégesis o el entendimiento superficial de las Escrituras es inútil. Debemos recordar que guiar a las personas a conocer la Biblia y guiarlas a conocer a Cristo son dos cosas totalmente diferentes.

El ministerio de la Palabra es bastante personal en la experiencia de uno. No se trata de descubrir lo que dice la Biblia para luego decírselo a otros, pues tal acción es completamente objetiva y no es parte del ministerio de la Palabra. El ministro de la Palabra tiene que ser un hombre de revelación, uno que ha visto algo en experiencia; pues así podrá afirmar que la Biblia es su base. Sólo entonces será apto para impartir a Cristo por medio de las Escrituras. Uno puede presentar la Biblia según ella misma; mientras que otros la exponen según Cristo. Estos dos casos son totalmente diferentes. En la actualidad encontramos a muchas personas que exponen la Biblia, aunque su condición interior no concuerde con su predicación. Hay exposiciones que se centran en la Biblia, pero otras giran en torno a Cristo y dependen de una revelación o visión o algún conocimiento impartido por Dios, que luego se confirma en la Biblia. Por tanto, el mensaje que se comunica tiene su cimiento en una comparación de las dos cosas. Así puede uno ministrar a un Cristo recibido por revelación, y no limitarse a una presentación de las Escrituras según una comprensión netamente objetiva. Admitimos que la exégesis es una ayuda y que puede guardar a una persona joven e inexperta de caer en muchos errores y laberintos. Pero todo aquel que desea desarrollar un ministerio o un servicio sólido no puede hacerlo exclusivamente basándose en la exégesis. Cuando una persona vive delante de Dios, conoce a Cristo y puede usar cualquier pasaje de la Biblia. Tal persona sirve como ministro, pues tiene la Palabra de Dios; puede reunir algunos pasajes de las Escrituras y aplicarlos apropiadamente. Esta es la manera en que la persona imparte a Cristo a la iglesia.

A fin de ser un ministro de la Palabra de Dios, uno necesita adquirir un entendimiento fundamental acerca de Cristo. Muchas veces al crecer la persona en esta experiencia, descubre que su conocimiento de Cristo sobrepasa su conocimiento bíblico. Con el tiempo, encuentra en la Biblia la confirmación de su experiencia. Entonces la persona se da cuenta de que tiene un mensaje que comunicar, porque en su experiencia Cristo se ha convertido en la palabra. Este es el factor fundamental del ministerio. Al principio el Señor se revela a esta persona y le muestra lo que El es; entonces ella ve algo que nunca había visto en la Biblia. Pocos días después, o quizá en un año o dos, ve ese mismo asunto en la Biblia, y exclama: "¡Esto fue lo que recibí del Señor en aquel día!" Quizás un pasaje o varios saltarán de las páginas de las Escrituras, y gradualmente el Cristo que conoce en revelación se convertirá en la Palabra. De esta manera uno comprueba que el Señor está en el proceso de prepararlo a uno para ser ministro de Su Palabra. Tal vez después de unos días, el Señor arreglará cierta situación para que uno pueda comunicar este mensaje. De esta manera, las palabras que uno comunica se convertirán en la corporificación de Cristo para otros. Si Dios tiene misericordia de nosotros, estas palabras llegarán a ser Cristo para ellos, y lo podrán conocer. En esto consiste el ministerio de la Palabra. El Cristo que conocemos por revelación gradualmente se convierte en la Palabra ante nuestros ojos. Luego escudriñamos las Escrituras, y gradualmente encontramos esta palabra en diversos pasajes en la Biblia. Cuando esto ocurre, ministramos estas palabras como la corporificación de Cristo. Si Dios les concede Su gracia y Su misericordia a los oyentes, el Espíritu Santo operará en ellos cuando ellos oigan el mensaje, y la Palabra llegará a ser el Cristo que suplirá sus necesidades. Esto es lo que significa impartir a Cristo en los demás; lo ministramos por medio de las palabras de las Escrituras. Cuando otros reciben esta palabra, reciben a Cristo mismo. Esta es la base de todo ministerio de la Palabra.

Hermanos, tenemos que ver la diferencia que existe entre el camino superficial y el interno. A fin de ser ministros de la Palabra, tenemos que estar provistos de la misma. Pero la Palabra consta de lo que vemos delante del Señor y de lo que tocamos en Cristo. Una vez que tocamos a Cristo, el Hijo de Dios, este libro espontáneamente se transforma en la Palabra viva en nuestra experiencia. Si al estar delante del Señor lo único que vemos es un libro llamado la Biblia, no tenemos mucho qué ministrar; a lo sumo, tendremos sólo una interpretación intelectual. Esto podrá suministrar a los oyentes algún conocimiento bíblico, pero no podrá guiar el hombre al Señor. Posiblemente ayude con respecto a la verdad, pero no tendrá la virtud de guiarlos a Cristo.

Debemos comprender en qué consiste la esencia de la Palabra de Dios. ¿Qué significa tocar la Palabra de Dios? ¿Qué constituye a una persona ministro de la Palabra? Es necesario pagar el precio. Nuestro corazón no debe estar cargado, nuestros ojos no deben cerrarse y nuestros oídos no deben embotarse. Necesitamos ver a Dios. Quiera Dios que nuestros oídos oigan y nuestros ojos vean. Ojalá no seamos aquellos que ven y no perciben, o que oyen y no entienden. Hay dos esferas delante de nosotros. Necesitamos tomar posesión de las cosas de ambas. Necesitamos la palabra que pertenece a la esfera física, y necesitamos tocar la palabra que pertenece a la esfera interior. Si hacemos esto, gradualmente llegaremos a ser vasos útiles en las manos del Señor.

Que el Señor tenga misericordia de nosotros para que podamos ver que la Palabra de Dios es Cristo mismo, así como lo fue Jesús de Nazaret. El hombre de carne y sangre que anduvo en este mundo era Cristo, y asimismo la Biblia es Cristo. El hombre Jesús de carne y sangre, el hombre quien anduvo en este mundo, es el Verbo de Dios. De la misma manera, la Biblia, la Escritura escrita e impresa, también es el Verbo de Dios. Debemos tocar no sólo las cosas externas sino también las internas. Sólo entonces contaremos con el ministerio de la Palabra. Aquellos que no conocen a Cristo pueden quizá memorizar toda la Escritura, pero aún así no podrán ser ministros de la Palabra. Nosotros debemos postrarnos delante de Dios, pues necesitamos revelación. Cuando las palabras salgan de nuestra boca, deben tener tal efecto que hagan que los hijos de Dios se postren delante de El. No es un asunto de cuánto ni cómo se predique, sino de la naturaleza intrínseca de la persona. La naturaleza misma de muchos ministros no es la debida. Si Dios tiene misericordia de nosotros, nos postraremos delante de El, y tendremos un nuevo comienzo. Tenemos que tocar la Biblia por medio del Señor, y nuestro servicio en el ministerio de la Palabra tiene que estar cimentado en esto. Si éste es el caso, podremos avanzar.

CAPITULO NUEVE

CONOCEMOS LA PALABRA DE DIOS POR MEDIO DE CRISTO

UNO

El ministro de la Palabra de Dios recibe la revelación acerca de Cristo, pues a Dios le agradó revelar a Su Hijo en él. No sólo debemos promulgar la Palabra de Dios, sino que también debemos saber que Jesús en verdad es el Cristo, el Hijo del Dios viviente. Podemos memorizar: "Jesús de Nazaret es el Cristo, el Hijo del Dios viviente", en unos cuantos minutos; pero lo que cuenta no es memorizar, sino la revelación. El Señor dijo: "No te lo reveló carne ni sangre, sino Mi Padre que está en los cielos" (Mt. 16:17). Para conocer a Cristo necesitamos revelación. Dios escoge al ministro de la Palabra y, por Su misericordia, le da revelación acerca del Hijo. Esta revelación le muestra al ministro quién es Jesús de Nazaret. Ante la visión del Hijo de Dios se desvanece todo lo que antes valorábamos tanto, a saber, la santidad, la justicia, la luz, la vida y sólo queda Cristo.

No hay nada en el universo, ni siquiera las cosas espirituales, que pueda compararse con Cristo. El lo es todo y en todo. Cuando Dios nos revela a Cristo, nos damos cuenta de que fuera de El no hay nada. Sin El, nadie puede tener vida, luz, santidad ni justicia. Cristo lo es todo. El es Dios, el Hijo de Dios, el Verbo de Dios, el amor, la santidad, la justicia, la salvación, la redención, la libertad, la gracia, la luz y la obra misma. Cristo lo llena todo y en todo. Todo lo que vimos en el pasado se opaca ante la luz divina. Nada puede resistir esta gran revelación. Moisés, Elías, Pedro, Jacobo y Juan ya no están aquí, sólo Jesús permanece. El lo es todo y lo llena todo. Cristo es el centro y la universalidad de todo y de Dios mismo.

Cuando una persona es conducida a Cristo y lo llega a conocer íntimamente, esta experiencia le permite conocer la Palabra de Dios y lo hace apto para ministrarlo a los demás. Todo ministro necesita que Cristo le sea revelado, ya que no es posible suministrar algo que uno no posee. No se puede impartir a un Cristo que uno mismo no conoce, ni suministrar un conocimiento fragmentario de El. El ministerio no se fundamenta sobre "fragmentos" de Cristo, ni se edifica sobre un conocimiento incompleto acerca de El. Desde la época de Pedro y de Pablo, todo aquel que participa en el ministerio de la Palabra, tiene una revelación fundamental acerca de Cristo. Es necesario que Dios nos lleve a conocer a Su Hijo cara a cara y en lo más profundo de nuestro ser. Cristo tiene que ser para nosotros Aquel que lo trasciende todo, que lo es todo y que lo llena todo. Cuando esto sucede, podemos ministrarlo a los demás. A partir de entonces, la Biblia cobra vida para nosotros.

¿Podemos ver este asunto? La revelación que Dios nos da, nos permite conocer a Cristo. Esto es muy distinto de proclamar que Jesús de Nazaret es el Cristo, el Hijo del Dios viviente y el Ungido sólo por haberlo leído en la Biblia. Es posible que el estudio bíblico nos permita entender algo acerca de Cristo, pero eso no equivale a la revelación ni a experimentarle. En el paso por este mundo, muchas personas rodean a Cristo y lo "aprietan", sin tocarlo realmente. Necesitamos que Dios tenga misericordia de nosotros, pues es vital que recibamos Su luz y Su gracia a fin de que Su Hijo sea revelado en nosotros. Esto no depende del estudio de la Biblia ni de escudriñarla, sino de que Dios tenga misericordia de nosotros y nos dé revelación, nos ilumine y nos dé la percepción interior. Sólo entonces la Biblia se convierte en un libro nuevo y vivo. Los pasajes que anteriormente no comprendíamos adquieren luz. Antes de recibir esta revelación, cuanto más hablábamos de la Biblia menos la entendíamos. Lo que leíamos parecía lógico, y aún así, no lo comprendíamos. Pero cuando vemos a Cristo, la iluminación interior que recibimos permite que la Palabra escrita de Dios se aclare. Es entonces cuando comenzamos a entender la Biblia. Esta revelación fundamental acerca de Cristo nos permite saber quién es El.

DOS

¿Cómo revela Dios a Su Hijo en nosotros? No es fácil explicarlo. Hasta el momento ni siquiera Pablo pudo describirlo. ¿Cómo podemos saber si alguien ha recibido o no esta revelación? Algunas personas afirman que han visto la revelación y tienen la certeza de que es así, pero otras no pueden decir lo mismo. Podemos luchar, laborar, meditar y esforzarnos sin lograr ver nada; pero el día que Dios nos concede Su misericordia, al instante nuestros ojos se abren.

Es posible que digamos: "Señor, sé mi todo; lléname completamente y en todo", sin entender lo que decimos. Pero cuando Dios nos concede Su misericordia y nos revela a Su Hijo, espontáneamente y sin ningún esfuerzo decimos: "Gracias Dios, Cristo es mi todo. Todas mis experiencias espirituales del pasado, mis obras, mi búsqueda, mi amor, mi fe, mi justicia, mi santidad, mi victoria y todo lo que no es Cristo, queda atrás. Cristo lo llena todo y en todo". Cristo está sobre todo y lo llena todo. Basándonos en esta revelación entendemos la Palabra de Dios. Primero conocemos al Hijo de Dios, y luego la Biblia. Todo se vuelve diáfano y empezamos a entender lo que antes no comprendíamos.

Necesitamos ser como niños. ¿Cómo sabe un niño lo que es una vaca? Hay dos maneras: por haber visto una o por medio de una fotografía. ¿Cuál de estas dos maneras creen que puede darle al niño una mejor idea de una vaca? La vaca que aparece en la foto es más pequeña que la vaca de la realidad, y el niño puede pensar que ése es el verdadero tamaño de la vaca; pero si lo llevamos a ver una vaca de verdad, su entendimiento cambia. Después de verla, percibe la realidad, y cuando le mostramos la fotografía de una vaca, inmediatamente reconocerá lo que es. Nosotros debemos ser como los niños. Que Dios nos permita conocer a Cristo y tocarlo aunque sea una vez, a fin de que al leer la Biblia de nuevo, la luz que hay en ella nos haga ver todo con claridad. Cuando la experiencia es correcta, todo lo demás tiene sentido. Una vez que esto se establece, todo cae en su lugar.

Si le damos una Biblia a alguien y sólo le hablamos de su contenido, no logramos mucho. Un hermano leyó muchos libros de Botánica. En cierta ocasión leyó acerca de una planta con la descripción de sus hojas y fores. Con esta imagen en su mente, fue al monte a buscarla, pero no la pudo hallar. Es relativamente fácil aprender una palabra viendo el objeto que representa, pero no es tan fácil identificar un objeto simplemente comparándolo con su descripción. Aquel hermano fue a buscar la planta siguiendo la descripción del libro, pero no la encontró. Lo mismo sucede cuando tratamos de identificar a una persona. Al principio, aunque la veamos en una fotografía, en realidad no la conocemos; pero cuando la vemos en persona, al ver su foto de nuevo, la podemos identificar. Esta es la experiencia que los hijos de Dios tienen en cuanto a Cristo. Esta fue la experiencia de Pablo y de Pedro. Un día Dios tuvo misericordia de ellos y pudieron conocer a Cristo. El Señor dijo: "No te lo reveló carne ni sangre, sino Mi Padre que está en los cielos" (Mt. 16:17). Esta revelación depende de la misericordia y la gracia de Dios. Conocemos a Su Hijo porque a El le agradó revelárnoslo. Desde el día que lo conocimos, empezamos a entender la Biblia, ya que para conocer la Biblia, primero tenemos que conocer a Cristo.

TRES

El punto principal es éste: ¿Estamos simplemente ministrando conocimiento bíblico, o hemos tenido un encuentro con Cristo y hemos recibido la revelación acerca de El? ¿Nos hemos encontrado con el Señor? ¿Tenemos un conocimiento fundamental acerca de El? Cuando esto sucede, podemos entender la Biblia. Ahora, en nuestra lectura diaria de la Palabra, cada pasaje tiene sentido. Así que, primero conocemos al Señor íntimamente y luego por medio de la Biblia. Una vez que adquirimos el conocimiento personal, la Palabra de Dios llega a ser comprensible y armoniosa. Las porciones que antes no comprendíamos, ahora están llenas de revelación, y lo que pensábamos que no tenía importancia, ahora cobra significado. Todo armoniza, concuerda y tiene sentido. De ahí en adelante, pasaremos nuestros días en la tierra conociendo la Palabra. Día tras día, lo que vemos concuerda con lo escrito en la Biblia. Tanto la Biblia como lo que vemos dan el mismo testimonio. No recibimos toda la revelación de una vez y para siempre, sino poco a poco. A medida que pasan los días, más vemos. La Biblia por sí sola no se puede entender; necesitamos la luz y la revelación internas.

Una mente desorientada siempre tiende a adoptar una postura intelectual. El hombre piensa que puede estudiar la Biblia y que con un poco de esfuerzo puede llegar a entenderla. Pero eso no sucede. Cuando el Señor Jesús nació, muchos judíos conocían muy bien las Escrituras; por eso, cuando Herodes les preguntó en dónde había de nacer Cristo, los principales sacerdotes y los escribas contestaron sin vacilar que en Belén de Judá; incluso citaron un pasaje que dice: "Y tú, Belén, tierra de Judá, de ninguna manera eres la menor entre los príncipes de Judá, porque de ti saldrá un gobernante, que apacentará a Mi pueblo Israel" (Mt. 2:6). Ellos sabían citar acertadamente las Escrituras, pero no conocían a Cristo. Aunque conocían la Palabra, no la usaron para buscar a Cristo, sino para tratar de matarlo. Se valieron del conocimiento que tenían para ayudar a Herodes en su intento de matar al Ungido de Dios. ¡Cuán errada puede estar una persona versada en la Biblia! Es terrible lo que el hombre puede hacer con el conocimiento superficial de la Biblia.

Cuando el Señor Jesús vino a la tierra, se cumplió la Escritura al pie de la letra. Quien nunca ha leído la Biblia tiene excusa si no reconoce esto, pero no el que conoce las Escrituras. Al ver que las Escrituras se cumplían, los fariseos debieron darse cuenta inmediatamente de que Jesús de Nazaret era el Hijo de Dios. Pero no se percataron de ello. Los fariseos no reconocieron ni aceptaron a Cristo. Bordaban pasajes bíblicos en sus vestiduras y en sus cintos; conocían las Escrituras; presentaban las profecías bíblicas; podían recitar las doctrinas y enseñanzas de las Escrituras; pero excluían a Cristo. Esto nos muestra que es posible tocar las Escrituras sin tocar a Cristo. Los fariseos hicieron de las Escrituras un simple material de lectura, una fuente de estudio, y un medio de investigación doctrinal. Ellos entendían las doctrinas, pero rechazaban al Salvador.

Simultáneamente, había otro grupo de personas que no tenía conocimiento bíblico. Uno de ellos era un recaudador de impuestos, y otro, un pescador. En el libro de Hechos se dice de ellos que eran "hombres sin instrucción e indoctos" (Hch. 4:13). Con todo y eso, conocían al Señor, es decir, conocían a Cristo, porque Dios les había revelado a Su Hijo. En Cesarea de Filipo, Pedro recibió esta revelación. En lo profundo de su ser supo que Jesús era el Ungido de Dios, el Hijo de Dios. Jesús en Su ministerio es el Cristo de Dios; en Su persona, es el Hijo de Dios; y en Su obra, es el Cristo de Dios. La iglesia se edifica sobre esta revelación. Esta revelación es grande. Mateo, por su parte, era un recaudador de impuestos sin conocimiento previo de la Biblia, pero al conocer al Señor, todo se aclaró para él y pudo exponer el Antiguo Testamento en el Nuevo Testamento. Estas personas sin instrucción e indoctas conocían al Hijo de Dios y conocían la Biblia. No es como el que conoce un objeto por medio de una foto, sino como el que reconoce en la foto a alguien a quien ya ha visto. Mateo primero conoció al Señor, y luego indagó en los libros del Antiguo Testamento acerca de El. Para conocer las Escrituras primero debemos conocer a Cristo.

Muchas personas invierten el orden. Quieren conocer la Biblia primero y luego a Cristo, pero lo único que logran es obtener conocimiento bíblico. Por la misericordia de Dios, Mateo y Pedro recibieron la revelación de Cristo, lo cual les permitió entender las Escrituras. Es posible que nosotros no entendamos lo que esto significa ya que no somos judíos, pero si lo fuéramos y viviéramos en la tierra de Judá en el Antiguo Testamento, y estudiáramos las Escrituras según la letra, ellas serían un misterio para nosotros. Hoy, el Antiguo Testamento sigue siendo un misterio para muchos incrédulos y para muchos teólogos. Pero Pedro, Mateo, Juan y Jacobo conocieron a Jesús de Nazaret; Dios les reveló a Su Hijo. Por eso, cuanto más leían la Palabra, más revelación recibían. Cada pasaje les indicaba que lo que estaba ocurriendo era el cumplimiento de las Escrituras. Al leer de Génesis 1 hasta Malaquías 4, reconocían que Jesús de Nazaret era el Hijo de Dios, el Cristo. Ellos no llegaron a conocer las Escrituras por medio de las Escrituras, sino por medio de Cristo. El que conoce a Cristo, conoce la Biblia. Muchos que profesan ser cristianos, han leído la Biblia por años, pero no la entienden. Sin embargo, una vez se dan cuenta de que Jesús es el Salvador, su concepto acerca de la Biblia cambia, y ésta se transforma en un libro nuevo para ellos.

La revelación procede de Cristo; así que para conocer la Biblia, primero necesitamos conocer a Cristo. La revelación de Cristo y la revelación de la Biblia van juntas. La experiencia nos indica que es inútil estudiar la Palabra por sí sola. Tal estudio no garantiza que uno llegue a conocer al Señor, ni que obtenga revelación. Debemos recordar que conocer al Señor equivale a conocer la Biblia. Esto fue lo que experimentaron los doce discípulos, y más adelante, Pablo. Este pertenecía a la secta de los fariseos, los cuales se caracterizaban por ser eruditos de las Escrituras. A pesar de ello, ellos no conocían al Señor. Pablo era un fariseo fiel y devoto que conocía muy bien las Escrituras. No obstante, él perseguía a los que seguían el Camino (Hch. 9:2; 22:4). Esto nos muestra que uno puede conocer muy bien la Biblia y a la vez perseguir al Señor Jesús. Tal fue el caso de Pablo, quien aborrecía y perseguía al Señor. El era perverso y buscaba a los creyentes, tanto hombres como mujeres, para llevarlos atados a Jerusalén. El fue un perseguidor implacable de la iglesia hasta el día cuando Dios resplandeció sobre él. "Y cayendo en tierra, oyó una voz que le decía: Saulo, Saulo, ¿por qué me persigues? El dijo: ¿Quién eres, Señor?" (Hch 9:1-6). Y le preguntó: "¿Qué haré, Señor?" (Hch. 22:10). Pablo supo que Jesús era el Hijo de Dios, no por haber estudiado las Escrituras, sino porque Dios se lo reveló. En este pasaje, Pablo verdaderamente cayó en tierra. Cuando su cuerpo cayó, cayó su yo y todo su ser. Pablo fue humillado tanto en su hombre exterior como en su hombre interior. En el libro de Hechos y en sus epístolas, vemos que a Pablo se le reveló que Jesús de Nazaret es el Cristo, el Hijo del Dios viviente. Después de recibir esta revelación, el Antiguo Testamento adquirió luz y vida para él.

Si nuestro interés al leer la Biblia no es conocer a Cristo, no podremos penetrar en ella. Para muchas personas la Biblia es un libro complejo y misterioso. No importa cuánto oigan de la excelencia de dicho libro, no lo podrán entender.

Para nosotros este libro es cristalino, pero para ellos es muy complicado. Esto se debe a que ellos no conocen a Cristo. El que conoce a Cristo, conoce la Palabra de Dios. Son pocas las personas que han encontrado a Dios leyendo la Biblia. En Su misericordia a Dios le place alumbrarlos de esta manera y salvarlos. Pero normalmente conocemos la Biblia cuando ya conocemos a Cristo. Dios guió a Pablo a explicar en sus epístolas quién era este Jesús. Al leer Romanos, Gálatas y Efesios encontramos a un hombre cuyo entendimiento del Antiguo Testamento era diáfano. ¿De dónde adquirió Pablo este conocimiento? El primero conoció a Cristo, y por medio de este conocimiento entendió las Escrituras.

CUATRO

Para ser ministros de la Palabra, tenemos que conocer a Cristo. Si le conocemos, conoceremos la Biblia y podremos servir como ministros de Su Palabra. Si no nos conformamos a esta norma, no podremos ejercer la función de ministros. Pablo vio una gran luz que le permitió conocer a Cristo. Al ser salvo, fue inmediatamente a la sinagoga a anunciar que Jesús era el Cristo. En Hechos 9:19-20 leemos: "Y estuvo Saulo por algunos días con los discípulos que estaban en Damasco. En seguida comenzó a proclamar a Jesús en las sinagogas, diciendo que El era el Hijo de Dios". Sin embargo, los judíos no creyeron su mensaje. ¿Qué hizo entonces? "Saulo mucho más se fortalecía, y confundía a los judíos que moraban en Damasco, demostrando que Jesús era el Cristo" (v. 22). Puesto que los judíos creían en el Antiguo Testamento, Pablo los confundía al citar porciones de las Escrituras que demostraban que Jesús es el Cristo. ¡Qué sorprendente! Días antes, este hombre había perseguido a los que invocaban este nombre y los había llevado atados al sumo sacerdote. ¿Cómo pudo demostrar por medio de los escritos del Antiguo Testamento que Jesús es el Cristo? Esto nos muestra que la base del ministerio de la Palabra es conocer a Cristo.

Permítanme repetir: nosotros tenemos la Biblia muy en alto. El fundamento de la palabra de Dios es la Biblia. Sin embargo, no podemos ser ministros de la Palabra dependiendo de la Biblia solamente. Si bien es cierto que los que no leen la Biblia no participan en la Palabra de Dios, los que la conocen pueden no ser ministros de la Palabra. Conocer a Cristo nos hace aptos para participar en este servicio. Si deseamos ser oráculos de la palabra del Señor, necesitamos que Dios nos ilumine y nos muestre que Jesús es el Cristo, el Hijo de Dios. Comprender esto hará que demos un giro de ciento ochenta grados, nos olvidemos de todo lo que sabemos y nos humillemos ante Dios. Una vez que conozcamos al Señor de esta manera, la Biblia será un libro nuevo, revelador y fácil de entender.

Los apóstoles, como por ejemplo Mateo, Pedro, Juan y Pablo, tenían la revelación que les permitía conocer a Cristo. El Señor Jesús le dijo a Pedro: "Sobre esta roca edificaré Mi iglesia" (Mt. 16:18). El edifica la iglesia sobre este entendimiento. La roca a la que alude el Señor no sólo es Cristo, sino también la revelación acerca de El. El Señor Jesús dijo que lo que Pedro entendió no se lo había revelado carne ni sangre, sino el Padre que está en los cielos; por eso lo llamamos revelación. La roca es Cristo, el Hijo de Dios. Conocemos esta roca por haber recibido revelación. El Señor dijo: "Sobre esta roca edificaré Mi iglesia". Esto quiere decir que la iglesia se edifica sobre Jesús como el Cristo y como el Hijo de Dios. Este es el fundamento de la iglesia. Las puertas del Hades no prevalecerán contra ella, porque su fundamento es Cristo. Este fundamento es el Hijo de Dios. Además debemos prestar atención al hecho de que sólo podemos conocer a Jesús de Nazaret como el Cristo y como el Hijo de Dios por medio de la revelación divina, no por la interpretación bíblica enunciada por carne y sangre. En la actualidad muchas personas predican la Biblia, pero sus exposiciones proceden de la carne y la sangre. El conocimiento que procede de la revelación proviene del Padre que está en los cielos y está por encima de todo ello. La palabra de Dios nos conduce a conocer a Jesús de Nazaret, y la iglesia se edifica sobre la roca de la revelación acerca de Cristo.

Recibir la revelación acerca de Cristo fue crucial para Pedro, Pablo, Juan y Mateo; y también lo es para la iglesia ahora. Para servir a Dios en el ministerio de la Palabra, necesitamos esta revelación fundamental, pues sin ella podremos enseñar acerca de la Biblia, pero no ministraremos a Cristo. La función del ministro de la Palabra es servir a Cristo e impartirlo a los demás, con base en la revelación de Jesús. La iglesia se edifica sobre este fundamento. Así que necesitamos esta revelación, ya que sin ella la iglesia no tiene fundamento. Es necesario recibir la revelación y la certeza de que Jesús de Nazaret es el Cristo, el Hijo de Dios. "Todo aquel que cree que Jesús es el Cristo, es nacido de Dios" (1 Jn. 5:1). Todo el que cree que Jesús es el Hijo de Dios, es engendrado de Dios. La vida y el poder de Dios le permiten a esta persona conocer a Jesús como el Cristo, el Hijo de Dios. Cuando Dios nos da este conocimiento fundamental y lo podemos ver claramente, nuestro entendimiento de la Biblia cambia por completo. Ya no predicamos la Biblia, sino que impartimos a Cristo a los oyentes cuando ministramos.

Todo aquel que desee ser ministro de la Palabra necesita experimentar lo que Pedro, Mateo, Juan y Pablo experimentaron. Algunos hermanos no tienen mucho conocimiento de la Biblia; sin embargo, tienen algo especial: se humillaron ante el Señor en alguna ocasión, y saben que Jesús de Nazaret, el Cristo de Dios, está muy por encima de todas las actividades. Este Jesús, quien es el Hijo de Dios, lo trasciende todo. Si uno tiene esta comprensión, sabe exponer la Biblia y llega a ser un excelente ministro de la Palabra. Debemos recordar que el ministerio de la Palabra se basa en conocer a Cristo. No basta tener conocimiento bíblico. No digo que la exposición bíblica no tenga ningún valor, ni que conocer la Biblia sea perjudicial, sino que una persona que no conoce a Cristo y lee la Biblia superficialmente, no es apta para ejercer el ministerio de la Palabra, dado que éste se basa en una revelación profunda de Cristo, no en la revelación aislada de ciertos pasajes de la Escritura. Sin esta revelación, aunque hayamos memorizado toda la Biblia, no podremos ministrar la Palabra. Cuando uno tiene esta revelación, el conocimiento y la exposición de la Biblia no sólo serán válidos, sino también vivos. Sólo entonces todo redundará para el bien del ministerio. Sin la revelación interna, lo externo tiene muy poco valor. Si tenemos claridad interior, lo externo armonizará con lo interno.

El ministerio de la Palabra requiere que uno conozca al que yace detrás de la Palabra de Dios. Necesitamos conocer a esta persona, pues sólo así tendremos un cimiento para comunicar a Cristo por medio de las Escrituras. El ministerio de la Palabra de Dios consiste en conocer a Cristo y ministrarlo por medio de la Palabra. No es lo mismo conocer a Cristo que conocer la Biblia. Uno no necesita postrarse ante la Biblia a fin de conocerla, pues la consulta diligente en libros de referencia y una buena memoria son suficientes. Pero para ser un ministro de la Palabra, uno primero debe ser quebrantado por Dios. Si buscamos a Dios sinceramente y un día nos encontramos con El, Su luz nos permitirá ver claramente. Esta revelación requiere que sacrifiquemos todo lo que somos. Implorar a Dios pidiendo misericordia implica rechazar nuestras propias ideas y decisiones, y pedir esa luz que vence, la cual hace que nos postremos a los pies de Jesús de Nazaret y lo proclamemos como Señor. Entonces decimos: "Señor Jesús, desde este momento reconozco que Tú lo eres todo, lo trasciendes todo y lo llenas todo". Esta luz espontáneamente producirá un mensaje en nosotros que nos constituirá ministros de la Palabra.

CINCO

¿Qué hace un ministro de la Palabra? Podríamos decir que traduce lo que es Cristo en términos comprensibles usando la Biblia, es decir, toma las palabras de la Biblia para presentar a Cristo, y el Espíritu Santo toma esas palabras y las convierte de nuevo en Cristo dentro de los oyentes. Tenemos que conocer a Cristo; necesitamos una revelación básica y un conocimiento fundamental de El. El ministro de la Palabra expresa a Cristo mediante las palabras de la Biblia. Puede ser que esto le suene un poco extraño, pero es un hecho. Tal ministro sabe que Cristo es una persona viviente, y que la Biblia está llena de El. Por la misericordia de Dios, él conoce y ve a Cristo en la Biblia. Para él ésta es un libro abierto, y cuando habla de cierto pasaje, historia o enseñanza, lo hace con plena convicción. Tengamos presente que es muy importante que se lleve a cabo este proceso de conversión que hay detrás de la palabra. Algunas personas, al hablar de Cristo, lo hacen basándose en la Biblia, es decir, la Biblia es su punto de partida. En cambio para otras, Cristo es su punto de partida. Esto hace que el Cristo vivo se convierta en las palabras de la Biblia. Al llegar a ser la Palabra, este Cristo es impartido a los oyentes. El Espíritu Santo abre el entendimiento de los oyentes y les transmite a Cristo. Si no conocemos a Cristo y solamente anunciamos la Biblia, sólo pasaremos conocimiento bíblico a los demás. Si la Biblia es nuestro punto de partida, nuestra obra acabará en el momento en que terminemos de hablar.

Necesitamos conocer a Cristo. El que tiene este conocimiento fundamental expresa a Cristo en sus palabras, y el Espíritu Santo lo aprueba. Por un lado, los ministros proclaman la palabra, y por otro, el Espíritu Santo hace la obra. El Espíritu Santo comunica la Palabra por medio de los ministros, y la audiencia ve a Cristo. Esto es ministrar a Cristo, y en esto consiste el ministerio de la Palabra. Nosotros tenemos la responsabilidad de expresar en palabras al Cristo que conocemos, poseemos y vemos. Esta es la manera en que el Espíritu Santo transmite la palabra de Dios. Si al dar un mensaje partimos de la Biblia, de las doctrinas y de las enseñanzas, el Espíritu Santo no tomará en cuenta lo que digamos, ni se responsabilizará de ello. Es erróneo creer que se puede impartir a Cristo simplemente presentando la Biblia. Sólo podemos impartirlo cuando lo conocemos. El Señor tiene que quebrantarnos completamente para que podamos avanzar. Así que, debemos orar a fin de que El nos dé un entendimiento de esta revelación básica. Necesitamos saber cómo es Cristo y cómo es el Señor; sólo entonces nuestra proclamación de las Escrituras estará llena de vida.

¿Qué es un ministro de la Palabra? Es aquel que ministra a Cristo de tal manera que cuando expresa la Palabra, el Espíritu Santo actúa; Cristo es conocido y concebido; y la iglesia recibe el beneficio. No debemos echarles la culpa a los oyentes si la iglesia está pobre y desolada. Debemos comprender que nosotros somos responsables de que eso suceda. La audiencia está acostumbrada a recibir mensajes cargados de doctrinas. Para ellos, lo único que importa es que el mensaje proceda de la Biblia y no se salga de ella. Ellos no ven la revelación acerca del Señor que se esconde en la Biblia.

Solamente cuando tomamos las palabras de la Biblia para presentar a Cristo y permitimos que el Espíritu Santo las convierta en Cristo dentro de los oyentes, podemos decir que comunicamos la Palabra de Dios. Debemos convertir el Verbo personificado en palabras audibles. Esto permitirá que el Espíritu Santo tome la palabra promulgada y la convierta de nuevo en la Palabra personificada. Sin este proceso, no se puede dar un mensaje. El ministro de la Palabra funde el Verbo personificado con las palabras audibles. Así que, cuando da su mensaje, uno puede encontrar allí al Cristo de Dios y al Hijo de Dios. El ministro de la Palabra usa la Biblia como vehículo que comunica la persona de Cristo a los demás. Cuando habla del libro, transmite con éste a una persona. Dios escoge a alguien así para que ministre Su palabra. Cuando éste habla, Dios habla; y cuando expresa la Biblia, Cristo es expresado, de tal modo que Cristo y la Biblia llegan a ser uno solo.

Si la iglesia se halla en una condición pobre, se debe a los ministros. Necesitamos pedirle a Dios que nos conceda Su misericordia y Su luz para que comprendamos cuán escasa es nuestra revelación. En la actualidad, se llevan a cabo muchas actividades externas; la interpretación de pasajes bíblicos es superficial, así como lo es el conocimiento de Cristo; y la disciplina no es suficiente. Por lo general, se promulga la Biblia sin tocar la palabra de Dios y sin tocar a Cristo. A esto se debe que el suministro de Cristo en nuestra senda sea tan escaso. Cuando Dios nos concede Su misericordia y Su luz, vemos claramente que este Verbo existía en el principio, que estaba con Dios y que era Dios; vemos que el Hijo de Dios, Jesús de Nazaret, es el Verbo hecho carne. La Biblia y este Hombre son el Verbo de Dios; así que, cuando Dios nos escoge para que seamos ministros de Su palabra, descubrimos que al promulgar este libro, promulgamos a esta Persona. La predicación debe tener como fin ministrar o impartir a Cristo, lo cual debe ser la meta del ministerio de la Palabra.

El día que comprendemos lo que significa ser ministro de la Palabra, nos damos cuenta de que no es sencillo. Entonces nos postramos delante de Dios y confesamos: "Señor, no puedo lograr esto por mí propia cuenta". La actitud que tengamos delante del Señor, determinará nuestra posición como ministros de la Palabra. Esta palabra no es fácil de recibir. ¿Quién la recibirá? Al dar un mensaje no nos limitamos a hablar acerca de Cristo, sino que debemos impartirlo; debemos suministrar esta Persona con nuestras palabras. Cuando los demás nos oyen, reciben a Cristo. Por medio de nuestras palabras, el Espíritu Santo les comunica a Cristo. Esto es lo que significa ser un ministro de la Palabra.

Ser un ministro de la Palabra es un asunto muy serio, pues va más allá de la capacidad humana, y el siervo de Dios debe estar consciente de ello. Es posible exponer la Biblia, predicarla y enseñarla sin suministrar a Cristo. Debemos hacer una profunda evaluación de todo lo que hacemos. Necesitamos ver nuestra inutilidad y comprender que no tenemos remedio, y que a menos que el Señor nos conceda Su misericordia, no podemos hacer nada. El ministro de la Palabra de Dios debe postrarse delante del Señor e implorar misericordia. No es fácil predicar la Palabra, ya que no depende de las veces que hayamos leído la Biblia, sino de estar en la presencia del Señor. Debemos ministrar la Palabra de Dios en Su presencia; debemos ministrar a Cristo de tal manera que los oyentes puedan tocarlo por medio nuestras palabras.

SECCION TRES

EL MINISTERIO

CAPITULO DIEZ

LA BASE DEL MINISTERIO

Ya discutimos los temas de la persona, el ministro y la Palabra del Señor. Dirijamos ahora nuestra atención al ministerio en sí.

Dijimos que el mensaje de Dios, expresado por el ministerio de la palabra del Antiguo Testamento al igual que por el ministerio de la palabra del Nuevo Testamento, contiene elementos humanos. Pero existe un peligro: si la persona no tiene oídos ni lengua de "sabios" (Is. 50:4), se proyectará a sí misma al anunciar la Palabra de Dios. Si no ha sido disciplinada ni amoldada por la obra del Espíritu Santo, le será fácil inyectar sus propios pensamientos y sentimientos en la palabra de Dios. Cuando esto ocurre, la palabra de Dios es contaminada por el hombre. ¡Qué peligro tan grande muestra esta situación! Por tanto, a fin de que el ministerio de la Palabra sea puro, Dios tiene que obrar en la persona; el hombre exterior debe ser quebrantado. El ministro de la palabra de Dios tiene que estar bajo una restricción severa y bajo la disciplina divina. Si la persona no está bajo el control de Dios, perjudicará la palabra de Dios.

Necesitamos que el Espíritu Santo no sólo efectúe en nosotros una obra de quebrantamiento, sino también de constitución. El Espíritu Santo no sólo debe disciplinarnos por medio de la cruz para eliminar en nosotros todo elemento indeseable, sino que Dios tiene que forjar la vida del Señor Jesús en nosotros. En el caso de Pablo, el Espíritu Santo forjó a Cristo en él, de manera que al cambiarle la constitución dejó de ser lo que era antes de su regeneración. El cambio que experimentó Pablo no ocurrió en su carne, sino que fue el resultado de lo que el Espíritu Santo forjó en él. Cuando Pablo hablaba, el Espíritu de Dios hablaba. El se mantenía en un plano superior; tan elevado que sus palabras se convirtieron en las del Señor. El dijo: "...Mando, no yo, sino el Señor" (1 Co. 7:10). En esto consiste el ministerio. He aquí un hombre que era ministro de la Palabra. Sus elementos humanos habían sido completamente quebrantados por el Señor a tal grado que al añadirlos a la palabra de Dios, no la contaminaban. No sólo no la dañaban sino que la perfeccionaban. La palabra de Dios seguía siendo la palabra de Dios. El Espíritu Santo puede obrar en una persona de tal manera que cuando ella se pone de pie para hablar, otros perciben que es el Señor el que habla. Vemos aquí a una persona a quien se le había dado completa libertad de expresar sus propias palabras. No obstante, debido a que el Espíritu Santo había hecho una obra de constitución tan profunda en él, cuando hablaba, Dios hablaba, cuando juzgaba, Dios juzgaba, cuando aprobaba o desaprobaba, Dios aprobaba o desaprobaba. Este es el resultado de la obra profunda que el Espíritu Santo hace en una persona.

Anteriormente hablamos de la Palabra de Dios y vimos que hay dos asuntos cruciales con relación a ella. En primer lugar, vimos que todas las revelaciones tienen su base en revelaciones anteriores. La proclamación de la Palabra en el Nuevo Testamento se basa en la proclamación de la Palabra en el Antiguo Testamento. El ministerio de la Palabra hoy se basa en el ministerio de la Palabra expresado antes. Todas las revelaciones que Dios da ahora, están basadas en las revelaciones que dio en el Antiguo Testamento y en el Nuevo. Por consiguiente, la Biblia es la base de todo mensaje. Dios no agrega nada nuevo o independiente; El habla por medio de lo que ya comunicó y comunica Su luz mediante la luz que ya dio. El no da una luz independiente ni trae revelaciones independientes, sino que da Sus revelaciones mediante las que ya fueron dadas. En segundo lugar, vimos que para ser un ministro de la Palabra, el hombre no puede basar su mensaje exclusivamente en la Palabra de Dios, es decir en la Biblia sola. La persona tiene que tocar a Cristo de manera fundamental por lo menos una vez. Debe tener una revelación fundamental para ejercer el ministerio de la Palabra. Estas dos afirmaciones no se contradicen. El ministerio de hoy se basa en el ministerio de la Palabra del pasado. El Nuevo Testamento se apoya en el Antiguo. Además todos los ministros de la Palabra necesitan primero tener un encuentro con el Señor independientemente de la Escritura y recibir la revelación de Cristo, a fin de poder usar la Escritura como base para el ministerio. No debemos olvidar esto. Uno no debe suponer que puede hablar por Dios sólo porque tiene una Biblia y la puede usar. La persona necesita recibir una revelación fundamental de parte de Dios a fin de poder servir como ministro de las palabras de la Biblia. Debe tener un encuentro fundamental con Cristo para poder citar las Escrituras.

TODA REVELACION PRODUCE
UNA OCASION PARA MINISTRAR

Al hablar del ministerio, debemos comprender que existen dos clases de revelaciones. La primera es una revelación básica que se recibe una sola vez. La otra es una revelación detallada y gradual. La revelación acerca de Cristo que recibimos es básica. Pablo recibió esta revelación. Al recibirla, encontraremos lo que ya vimos del Señor cuando abramos la Biblia. Esta clase de descubrimiento se basa en la visión y el conocimiento iniciales acerca del Señor. Primero tenemos que postrarnos delante de El y reconocer que nada de lo que sabíamos antes puede permanecer ante Su presencia. Incluso nuestro arduo servicio a Dios, igual que los esfuerzos de Saulo, tiene que ser excluido. Debemos recordar que Saulo cayó en tierra. El no cayó debido a sus pecados; su caída estaba relacionada con su obra. El no se había descarriado, pues estaba lleno de celo. Este era un hombre que conocía la ley, era versado en el Antiguo Testamento y tenía más celo que los demás fariseos, a tal grado que podía centrar su actividad en un solo fin. Cuando determinó perseguir a la iglesia, hizo todo lo que estaba a su alcance por destruirla. Debido a que pensaba que así servía a Dios, se entregó a ello incondicionalmente. Aunque estaba engañado, su celo era auténtico.

Cuando fue iluminado y cayó a tierra, comprendió que perseguía al Señor, en lugar de servirle.

Muchas personas, pese a que son salvas, están tan ciegas como lo estaba Saulo con relación a su obra y servicio; piensan que sirven a Dios. Pero un día el Señor hace resplandecer Su luz sobre ellas, y claman desde su interior: "¿Señor, qué quieres que yo haga?" Me temo que muchas personas nunca han hecho esta pregunta en toda su vida y nunca han sido conmovidas por el Espíritu Santo ni una sola vez para llamar a Jesús "Señor". La manera en que muchos dicen "Señor" es semejante a la de las personas mencionadas en Mateo 7:21, quienes no invocaban al Señor Jesús según 1 Corintios 12:3. Este es el caso en que una persona confiesa por primera vez a Jesús de Nazaret como Señor. Por primera vez, dice: "¿Qué haré, Señor?" (Hch. 22:10). Pablo había hecho muchas cosas en el pasado. Pero aquí él pregunta: "Señor, ¿qué quieres que yo haga?" Esto implica que estaba descendiendo de su obra, de su celo y de su propia justicia. El recibió una revelación básica, y la Biblia llegó a ser un libro nuevo y abierto para él.

Muchas personas sólo pueden leer la Biblia con un maestro al lado; sólo pueden entenderla apoyadas en libros de consulta. No tienen el entendimiento de la Biblia que viene como resultado de un encuentro con el Señor. Lo asombroso es que cuando alguien se encuentra con el Señor y es iluminado, la Biblia inmediatamente se convierte en un libro nuevo para él. Un hermano dijo en cierta ocasión: "Cuando el Señor hace resplandecer Su luz sobre mí, lo que recibo en un instante es suficiente para predicar por todo un mes". Esa es la voz de la experiencia. Necesitamos tener la revelación básica con la cual el Señor deja una profunda impresión en nosotros. Tal revelación nos guiará a muchas otras revelaciones que harán que abramos nuestro ser a la Palabra de Dios. Al recibir la revelación básica, nuestra lectura de la Biblia se convierte en un descubrimiento. Encontraremos que Dios nos habla en muchos pasajes. Un pasaje nos ayudará a conocer al Señor, y otro nos aclarará cosas relacionadas con El. Día tras día y pasaje tras pasaje, acumularemos muchas revelaciones. Al servir a los demás con esta clase de revelación, tenemos un ministerio.

El ministerio se basa en las palabras que uno recibe de Dios. Al tener un encuentro con Cristo, podemos servir a la iglesia con el Cristo que conocemos. Para poder servir, necesitamos una revelación fresca. El ministerio requiere que veamos algo delante de Dios. Dios nos presenta algo de una manera nueva y fresca, y nosotros lo presentamos a la iglesia. Ya dijimos que existen dos clases de revelaciones. La primera es básica y se recibe una vez por todas, y la segunda es detallada y suplementaria, y se recibe repetidas veces. Si no tenemos la revelación básica, no podremos tener revelaciones continuas. Necesitamos tener la revelación básica a fin de que nuestra persona, nuestro espíritu y nuestro conocimiento del Señor y de la Biblia puedan ser útiles. Esto no significa que podamos ser ministros de la palabra inmediatamente. La revelación básica nos hace aptos para ser ministros, pero el comienzo práctico de nuestro servicio tiene que ir acompañado de las revelaciones que recibimos continuamente.

El ministerio se basa en un conocimiento y una revelación básicas. Sin embargo, cuando Dios desea que digamos algo, debemos recibir una revelación fresca pertinente a ese mensaje específico. El ministro de la Palabra de Dios no debe suponer que puede predicar simplemente por haber recibido una revelación en cierta ocasión. Cada vez que se necesite el ministerio de la Palabra y que alguien comparta algo de la Biblia, es necesaria una revelación fresca y específica. Para ejercer el ministerio necesitamos una nueva revelación cada vez que sirvamos y prediquemos. Uno no puede recibir una revelación y vivir de ella toda la vida. La revelación básica ensancha nuestra capacidad de recibir las revelaciones progresivas subsecuentes. La primera revelación trae consigo las demás. Sin la revelación básica, no pueden venir las demás. Pero aun cuando tenemos la revelación básica, necesitamos más revelaciones. Así como dependemos del Señor momento a momento para nuestra vida, nuestra obra debe seguir el mismo principio. Cada revelación produce una ocasión para ministrar; aún así, la persona necesita revelaciones múltiples para poder ministrar en las diferentes ocasiones.

Debemos recordar que cada revelación nos da la oportunidad de ejercer nuestro ministerio. Es imposible tener una revelación con la cual podamos ministrar en más de una ocasión. Una revelación sólo se aplica para que ministremos la palabra una vez. Todas las revelaciones subsiguientes se edifican sobre la primera. Sin la revelación básica, es imposible recibir revelaciones subsiguientes.

Estos asuntos básicos deben ser establecidos para poder ser un ministro de la Palabra de Dios. Las revelaciones deben ser progresivas, y cada una debe edificarse sobre la anterior. Una revelación puede sostener el ministerio una sola vez, pero no para siempre, ya que rinde su servicio una sola vez. Es inútil que una persona prepare varios sermones y luego intente usarlos cuando la ocasión así lo pida. No se trata de estar familiarizados con cierto sermón y luego predicarlo por todas partes. Debemos recordar que no anunciamos nuestras palabras sino la Palabra de Dios. Puede ser que uno conozca bien cierto mensaje y que hasta lo haya memorizado, pero a fin de ministrar la Palabra de Dios, uno tiene que recibir un mensaje de parte de El. Uno necesita revelaciones continuas a fin de ministrar continuamente. Cada revelación nos equipará para cumplir el ministerio una sola vez.

LA REVELACION CULTIVA LO ESPIRITUAL

Cuando uno recibe la revelación básica por primera vez, se da cuenta de que la Biblia es un libro vivo. Quizá veamos que Cristo *es* nuestra santidad, teniendo en cuenta que el énfasis está en la palabra *es*. Cristo *es* nuestra santidad; el asunto no es que Cristo nos haga santos, ni que nos otorgue Su santidad, sino que El llegue a ser nuestra santidad. Nuestros ojos son abiertos para ver que nuestra santidad no es una obra sino Cristo mismo. Nuestra santidad es una persona, de la misma manera que nuestra justicia es una persona. Nuestra justicia no es la suma de cincuenta o más buenas acciones que uno hace, pues Cristo mismo es nuestra justicia. Dios hizo que Cristo fuese nuestra justicia. Nuestra justicia es una persona. Esta es una revelación básica y una gloriosa visión. El es nuestra santidad y nuestra justicia. A los dos meses de haber recibido esta revelación, es posible que surja la necesidad y tengamos que ejercer el ministerio de la Palabra. En tal caso debemos decirles a los hermanos y hermanas que Cristo es su santidad, y debemos mostrarles la diferencia que existe entre tener la santidad como una virtud y tenerla como una persona. Recordemos que no podemos depender de la revelación que recibimos hace dos meses. Debemos preguntarle al Señor nuevamente qué debemos decir. Sólo después de que el Señor nos haya mostrado la necesidad de anunciar este mismo mensaje, podremos desempeñar el ministerio de la Palabra. Cada vez que Dios desee que anunciemos este mensaje, El hará resplandecer Su luz nuevamente sobre la revelación que recibimos. Debemos ver la misma verdad nuevamente, y la debemos ver como nunca antes; debe llegar a ser nueva para nosotros. Somos iluminados interiormente y vemos lo que significa que Cristo sea nuestra santidad. Cuando esto ocurre, podemos anunciarles a los hermanos y hermanas que Cristo es la santidad.

¿Qué es una revelación? Es una visión de lo que Cristo es. La Biblia está llena de Cristo, y la revelación nos permite ver todo lo que se encuentra en El. Cristo es nuestra santidad; este hecho se halla en la Biblia. Pero la primera vez que lo vemos es nuevo para nosotros. Cuando alguien ve algo por revelación, aquello es absolutamente nuevo y parece que nada en el mundo es tan nuevo. Se convierte en algo que vibra con el poder de la vida y que está lleno de frescura. La revelación siempre es fresca y hace nuevas las cosas viejas.

Observemos que la revelación no sólo hace que la letra cobre vida, que las cosas viejas se vuelvan nuevas y que lo que es objetivo se convierta en algo personal; más aún, hace que aquello que ya experimentamos se renueve una vez más. Una revelación básica hace que las cosas objetivas que están en Cristo sean aplicables al hombre. Antes de que una persona reciba esta revelación básica, todo lo relacionado con Cristo es objetivo y teórico, pero cuando recibe revelación, todo ello se vuelve aplicable. Esto no significa que una vez que algo le es revelado, todo termina allí, ni que esa revelación será suficiente como suministro por el resto de su vida. Aun si ya recibimos revelación, necesitamos recibir una revelación fresca de parte de Dios cada vez que ministremos la palabra e impartamos a Cristo en los demás, a fin de que las cosas viejas puedan renovarse.

Recordemos que las cosas espirituales tienen que ser cultivadas en el ámbito de la revelación. Dios desea que todo lo
pertinente a Cristo esté vivo en nosotros y que todo ello sea
cultivado por medio de la revelación, pues ésta puede hacer
que las cosas antiguas estén vivas continuamente en nosotros. Si la revelación está ausente, las cosas espirituales
carecerán de vitalidad. Tal vez pensemos que por haber visto
algo en el pasado, esta visión nos hace aptos para decir algo
hoy, pero descubrimos que no logramos impartir nada. Esto
mismo se aplica en cuanto a la predicación del evangelio.
Es fácil recordar que el Señor es el Salvador y que nuestros
pecados fueron perdonados. En ocasiones percibimos algo al
predicar el evangelio, mientras que en otras, cuanto más
hablamos, menos confianza tenemos; nos sentimos completamente secos. Esto claramente muestra que en el primer caso
hablamos basados en la revelación, y que en el segundo lo
hicimos sin ella. Sólo aquello que se mantiene en el ámbito de
la revelación es vital, fresco, potente y vigoroso. Necesitamos
tener presente que las cosas espirituales pierden su vitalidad
en el momento en que se separan de la revelación.

Hoy al ministrar la Palabra, no debemos depender de
nuestra memoria. No debemos pensar que tenemos libertad
de repetir las mismas cosas simplemente porque nuestras
experiencias pasadas y lo que dijimos en el pasado permanece
intacto en nuestra mente. Aunque aquello produjo resultados
la primera vez, no funciona en esta ocasión. Tal vez repitamos
lo mismo, pero luego sentimos que algo estuvo mal, que lo que
dijimos no estuvo bien. De hecho, nos sentimos lejos de lo que
estábamos hablando y no tocamos el meollo del asunto. La
revelación es muy diferente a la enseñanza. El hombre por lo
general tiene el concepto erróneo de que debe enseñar. Tenemos que ver que la doctrina y la enseñanza son inútiles por sí
solas. No pensemos que lo único que importa es hablar. Puede
ser que hablemos y que otros aprecien nuestro mensaje, pero
en realidad nosotros somos nuestro propio juez, ya que en
nuestro interior sabemos que algo está mal. Tengamos presente que muchas personas reciben ayuda sin saber lo que
sucede en verdad. No debemos felicitarnos a nosotros mismos
simplemente porque otros hayan recibido ayuda. Puede ser

que algunos digan que recibieron ayuda, pero en realidad no han recibido nada. Nosotros sabemos en nuestro interior si nuestras palabras fueron equilibradas o se desviaron, si fueron viejas o nuevas, muertas o llenas de vida. Si al hablar contamos con la revelación del Señor, y la misericordia de Dios está sobre nosotros, tocaremos la realidad y no tendremos la sensación de habernos desviado. Iremos al grano, y lo que digamos estará lleno de vida para nosotros. Mientras tengamos la certeza de que lo que comunicamos está vivo, todo está bien. Recordemos siempre que necesitamos una revelación fresca de parte de Dios cada vez que ministramos la Palabra. En esto consiste tener el ministerio de la Palabra.

En 1 Corintios se habla de profetizar. Todos los profetas pueden profetizar y hablar, pero "si algo le es revelado a otro que está sentado, calle el primero" (v. 30). Supongamos que hay un grupo de profetas y uno de ellos tiene un mensaje que dar. Mientras habla, otro profeta recibe una revelación. Este le dice a aquél: "Hermano, permíteme hablar". El primero debe permitírselo, porque la revelación del segundo es más fresca; la vida y el poder de éste son más intensos. Es por eso que se le debe permitir hablar. Aunque todos son profetas, el último en recibir revelación es el más lleno de vida. Es posible que ese día en particular, nadie más tenga nada que decir; sólo este hermano conoce dicha palabra porque él tiene la revelación. Por tanto, los demás deben permitir que quien tiene la revelación se ponga de pie y hable. Nuestro servicio en el ministerio de la Palabra está basado en las revelaciones que recibimos continuamente. Si éste no es el caso, no podemos servir como ministros de la Palabra.

No debemos suponer que un mensaje que en una ocasión comunicó la palabra de Dios, la contendrá luego, ni que un mensaje que en una ocasión trajo arrepentimiento siempre lo traerá. Esto es imposible. Comunicar el mismo mensaje y de la misma manera no garantiza que se producirá el mismo resultado. Sólo la misma unción producirá el mismo resultado. Sólo la misma revelación producirá la misma luz. Las mismas palabras no producirán la misma luz. ¡Cuán fácil es que algo espiritual muera en uno! Lo espiritual fácilmente se vuelve tan muerto en uno como el agua cuando se estanca.

Comunicar el mismo mensaje que se dio tres años antes no significa que se tenga la misma luz de aquel entonces. Hoy necesitamos recibir la misma revelación que tuvimos en ese entonces, pues sólo así podemos predicar el mismo mensaje que predicamos en aquella ocasión. El ministerio no depende de las palabras que hayamos usado en el pasado, sino de la revelación que recibimos en el presente.

El mayor problema que tiene la iglesia hoy es que muchas personas piensan que tienen muchos mensajes para dar. Piensan que si repiten el mismo mensaje, obtendrán el mismo resultado, lo cual es imposible. Es un error garrafal prestar más atención a las doctrinas que a las revelaciones. Aun si una persona anunciara con propiedad los mensajes que comunicaron Pablo y Juan, no tendría los mismos resultados, mucho menos si proclama sus propios mensajes. Sólo la misma revelación producirá el mismo resultado; repetir las mismas palabras no lo logrará. Por tanto, el ministerio de la Palabra de Dios no depende de las palabras sino de la revelación. Nosotros no servimos con base en la Palabra sino en la revelación. Debemos recordar que el ministerio de la Palabra de Dios es el ministerio de la palabra *revelada*. Necesitamos ver la diferencia entre la doctrina y la revelación. Lo que Dios dijo ayer es doctrina; lo que dice hoy es revelación. Lo que nosotros recordamos es doctrina; lo que vemos es revelación.

Sabemos que el ministerio profético tiene aplicación para hoy y para el futuro, mas no incluye el pasado. El ministerio de los profetas revela el deseo que Dios tiene para hoy y para el futuro. Es por esto que la Biblia llama a estos hombres videntes o profetas. Un profeta es un vidente, uno que ve. En el Antiguo Testamento muchos de estos hombres dieron profecías, pero otros no dieron mensajes proféticos en realidad, sino que proclamaron la voluntad de Dios para sus contemporáneos. Cuando Natán fue a David, predijo algo acerca de la futura esposa y los futuros hijos de éste, pero principalmente expresó el pensamiento y el deseo de Dios con respecto a ciertas cosas que acontecían en esos días (cfr. 2 S. 12:7-15). En el Antiguo Testamento la expresión más elevada del ministerio de la Palabra de Dios era la profecía y la predicación de los profetas. Si alguien quiere ser ministro de la Palabra de Dios

y desea tener el ministerio más elevado, tiene que saber lo
que Dios desea hoy y lo que desea para el futuro. Debe contar
con la revelación actual de Dios. No puede quedarse en las
palabras antiguas ni siquiera en mensajes recientes. Lo único
que pueden hacer muchas personas es asirse a lo que vieron
en años o días pasados, pues no tienen una revelación actual;
por lo tanto, no pueden ser ministros de la Palabra.

DOS ESFERAS DIFERENTES

Debemos comprender que existen dos esferas diferentes.
Una de ellas es la doctrina, en la cual el hombre sólo necesita
transmitir a los demás lo que aprendió en sus estudios, en los
libros y oyendo a los expositores de la Biblia. Lo único que se
necesita es un poco de trabajo, preparación y elocuencia. La
otra esfera es la revelación, en la cual la persona no puede
hacer nada a menos que reciba revelación de parte de Dios.
Necesitamos ver que en el ministerio de la Palabra de Dios, la
persona que no tiene revelación de Dios es incompetente. Si
Dios no le habla, es imposible hacer que algo salga de nuestra
boca. Si no nos da Su revelación, no sabemos qué hacer. Una
vez que Dios nos da revelación, tenemos el ministerio; si no
nos la da, no lo tenemos. Nuestro ministerio está basado en
las revelaciones específicas. Tenemos que estar unidos a Dios
en esta esfera. Necesitamos acudir al Señor, pues si no lo
hacemos, no podemos estar frente a los hombres para predicar. En la otra esfera podemos usar lo que memorizamos,
aprendimos o hablamos el mes anterior o la semana pasada.
Allí la persona puede actuar; puede recurrir a sus métodos.
Todo lo que necesita es la memoria, la preparación y la elocuencia. Pero en la esfera de la revelación, nadie puede ser
ministro de la Palabra a menos que Dios actúe. Todos los que
han aprendido esta lección pueden discernir esto. Dondequiera que van, saben en qué esfera se encuentra una
persona cuando habla.

Algunos hermanos cometen el error fundamental de
pensar que la elocuencia y la inteligencia son requisitos para
dar un buen mensaje; piensan que la predicación depende
exclusivamente de la elocuencia. Pero la Biblia nos muestra
que la predicación depende de la revelación que recibamos del

Señor. La predicación que no contiene revelación sólo nutre la mente del hombre; puede estimular sus pensamientos, pero no provee revelación.

Nuestra preocupación debe ser que si no tenemos primero la revelación básica, no podremos recibir las revelaciones subsiguientes. Quienes no cuentan con la revelación básica, tampoco tienen las revelaciones subsiguientes. Incluso si enseñan muchas doctrinas a los demás, no pueden transmitirles revelación. Nosotros sólo podemos producir el fruto de la esfera en la que estemos. Puede ser que un oyente que tenga buena memoria pueda retener un mensaje por varios días, pero después se le olvidará y no le quedará nada. Puede ser que alguien oiga nuestros mensajes, pero nuestras palabras no hacen que el hombre esté consciente del pecado, de la carne ni del hombre natural. Las palabras de cierta esfera sólo pueden producir el fruto de esa misma esfera. El fruto de la esfera externa no consiste sino en una colección de palabras, doctrinas y exposiciones. Los sermones que se propagan en esta esfera sólo producen los frutos de esta esfera. Pero la otra esfera es diferente. Cuando alguien que recibió la primera revelación y sigue recibiendo revelaciones continuamente habla, imparte revelación. Sólo la revelación puede producir más revelación, y sólo la luz puede producir más luz. Solamente la Palabra de Dios hace que el Espíritu Santo obre en el hombre. El conocimiento sólo engendra más conocimiento, y la doctrina, más doctrina. De la misma manera, la revelación engendra más revelación.

No basta con comunicar doctrinas ni con presentar revelaciones viejas. ¿Qué son doctrinas? Son revelaciones antiguas. Las palabras de la Biblia fueron vitales en cierta ocasión, pero no lo son necesariamente para todos hoy. Sólo las palabras que el Espíritu Santo ha reiterado son vitales al hombre. Al leer la Biblia, muchas personas sólo tocan las palabras que ésta contiene, no la Palabra que sale de la boca de Dios. Esto no es suficiente; necesitamos que el Espíritu Santo hable una segunda vez. Necesitamos que el Señor nos hable directamente además de lo que ya dijo en la Biblia. Dios tiene que hablarle directamente a una persona a fin de que ésta pueda oír Su palabra. Es posible que de cien personas que escuchen un sermón, sólo dos reciban alguna ayuda. Tal vez Dios sólo les hable a estas dos personas; las otras noventa y ocho no oirán nada. Si el Espíritu Santo no nos habla, las palabras de la Biblia sólo serán doctrinas. Recordemos que todas las revelaciones pasadas sólo son doctrinas. Aunque Dios nos habló y se nos manifestó en cierta ocasión por medio de estas palabras, si no tenemos hoy la unción del Espíritu Santo, estas mismas palabras no serán más que doctrinas y solamente producirán doctrinas, no revelación.

El problema predominante es que las doctrinas pasan de una generación a otra sin que haya revelación. Un creyente no necesariamente produce hijos creyentes. Puede ser que el Espíritu Santo regenere la primera generación y también la segunda, pero que la tercera y la cuarta no sean creyentes. Además, puede suceder que el Espíritu Santo obre en la quinta generación y la regenere. La obra de regeneración es el resultado de la operación del Espíritu Santo. Cuando un hombre engendra un hijo en la carne, sus atributos físicos pasan a la siguiente generación, pero esta transferencia no requiere la acción del Espíritu Santo. La regeneración sí requiere de la obra del Espíritu Santo. Si la obra del Espíritu Santo se detiene, no hay regeneración. Estas son dos cosas diferentes. Transmitir y preservar doctrinas por cientos o miles de años no cuesta mucho. Estas doctrinas producen más doctrinas, y el ciclo continúa. El conocimiento de una persona puede limitarse exclusivamente a las doctrinas. Mientras predica puede ser que doscientas o trescientas personas lo escuchen. Puesto que sólo tiene doctrinas, lo único que sale de él son doctrinas, las cuales pueden pasar de generación a generación. Esto es semejante a engendrar hijos en la esfera física; la persona no necesita la operación del Espíritu Santo para engendrar un hijo. Pero esto no es cierto cuando se trata de la revelación y del ministerio de la Palabra de Dios, el cual requiere la unción del Espíritu Santo cada vez que se ejerza. El Espíritu Santo tiene que operar en el hombre a fin de que éste experimente la salvación. De igual manera, se necesita la revelación del Espíritu Santo para que pueda producirse el ministerio de la Palabra. Tan pronto como el Espíritu detiene Su revelación, la palabra se convierte en doctrina. El Espíritu

Santo tiene que operar para que se produzca el ministerio de la Palabra. Si falta la unción, cesan la visión y la revelación y, por ende, no puede existir el ministerio de la Palabra.

Por tanto, tenemos que decirle al Señor: "Señor, no puedo hacer nada con Tu palabra sin antes postrarme delante de Ti y tocarte como aquella mujer que te tocó a pesar de la multitud que te apretaba". Muchas personas no se dan cuenta cuán incompetentes son en lo que a la Palabra de Dios se refiere. Muchos parecen predicadores profesionales. Pueden decir cualquier cosa; pueden predicar doctrinas, enseñanzas y verdades bíblicas. Pueden hablar cada vez que lo deseen. ¡Esto es demasiado fácil, extremadamente fácil!

El ministerio de la Palabra de Dios está totalmente fuera de nuestro alcance. Recordemos que sólo la operación del Espíritu Santo puede regenerar al hombre. Podemos pasar doctrinas a los demás, pero para poder ser ministros de la palabra, necesitamos contar con la revelación del Espíritu Santo. Tenemos que comprender que esta tarea va más allá de nuestro poder, y le pertenece solamente al Señor. En esta esfera la persona no es libre de predicar cuando quiera. El asunto no es tan sencillo. Dios quiere que haya ministros de Su Palabra en la tierra y quiere ver personas que anuncien Su palabra. Por tanto, éste es el momento de buscar Su rostro. Debemos decirle al Señor: "No puedo hacer nada. No puedo proclamar Tu palabra". El hombre es totalmente incapaz en este aspecto. Sólo una persona insensata puede sentirse orgullosa, ya que no se da cuenta de que las cosas espirituales nada tienen que ver con el hombre ni sabe que el hombre no puede manejarlas por sí solo. Ni la elocuencia ni el talento natural ni ningún método pueden ayudarle al hombre a tocar el ministerio de la Palabra de Dios, ya que éste pertenece a una esfera diferente, la cual no tiene nada que ver con nosotros.

Hermanos, Dios tiene que llevarnos a un punto en donde veamos la incapacidad del hombre. Nosotros no podemos engendrar ni regenerar a nadie por nuestra propia resolución. Los padres pueden engendrar hijos en la carne, pero no pueden regenerar a nadie. Según este mismo principio, nosotros podemos pasar doctrinas a los demás; podemos contarles lo que dice la Biblia, pero eso no nos constituye ministros de la Palabra de Dios. El ministro de la Palabra de Dios es producido mediante las palabras que salen de la boca de Dios. Si Dios no nos habla, es inútil presentar a los demás lo que dice la Biblia. Dios tiene que hablarnos primero a nosotros a fin de que podamos transmitir Su Palabra a los demás. Esto no depende de nosotros. Muchas personas pueden contar historias y predicar doctrinas, sin siquiera saber qué es la Palabra de Dios. Si Dios nos concede Su misericordia, podremos decirles a los demás lo que Dios nos ha dicho. De lo contrario, no podemos hacer nada. Sólo tenemos la Palabra de Dios en la medida en la que El nos la da, lo cual está totalmente fuera de nuestro control; no hay nada que podamos hacer. Sin embargo eso es lo que Dios desea hacer. El quiere producir el ministerio de la Palabra. El nos escogió para que seamos ministros de Su palabra. Nosotros no podemos serlo por nuestra cuenta. De hecho, no podemos hacer nada. Es por Su misericordia y mediante Su gracia que El nos da Su palabra para que la comuniquemos a los demás. Por consiguiente, necesitamos recibir una revelación básica de parte de Dios. Al mismo tiempo, nuestro espíritu tiene que ser disciplinado por el Señor para estar bajo Su control y tiene que ser disciplinado a tal grado que se mantenga abierto a El para recibir revelaciones frescas. El Señor tiene que disciplinarnos con respecto a nuestra persona y a nuestra obra a tal grado que nos postremos delante de El y le digamos: "Señor, haz Tu propia obra. Si no tienes misericordia de mí, yo no podré hacer nada".

Necesitamos comprender que el ministerio se basa en la revelación de la Palabra, la cual, a su vez, está basada en la revelación acerca de Cristo. Cuando se trata de las cosas espirituales, de lo relacionado con la Palabra de Dios o con el ministerio de la misma, debemos recordar que no es posible tener un depósito para el futuro. Nadie puede jactarse de lo que tiene, y nadie debe imaginarse que puede seguir trabajando con lo que ya posee. Cada vez que acudimos a Dios, debemos vaciarnos en nuestro espíritu para ser llenos y sobreabundar una vez más. Quien esté conforme no es apto como ministro de la Palabra. El ministerio de la Palabra lleva al ministro a una condición en la cual, tan pronto como comunica la palabra, queda tan vacío como un niño recién nacido. En tal condición, el ministro entra a la presencia de Dios sin saber nada y espera que Dios lo vuelva a llenar y le dé otra infusión de la Palabra y de la revelación. Entonces él derrama la palabra de Dios y la revelación una vez más sobre otros y vuelve a quedar vacío. Necesitamos vaciarnos continuamente. Sólo al ser vaciados, podremos tener el ministerio de la Palabra. En la esfera espiritual, Dios es el que hace todas las cosas; el hombre no puede hacer nada. Nunca debemos pensar que cualquiera puede anunciar la Palabra de Dios. Tomar la Palabra de Dios y servir como ministro es una tarea que va más allá de lo que el hombre puede realizar. Esta obra pertenece a otra esfera. El Espíritu Santo tiene que actuar en nosotros específicamente en cada ocasión. Los seres humanos no podemos hacer nada. Que el Señor tenga misericordia de nosotros, y que podamos ver cuán inútil es el hombre. Que no seamos insensatos, pues cuando el hombre es orgulloso y cuando no ve las cosas espirituales básicas, se vuelve necio.

CAPITULO ONCE

LA REVELACION Y LOS PENSAMIENTOS

El ministerio de la Palabra comienza con la revelación. La revelación que Dios nos da nos ilumina por dentro, pero se desvanece pronto, y lo que queda es sólo la sensación de haber visto algo, sin que podamos describirlo exactamente. Esa visión permanece en nosotros por algún tiempo, y con el tiempo desaparece. Este es el proceso de la iluminación. Bajo la iluminación, todo se ve muy claro; pero aún así, no podemos explicar lo que vemos y entendemos. Por una parte, entendemos todo con claridad, pero por otra, no estamos seguros si lo entendemos. Somos iluminados por dentro y quedamos confundidos por fuera. Es como si dentro de nosotros hubiera dos personas: una que entiende claramente; y otra, que está confundida. Con el paso del tiempo, parece que lo olvidamos todo, menos la iluminación que recibimos de Dios. Es posible que El nos ilumine de nuevo, y tal vez lo que vemos esta vez sea igual a lo que vimos la primera vez o tal vez sea diferente; pero debido a nuestra primera experiencia, nuestra reacción es diferente. Esta vez tratamos de asirnos firmemente de la luz por temor a que vuelva a desaparecer.

EL CARACTER DE LA LUZ

La luz tiene una característica muy peculiar: se desvanece fácilmente. Aparece como un destello, y desaparece tan pronto uno la quiere retener. Todos los ministros de la Palabra experimentan esto. Ellos quisieran que antes de que la luz desapareciera, se intensificara y se quedara el tiempo suficiente para poder analizarla. Lamentablemente, la luz no se puede asir ni retener. Podemos recordar infinidad de sucesos, pero no la luz que vimos. Aunque la luz de Dios es inmensa y poderosa, se disipa rápidamente sin dejar rastro; por ello, cuanto más luz recibimos, menos podemos recordarla. Muchos hermanos testifican que cuanto más leen los escritos de personas que tienen revelación, más tienden a olvidarlos. Tenemos que admitir que no es fácil recordar la luz. Nosotros vemos con nuestros ojos, no con nuestra memoria; ésta no puede aprisionar la luz. La luz suministra revelación, mas no se caracteriza por reforzar nuestra memoria.

Debemos prestar atención al carácter de la luz. Incluso mientras nos ilumina parece estar alejándose; tan pronto como la luz nos ilumina, se desvanece; se escapa como si fuera de paso, y nuestra memoria no puede retenerla. No podríamos decir con exactitud cuántas veces necesitamos ser iluminados, antes de que esta iluminación se convierta en revelación. Cuando la luz aparece por primera vez, no podemos recordar con claridad lo que vimos, pero sabemos que vimos algo. Cuando viene por segunda vez, posiblemente veamos un poco más, pero no lo suficiente como para recordarlo. La luz aparece y desaparece tan rápidamente que no podemos retenerla. Al venir por tercera vez, aunque vemos de nuevo lo que ya habíamos visto, esta vez la luz permanece más tiempo. Aún así, no podemos recordar lo que vimos. Ahora la luz viene con más frecuencia; pero cada vez que nos ilumina permanece en nosotros la sensación de que se desvanece, que vuela, que se escapa, que es fugaz. Unas veces esta luz penetra directamente en nuestro espíritu de una manera dinámica; otras veces nos llega por medio de la lectura bíblica. Pero no importa dónde se origine, ella conserva la característica de ser pasajera y efímera.

LA TRADUCCION DE LA LUZ EN PENSAMIENTOS

Veamos ahora cómo podemos traducir la luz divina. Dios trae Su luz al hombre en el momento de revelarle algo. Con la iluminación que produce la revelación comienza el ministerio de la Palabra. Pero debido a que la iluminación de esa revelación es momentánea y a que después de cierto tiempo se olvida, no se puede tomar como la fuente ni la base del ministerio. Para ello se necesita algo más que la luz; se necesitan los pensamientos. Los creyentes que han sido quebrantados y derribados por la disciplina del Señor, poseen una percepción muy elevada y pueden convertir la luz en pensamientos. La percepción de ellos es tan clara que pueden descifrar la luz y darle forma. Recuerdo que un hermano dijo en cierta ocasión: "Necesito hablar en griego para poder entender claramente el significado de una palabra y poder traducirla". Según ese mismo principio, la luz es la palabra de Dios, la cual comunica Su voluntad. Pero ¿cómo podríamos conocer esta luz y entender lo que significa si no tuviéramos la mente? Necesitamos una mente lo suficientemente lúcida y receptiva para comprender esta luz e interpretar su significado. Esta luz no se puede recordar ni retener a menos que sepamos cómo interpretarla.

Vemos, entonces, lo crucial que son los pensamientos, la mente y el entendimiento en el ministerio de la Palabra. En nuestro aprendizaje como ministros de la Palabra, es crucial que veamos lo transcendental de *la mente* en 1 Corintios 14. Este capítulo dirige nuestra atención a la profecía. Profetizar hace que *la mente* tenga fruto; pero hablar en lenguas deja la mente sin fruto. "Porque si yo oro en lengua desconocida, mi espíritu ora, pero mi mente queda sin fruto" (v. 14). Y añade: "¿Qué, pues? Oraré con el espíritu, pero oraré también con la mente; cantaré con el espíritu, pero cantaré también con la mente" (v. 15). Y también: "Pero en la iglesia prefiero hablar cinco palabras con mi mente, para instruir también a otros, que diez mil palabras en lengua desconocida" (v. 19). La mente del hombre es decisiva en el ministerio de la Palabra. Dios desea que Su luz llegue a la mente de todo ministro de la Palabra.

Cuando la luz brilla, lo hace en el espíritu del hombre, pero Dios no desea que se quede allí, sino que llegue a nuestro entendimiento. Cuando la luz llega al entendimiento del hombre, ya no se va y la podemos retener. Aunque la revelación resplandece de repente como un relámpago y desaparece luego, en el instante que su luz brilla sobre nosotros, nuestra mente es iluminada y comienza a interpretarla. Es entonces cuando *retenemos* la luz y descubrimos lo que contiene. Cuando la luz está en el espíritu, llega y se va cuando menos lo esperamos, pero una vez que llega a la mente y al entendimiento, se queda. Sólo entonces podemos utilizarla. Debemos utilizar la luz, pero esto no es posible si se queda encerrada en nuestro espíritu. En Génesis 2:7 dice que el hombre es un "alma viviente". No somos seres exclusivamente espirituales, ya que nuestro ser está constituido de espíritu, alma y cuerpo; por eso, lo que no llega a nuestra alma, nuestra personalidad no lo puede usar ni nuestra voluntad lo puede controlar. El hombre exterior no recibe la revelación directamente, ésta llega a nuestro espíritu y debe pasar a nuestro hombre exterior. La revelación no puede quedarse en nuestro espíritu; tiene que llegar a nuestra alma.

El proceso de convertir la luz en pensamientos varía de una persona a otra, pues hay una gran diferencia entre un hombre cuya mente es fértil en pensamientos y otro cuya mente no lo sea. Si la mente del hombre es errante o está demasiado cargada o no se compagina con la luz de Dios, la luz se disipa; pero si su mente es equilibrada y compatible con la luz, la puede retener. Muchas veces el problema no radica en la mente errante y sobrecargada, sino en una mente embotada, ya que cuando la luz de Dios resplandece, la mente no la reconoce. Dios exige que los que sirven como ministros de Su Palabra tengan una mente renovada.

Muchas personas tienen una mente activa pero desorientada; así que sus pensamientos son superficiales y están atentos constantemente a asuntos triviales. Es por eso que no saben discernir el lenguaje de la luz, ni la pueden definir, ni entender su significado. Dios es luz; y puesto que la naturaleza de Dios es la luz, y ésta es intensa, rica y transcendente como El. Si cuando la luz de Dios se manifiesta, nuestros pensamientos son viles, mezquinos o desorientados, entonces no nos aprovechará. La revelación que Dios desea darnos no es insignificante; es grandiosa, extensa y muy valiosa. Todo lo que proviene del Dios de la gloria es glorioso. Tenemos que admitir que la copa de Dios está rebosante. El es rico, generoso y lo posee todo. El problema radica en la persona cuya mente no tiene la capacidad de contener esta luz. Su

mezquindad le impide recibir la profunda luz de Dios. Hermanos, si todo el día nuestra mente es indisciplinada y carece de
dirección y restricción, si nuestros pensamientos son viles y
alevosos, ¿cómo podemos esperar retener la luz de Dios y convertirla en pensamientos inteligibles?

Recordemos que lo primero que el ministerio de la Palabra
requiere es la revelación que procede de Dios. La luz de la
revelación tiene que pasar por el hombre, entrar en su espíritu y convertirse en sus pensamientos. De esta manera, el
elemento humano se vuelve parte de la Palabra de Dios, y
el hombre puede ser su ministro. Si nuestro espíritu no está
en la debida condición, no podremos recibir revelación ni luz.
De igual modo, si nuestra mente no funciona bien, la luz no
puede llegar a nuestro hombre exterior. Por consiguiente,
para que la luz que resplandece en nuestro espíritu pase a
nuestra alma, necesitamos una mente lúcida y enérgica que
entienda esta luz y la traduzca. Si los afanes cotidianos como
la comida, la ropa y la familia nos presionan, y estamos ocupados en estos asuntos, nuestra mente no podrá cumplir esta
función. La capacidad mental del hombre es similar a la capacidad física; si uno sólo puede levantar cincuenta kilos, es
inútil tratar de levantar más peso, ya que aun un kilo más
será demasiado peso. Si mantenemos nuestra mente puesta
en otros asuntos, no podremos usarla en las cosas de Dios;
será un esfuerzo vano tratar de usarla para convertir la luz
de Dios en pensamientos. Hermanos, cuánto más reconozca-
mos nuestras limitaciones, más bendecidos seremos. No vale
la pena esforzarnos vanamente.

Algunos hermanos tienen la mente puesta en los afanes de
este mundo. ¿Tendrá Dios cabida en la mente de ellos? Ellos
tienen la mente oprimida por tantas ocupaciones que no permiten que la luz penetre en el espíritu. Por otra parte, aun si
la luz les llegara al espíritu, no les serviría de nada por carecer de una mente estable, fuerte y emancipada, capaz de
recibirla y conservarla. Esto los descalifica del servicio minis-
terial. Cuando nuestra mente está enfrascada en otras cosas,
nos metemos en un laberinto del cual es difícil salir y el cual
nos impide entender el lenguaje de la luz. Cuando la luz entra
en nuestro espíritu no debe quedarse ahí; debe seguir su

curso. La Palabra de Dios también tiene su propia trayectoria, y sigue pasos definidos para que el ministerio de la Palabra se promulgue. Así que, si deseamos ministrar la Palabra, nuestra mente debe estar saludable para poder convertir en pensamientos la luz que nuestro espíritu reciba.

Es interesante observar que, a pesar de que la luz viene a nuestro espíritu, no la entendemos, y mientras la tratamos de analizar, desaparece. Nuestro intelecto no alcanza a captarla. Vemos algo, pero no logramos definirlo. En muchos casos necesitamos varios destellos para poder captar la luz. Si nuestros pensamientos han sido disciplinados, podemos captar la luz con menos dificultad. Si nuestra mente no está cargada y ocupada con otras cosas, y si nuestros pensamientos son abundantes y flexibles, al ver la luz, podremos retenerla y entender su significado. Quienes tienen esta experiencia, pueden afirmar que mientras su mente trata de interpretar la luz, ésta se desvanece. Así que nuestra mente debe ser muy ágil, pues si no captamos la idea cuando la luz nos ilumina, perdemos la oportunidad. Necesitamos que Dios tenga misericordia de nosotros y nos vuelva a enviar Su luz. A veces sentimos como si hubiéramos perdido algo o algo se nos hubiera escapado. Esto indica que nuestra mente no actúa rápidamente como debería para capturar la luz. Muchas veces vemos algo y, como un equipo de rescate que entra precipitadamente en una casa en llamas, tratamos rápidamente de traducir la luz que vemos. Si nuestra mente es lo suficientemente veloz, es posible que captemos algunos detalles, y lo demás se nos esfumará. La luz no espera pacientemente hasta que la estudiemos y la comprendamos; puesto que desaparece tan rápidamente, debemos asirla tan rápido como podamos.

Hermanos, cuando vemos que no podemos retener la luz, nos damos cuenta de nuestra incapacidad. Tal vez pensábamos que éramos muy inteligentes, y quizá nos hayamos jactado de ello; pero cuando llega el momento de convertir la luz de Dios en ideas concretas, descubrimos cuán incompetentes somos. Esto es como servirle de intérprete a un orador que habla rápido; muchas veces no le brotan a uno las palabras apropiadas con la suficiente rapidez. En tal caso, el orador espera hasta que encontremos las palabras correctas, pero con la luz es diferente, pues ella no espera. Si uno no es capaz de seguirle el paso, la pierde. No sé por qué sucede esto, pero sé que es un hecho. La medida de luz que podemos retener es directamente proporcional a nuestra capacidad intelectual; lo que no podemos retener se pierde. Debemos dar gracias al Señor si la luz regresa, porque si no regresa, no sólo nosotros sufriremos pérdida, sino también la iglesia, ya que sin luz no hay ministerio.

¿Quién establece los ministros? Dios. Ahora bien, si nuestra mente no marcha al paso de la luz, nuestra oportunidad de servir como ministros se va. Muchas personas tienen la idea errónea de que el ministro de la Palabra de Dios no necesita la mente humana. De hecho, nuestra mente juega un papel muy importante en el ministerio de la Palabra de Dios, según se ve en 1 Corintios. Si no usamos nuestra mente con sus pensamientos, no podremos servir como ministros de la Palabra de Dios.

EL QUEBRANTAMIENTO DEL HOMBRE EXTERIOR

Es posible que alguien se pregunte: "¿No establece 1 Corintios 2:13 que las cosas espirituales no necesitan la sabiduría humana?" ¿Qué podemos decir al respecto? Debemos notar que este versículo se refiere al quebrantamiento del hombre exterior. Es necesario que nuestra mente sea como un criado que está a la puerta de la luz de Dios, esperando que resplandezca a fin de interpretarla. Sin esta prontitud, no es posible que haya un ministerio de la Palabra. Es una lástima que en lugar de usar nuestra mente en la interpretación de la luz, la usemos en nuestros propios asuntos. La mente es el peor de los amos cuando no la empleamos para interpretar la luz de Dios, sino para nuestras propias maquinaciones. Hay una gran diferencia entre la mente que actúa como un criado y la que actúa como un amo. Cuando funciona como amo, trata de encontrar la luz de Dios, de descifrar Su voluntad y de entender Su palabra por su propia cuenta. Esto es lo que se llama sabiduría humana. Todo lo que el hombre intenta lograr solo es sabiduría humana y debemos rechazarla. Nuestra mente debe ser como un criado que está listo, esperando y preparándose para ser usado por Dios. Es

Dios quien crea la luz, no nosotros, y es El quien la hace resplandecer sobre nosotros. La función de nuestra mente es preparar, conservar, entender y traducir esta luz. Como podemos ver, la mente debe ser como un criado que desempeña una función muy importante en el ministerio de la Palabra. Una cosa es retener la luz de Dios en nuestra mente, y otra, producir nuestra propia luz. Un hombre que conoce al Señor sabe cuándo un orador es gobernado por su mente, y cuando trasmite la luz de Dios. Cada vez que la mente se entremete en los asuntos de Dios y toma el control, se convierte en un contratiempo para El. Por eso, el hombre exterior tiene que ser quebrantado, ya que cuando esto sucede, la mente deja de estar confusa y de ser independiente.

Debemos tener presente que el quebrantamiento del hombre exterior, en lugar de disminuir el poder de la mente, lo realza. Cuando hablamos del quebrantamiento de la mente, nos referimos al quebrantamiento de una mente que se centra en sí misma, tiene motivos egoístas y actúa por su propia cuenta. Una vez que es quebrantada llega a ser muy útil. Supongamos que una persona está ocupada noche y día con cierto asunto hasta el punto de obsesionarse. ¿Podrá tal persona leer debidamente la Biblia? ¡No! La mente de esta persona está tan desorientada que Dios no la puede usar. Hermanos, éste es un asunto muy serio.

Una mente limpia y reservada para Dios nos faculta para servir en el ministerio de la Palabra. Este es un requisito básico para todo aquel que desea participar en el ministerio. Cuando decimos que el hombre exterior necesita ser quebrantado, no nos referimos a que la mente debe dejar de funcionar, sino que ya no debe estar ocupada con el yo, ni en un laberinto de ideas desordenadas, ni estar en el laberinto de las cosas externas. La sabiduría de los sabios debe ser quebrantada, y la habilidad de los astutos debe ser eliminada. Sólo entonces nuestra mente deja de ser nuestra vida y nuestro amo para convertirse en un órgano útil. Hay personas a las que les fascina pensar y ser muy diestros; sus pensamientos son su vida. Pedirles que no se enfrasquen en la mente, es quitarles la vida. Tienen una mente que nunca descansa; es tan activa que dudamos que el Espíritu de Dios infunda Su luz en el espíritu de ellas. Y aun si lo hiciera, no podrían recibir la luz. Una persona consumida por sus pensamientos es demasiado sensitiva y prejuiciosa; por ello, no ve ni entiende la luz de Dios. Para que la mente de esta persona sea útil, Dios debe disciplinarla y quebrantarla totalmente. A esto nos referimos cuando hablamos del quebrantamiento del hombre exterior. Si la mente se vuelve el centro de nuestro ser, y todo gira alrededor de nuestro yo, y pensamos solamente en nuestras propias cosas, no permitiremos que la luz de Dios entre en nuestro espíritu. Como consecuencia, el ministerio de la Palabra se detendrá en nosotros y allí terminará. El ministerio de la Palabra necesita un canal para que el agua que procede de Dios pueda fluir. Ese canal somos nosotros. Si el agua encuentra obstáculos a su paso, no puede fluir. Muchas personas no pueden ser ministros de la Palabra porque tienen la mente bloqueada. Cuando la Palabra no puede pasar por nuestra mente, el ministerio de la Palabra de Dios se detiene.

Hermanos, no piensen que no tiene importancia malgastar la energía de nuestra mente. Muchos creyentes desperdician su poder mental en asuntos triviales, y crean estorbos en el camino de Dios. Todo lo que Dios creó es vital. El nos dio la mente para que coopere con la revelación; pero esto no es posible si ella está distraída en otros asuntos, ya que la mente centrada en sí misma es inútil. Ella debe servir a Dios, ya que cuando mantiene su posición de sierva, es útil en Sus manos; pero si asume la posición de amo, se convierte en enemigo y gran opositor de Dios. Debido a esto, 2 Corintios 10:5 dice que todo pensamiento debe ser llevado cautivo a la obediencia a Cristo. Dios no desea anular nuestra mente, El desea llevar cautivo todo pensamiento a la obediencia a Cristo. Es importante saber cuándo la mente del hombre ha tomado el control. Si confiamos en nuestra sabiduría y habilidad, Dios tiene que quebrantarnos totalmente. De todos modos, debemos comprender que la obra de quebrantamiento no tiene como fin anular el órgano mismo, ni su función, sino quebrantar el centro, la vida del mismo, a fin de que Dios pueda usarlo. El desea que nuestra mente le sirva, es decir, que el alma esté sujeta al espíritu.

En Romanos 8:2 dice que Dios nos ha librado en Cristo Jesús. ¿Cómo nos liberó? Por medio de la ley del Espíritu de vida. ¿Y cómo podemos obtener la ley del Espíritu de vida? Andando según el Espíritu. Esta es la manera en que la ley del Espíritu de vida opera en nosotros; así que, si no andamos según el Espíritu sino según la carne, la ley del pecado y de la muerte se manifiesta en nosotros. Romanos 8 indica que los que andan según el Espíritu vencen la ley del pecado y de la muerte. Pero, ¿quiénes son los que andan según el Espíritu? Los que ponen su mente en el espíritu (v. 6). Estos son los que experimentan la ley del Espíritu de vida, y vencen la ley del pecado y de la muerte. ¿Qué significa poner la mente en el espíritu? Sencillamente eso, ponerla en la cosas del Espíritu. Si la mente de una persona es indómita y siempre está pensando en cosas extrañas y en fantasías, es carnal; pero si es guiada por el Señor hasta el grado de pensar en el Espíritu, es espiritual y entiende las cosas espirituales. Es imposible vivir por la ley del Espíritu si nuestra mente constantemente está ocupada en asuntos terrenales y si mantenemos la mente en la carne. Si no nos preocupamos por escuchar al Espíritu, seguiremos lo que nuestra voluntad indique, pondremos nuestra mente en la carne y caeremos en aquello en lo que pusimos nuestra mente. Esta no debe ser el centro de nuestro ser, sino un siervo atento a la voz de su amo. Así que necesitamos que nuestro hombre exterior sea quebrantado, porque cuando esto sucede, la mente deja de ser el centro y el yo deja de ser el foco de atención. Entonces no actuamos según la mente, aprendemos a escuchar la voz de Dios, y le esperamos como un siervo espera la orden de su amo. Así, cuando Su luz resplandece en nuestro interior y nuestro espíritu la percibe, nuestra mente la puede interpretar.

Muchas personas posiblemente piensen que para servir como ministros de la Palabra, lo único que necesitan es memorizar un mensaje. Si éste fuera el caso, la fe cristiana se convertiría en una religión basada en la carne, no se cimentaría en la revelación que se recibe en el espíritu. Es en nuestro espíritu y por medio de nuestra mente que conocemos, estudiamos, traducimos y comprendemos las cosas de Dios. Por eso es importante que nuestra mente sea estable y sobria; de lo contrario, no podremos conservar la luz. La base del ministerio de la Palabra es la revelación de la luz de Dios en el espíritu del hombre. Sin embargo, la manera de interpretar esta luz varía según los diferentes niveles de entendimiento y la condición intelectual de cada persona. La luz que una mente sobria puede captar es muy diferente a la que puede captar una mente común. Cuanto más apta sea la mente, más claramente comprenderá la verdad de la justificación. Es posible que al acercarnos al Señor entendamos el significado de la justificación por fe, la cual es una verdad elemental, pero no sepamos cómo expresarla. Así que, cuanto más amplia sea nuestra mente, más podremos entender, de tal manera que cuando hablemos de ello, lo que expresemos será profundo y elevado. Pero si nuestros pensamientos son superficiales, nuestro entendimiento será limitado y lo que expresemos será igualmente superficial. Lo que percibimos está determinado por la limitación de nuestra mente. La Palabra de Dios es la misma en ambos casos, pero es debilitada por la mente superficial. La mente es uno de los factores naturales del ministerio de la Palabra, y cuando su nivel no es elevado ni restringido, se nos escapa la Palabra de Dios. El riesgo que corre el ministerio de la Palabra es que cabe la posibilidad de que el hombre le añada expresiones impropias a la luz divina o le mezcle pensamientos malsanos, lo cual restaría eficacia a la Palabra, y la pérdida sería enorme.

Hermanos, ¿podemos ver esto? Nuestra responsabilidad es grande. Si nuestra mente es disciplinada, expresaremos adecuadamente la palabra de Dios, y la adición de nuestros elementos humanos será una gloria para ella. Esto fue lo que experimentaron Pablo, Pedro y Juan. Pablo tenía cierta fisonomía y personalidad, pero cuando la luz de Dios resplandecía en él y expresaba la palabra, Dios y Pablo estaban en ella. Esto es muy hermoso. La palabra de Dios puede ser perfeccionada por el hombre sin ningún obstáculo; incluso, puede ser glorificada. También podemos ver esto en Pedro. Cuando él hablaba, el fluir de la Palabra de Dios transmitía su personalidad. Pedro perfeccionó la Palabra de Dios; no la afectó. Hoy los ministros de la Palabra de Dios deben ser iguales a los primeros ministros, pues a ellos los necesita Dios. ¿Se han preguntado cuánta de esta luz se pierde al pasar por el espíritu y la mente, y cuánta es perfeccionada? Que el Señor tenga misericordia de nosotros. Si la Palabra y el ministerio son débiles, se debe a que nuestra mente es débil. Si no tenemos una mente disciplinada que pueda leer e interpretar la luz de Dios, lo que expresemos no tendrá vigor. Como ya dijimos, nosotros somos los canales de la Palabra de Dios, y regulamos su caudal como lo hace un tubo en el caudal del agua. El tubo puede estar en buenas condiciones y permitir que el agua fluya normalmente, o puede estar perforado o contaminado. De igual manera, nosotros podemos transmitir la palabra de Dios de manera potente, o débil y llena de contaminación. Nuestra responsabilidad en verdad es grande. Si sólo nos interesamos en doctrinas, estamos en el carril equivocado. Necesitamos ser quebrantados para poder ser útiles.

La marca de la cruz y el quebrantamiento del hombre exterior no es algo optativo, ya que sin el quebrantamiento, no hay ministerio. Nuestro hombre exterior debe ser quebrantado a fin de comunicar a Cristo y anunciar la Palabra de Dios. Por ello, es inevitable que volvamos la atención a nosotros mismos. Es necesario estar en la debida condición, para ser de beneficio.

UNA MENTE ADIESTRADA

No debemos desperdiciar nuestros pensamientos en asuntos efímeros. Debemos apreciar y preservar cada partícula de nuestra energía intelectual. Cuanto más poderosos y enriquecidos sean nuestros pensamientos, más alto escalaremos. Es fácil reconocer si una persona puede ser útil en el ministerio de la Palabra por la manera que utiliza su mente. ¿Cómo puede alguien que malgasta y derrocha sus pensamientos en cosas vanas, tener capacidad para pensar en los asuntos relacionados con Dios? Es imposible. Los pensamientos de una persona demasiado sensitiva no se pueden usar. Ella piensa constantemente en sus propias cosas, está pendiente de sus circunstancias y encadenada a sus propios pensamientos. Cuánto más giran sus pensamientos en torno a sí misma, menos útil puede ser. No debemos permitir que nuestros pensamientos sean indómitos, confusos y desenfrenados; ni que se debiliten por andar según la carne, al poner la mente en la carne y en sus cosas. Si hacemos esto, en nuestra mente no habrá cabida para Dios. El ministerio de la Palabra necesita que nuestra mente capte y retenga la luz que llega a nuestro espíritu. Para ello, los pensamientos deben subordinarse como un siervo que espera a la orden de su amo. Debido a que la luz de Dios tiende a desvanecerse, nos lamentamos por no poder captarla. Sin embargo, si nuestra mente continúa ocupada en otros asuntos, esto es inevitable. Debemos tener presente que el fulgor de la luz contiene muchos aspectos, y sólo aquellos cuyos pensamientos son perfectos, excelsos y claros tienen la facultad de retenerlos. Esta es la senda del ministerio de la Palabra y todos debemos conocerla. Dios desea mostrarnos muchas cosas, pero nosotros no las podemos retener. Percibimos la voz en nuestro espíritu que nos indica algo, pero nuestra mente no lo discierne.

Debemos comprender que aun si tuviéramos la mente más diestra del mundo, no podríamos contener toda la luz de Dios. Pero la hacemos más improductiva cuando la desperdiciamos en vanidades. No es sabio permitir que la mente vague continuamente. La luz que llega a nuestra mente sólo puede ser retenida y ser útil según nuestra capacidad. Esta luz es espiritual y se desvanece fácilmente; por ello, si la queremos retener, nuestra mente tiene que ser potente, fértil y fuerte. Dios es magnificente; en cambio nosotros somos limitados, tanto que carecemos de la facultad de captar la magnitud del resplandor de Su expresión. Nuestra mente debe ser muy receptiva, de lo contrario, al acercarnos al Señor, nos sentiremos limitados e impotentes para hacer frente a la necesidad del momento. Los hechos que se nos escapan al dejar pasar el resplandor de la luz divina, nos hacen conscientes de nuestra estrechez. Nuestra situación se deteriorará si desperdiciamos nuestros pensamientos vanamente.

Debemos subordinar nuestra mente delante del Señor diariamente. La manera que usamos nuestros pensamientos determina nuestra función como ministros de la Palabra. Para muchas personas el ministerio de la Palabra ha perdido su valor, y ellas se han desviado de la senda correcta, por el mal uso que hacen de sus pensamientos. Ese derroche de pensamientos las agota, y no pueden recibir la iluminación del Espíritu. Son como el que malgasta energía tomando incontables desviaciones, hasta que se agota y no puede regresar al camino. Hermanos, nuestra mente está ligada a la iluminación del Espíritu. Si bien es cierto que nuestros pensamientos no pueden reemplazar esta iluminación, son el medio para poder entenderla. Así que, preservemos nuestros pensamientos para cuando los necesitemos. Obviamente, esto no significa que nuestra mente debe estar inactiva, sino que no debemos desperdiciar en asuntos sin importancia la energía ni la capacidad mental que Dios nos dio, ya que eso nos impedirá entender Su Palabra. La Biblia contiene muchos asuntos secundarios en los cuales no es sabio malgastar nuestra energía, pues no tienen mucha importancia. Por otra parte, nuestra mente no puede resolver todos los problemas espirituales; podemos concebir posibles soluciones, pero no podemos resolverlos. Lo único que puede resolverlos es la luz de Dios. Ciertas personas gastan mucha energía tratando de resolver enigmas bíblicos y problemas espirituales. Malgastan sus pensamientos en doctrinas y razonamientos, creyendo firmemente que pueden resolver todos los enigmas y dar solución a todos los problemas. Sin embargo, lo que expresan son solamente ideas. La incapacidad de conservar la luz de Dios ocasiona gran pérdida. La utilidad de la mente yace en su capacidad de captar en el acto la luz de Dios. El ministro de la Palabra debe saber emplear sus pensamientos en asuntos importantes y permitir que la luz de Dios penetre en ellos. Nuestros pensamientos solos no pueden ver la revelación; necesitamos la luz de Dios. ¿Podemos ver esto? No debemos escudriñar la Biblia usando nuestro raciocinio; debemos esperar la luz de Dios. Esto permitirá que nuestra mente traduzca el significado de ésta y podamos ver algo. Si nuestra mente es receptiva, veremos la luz de Dios. Este es el primer paso para recibir la Palabra de Dios.

Que el Señor levante ministros de la Palabra entre nosotros, ya que sin ellos, la iglesia se empobrece. Debemos tener presente que a fin de ministrar a la iglesia, necesitamos recibir el suministro de la Palabra de Dios. Para ello, necesitamos ser canales. El resplandor de la luz divina llega a nuestro espíritu, pero tiene que pasar luego por nuestra mente. La luz está en nuestro espíritu, pero ¿cómo podemos esperar tener un ministerio poderoso si la luz pierde su intensidad tan pronto llega a nuestra mente? Es vital que veamos esto. Que el Señor nos conceda ver el camino al ministerio de la Palabra.

Capítulo doce

LA CARGA Y LA PALABRA DE DIOS

Un ministro de la palabra de Dios no soló necesita recibir la luz de la revelación de Dios y el poder para retener esta luz, sino que además necesita una carga. La palabra hebrea *massa,* significa "carga". Esta expresión la encontramos en el Pentateuco con el sentido de "una carga que se puede llevar" (cfr. Ex. 23:5; Nm. 4:15, 19 [cargo], 24 [llevar], 27 [cargos], 31-32 [cargo], 49; 11:11, 17; Dt. 1:12); y también en los libros proféticos [donde se traduce "profecía"] (cfr. Is. 13:1; 14:28; 17:1; 21:1, 11, 13; 22:1; 23:1; 30:6; Jer. 23:33-34, 36, 38; Nah. 1:1; Hab. 1:1; Zac. 9:1; 12:1; Mal. 1:1). Podemos decir que la revelación que los profetas recibían era una carga. La carga espiritual o *massa,* está íntimamente ligada con el ministerio de la Palabra; no se pueden separar. Así que, el servicio de los profetas como ministros de la Palabra, era el resultado de recibir una carga. Por consiguiente, todo ministro de la Palabra debe tener una carga.

LA FORMACION DE LA CARGA

Vimos que el ministerio de la Palabra comienza cuando nos sobreviene el resplandor de la luz divina, la cual es como un destello repentino de revelación que se esfuma rápidamente. Si tenemos una mente disciplinada, podremos retener y traducir la luz de Dios que llega a nuestro espíritu. Este resplandor y esta claridad llegan a ser nuestra carga. Es importante que el ministro de la Palabra lleve una carga espiritual. Pero para esto él necesita que la luz tome forma en los pensamientos, ya que sin ella éstos no pueden producir una carga espiritual en nosotros. Lo mismo podemos decir de la luz, sin los pensamientos no produce resultados. La carga espiritual se produce cuando la luz y los pensamientos se mezclan. Es necesario tener esta visión. Aun después de que la luz se haya cristalizado en pensamientos, no habrá carga si la luz se va y sólo quedan los pensamientos. El ministro lleva una carga espiritual delante del Señor, siempre y cuando la luz sea complementada y conservada por la interpretación de los pensamientos.

¿Por qué la denominamos carga? Si captamos e interpretamos la luz divina en nuestra mente, pero se desvanece pronto dejando sólo los pensamientos, no sentiremos ninguna inquietud, ningún peso. Pero cuando los pensamientos permanecen bajo el resplandor de la luz divina, nos sentimos oprimidos, incómodos y afligidos. A esta sensación producida por la Palabra de Dios es a lo que llamamos carga o peso. Los profetas sentían una carga que sólo podía ser aliviada por medio de la Palabra. Sin la proclamación de la Palabra, no podremos expresar lo que sentimos.

Para ser ministros de la Palabra, necesitamos que Dios nos muestre cómo se relacionan entre sí la Palabra, nuestros pensamientos y Su luz. Primero recibimos la luz; luego, los pensamientos; y por último, la Palabra. Desde la perspectiva de Dios, la luz se convierte en pensamientos, y éstos en las palabras que sirven como vehículo para transmitir la luz de Dios. La función de las palabras es comunicar la luz. En este momento yo estoy comunicando mi carga cuando les imparto la luz de Dios. La fusión de la luz divina con nuestros pensamientos producen un sentir interno que nos quita la libertad, nos oprime con su peso, nos incomoda y nos aflige. Este sentir es una carga que sólo puede ser aliviada cuando la impartimos a los hijos de Dios. Una vez que comunicamos nuestra carga a los hijos de Dios, nuestro espíritu y nuestra mente descansan como si un peso se les hubiera quitado de encima.

LA PALABRA ES EL MEDIO
QUE COMUNICA LA CARGA ESPIRITUAL

¿Cómo nos desprendemos de nuestra carga espiritual? Por medio de la palabra. Para deshacernos de las cargas físicas usamos las manos, pero para descargar las espirituales usamos la palabra. Por eso, es importante que encontremos las palabras apropiadas para expresar lo que sentimos; de lo contrario, nuestra carga seguirá pesando sobre nosotros. El ministro de la Palabra sabe que no puede dar un mensaje si los pensamientos no son expresados en palabras. Los pensamientos solos no conducen las personas a Dios. Si no sabemos expresar nuestra carga espiritual, lo que digamos no tendrá sentido; pero si ordenamos nuestros pensamientos, podremos comunicarla. Muchas veces el ministro de la Palabra de Dios llega a la reunión de la iglesia con un gran peso; y una vez allí, Dios lo ilumina y lo induce a hablar. Sin embargo, al terminar su mensaje todavía siente sobre sí la carga. Llega con una carga y se va con ella. Esto pudo ser causado, ya sea por la audiencia o por la escasez de palabras. Cuando el mensaje no se expresa debidamente, cuanto más uno habla, más incómodo se siente, pues puede hablar sin cesar, y no lograr transmitir la carga por la falta de coherencia en el mensaje. Aquí el problema yace, no en la escasez de pensamientos, sino en la falta de estructura en la presentación. Si contara con las palabras apropiadas, el resultado sería diferente, ya que la carga espiritual que trajera a la reunión sería aliviada a medida que expresara su sentir. Cuanto más hablara, más liviano se sentiría. Esto es similar a la manera en que los profetas se deshacían de sus cargas: por medio de la profecía. Su obra consistía en despojarse de sus cargas espirituales transmitiendo la Palabra. De este mismo modo el obrero cristiano comunica su carga espiritual. Si no sabe expresar su carga, no podrá desprenderse de ella. Es posible que reciba elogios por lo bien que habló y le agradezcan por lo que expresó; pero él sabe que lo que los demás escucharon fueron sus palabras, no la Palabra de Dios.

Aludiendo al ministerio de la Palabra, Pablo les dijo a los corintios: "Lo cual también hablamos, no con palabras enseñadas por sabiduría humana, sino con las que enseña el Espíritu, interpretando lo espiritual con palabras espirituales" (1 Co. 2:13). Lo que nos hace aptos para ser ministros de la Palabra es que el Señor nos comisionó para proclamarla. Cuando anunciamos la Palabra, también comunicamos la carga. El obrero del Señor tiene que aprender a comunicar su carga espiritual. Los que actúan basándose en lo que piensan y en lo que conocen, no comprenden esto. Debemos comprender que el medio para comunicar la carga espiritual no es la elocuencia, sino la palabra que procede del Señor. Cuando Dios nos da la Palabra y la proclamamos, entonces comunicamos nuestra carga espiritual. Debemos aprender a recibir en nuestro hombre exterior la luz de la Palabra y condensarla en pensamientos a fin de expresarlos verbalmente. Este proceso da como resultado el ministerio de la Palabra. Debemos entender claramente cómo nuestros pensamientos se convierten en palabras, y cómo la Palabra interna brota en palabras audibles. De igual manera, al comunicar nuestra carga, debemos estar conscientes de la diferencia que hay entre el mensaje que recibimos internamente y el que exteriorizamos, ya que ambos son necesarios. Así que, las palabras audibles expresan el mensaje que recibimos en nuestro interior.

COMO SE RELACIONAN ENTRE SI
LA CARGA Y LA PALABRA INTERNA

Examinemos primero la palabra interna. Después de que la luz de Dios llega a nosotros y se convierte en pensamientos, recibimos la carga espiritual; pero esto no significa que podamos expresarla verbalmente. La carga que producen la luz y los pensamientos debe convertirse en palabras. Los pensamientos son abstractos, y no los podemos mostrar, pero las palabras los dan a conocer. Como podemos ver, las palabras no surgen de la nada; son el resultado de la unión de la luz divina con los pensamientos humanos. Los pensamientos se condensan en las palabras que expresamos al mundo exterior por medio de nuestra voz. El ministerio de la Palabra no se proclama de manera común. Generalmente, cuando hablamos, expresamos lo que pensamos; es decir, siempre que tengamos pensamientos, hablaremos. Pero el ministro de la Palabra es diferente, él primero debe convertir sus pensamientos en palabras para poder comunicarlos. El hombre interior del ministro no sólo debe estar lleno de pensamientos sino también de palabras. Esta es la única manera de comunicar la palabra interna al mundo exterior.

Cuando el Señor Jesús estuvo en la tierra nos dio un excelente ejemplo de la manera en que el ministro de la Palabra debe servir. La Biblia no dice que El era los pensamientos de Dios hechos carne, sino que El era el Verbo de Dios hecho carne. Un ministro de la Palabra tiene que ser lleno de las palabras para poder servir como tal. Solamente tener pensamientos no nos hace aptos como ministros de la Palabra; necesitamos que los pensamientos se vuelvan palabras. Si sólo tenemos los pensamientos y no tenemos más palabras que las nuestras, no podemos ser ministros de la Palabra. Estos principios son básicos e importantes. La luz, los pensamientos y las palabras internas son esenciales para nuestro servicio. Una vez que la luz de Dios nos ilumina y la retenemos en nuestros pensamientos, tenemos que aprender a orar e implorar delante de Dios para que El nos dé las palabras que expresen el sentir que tenemos. Debemos tener celo en este asunto.

La revelación llega cuando la luz de Dios ilumina nuestro espíritu, pero debe convertirse en pensamientos. Sin la revelación, no hay iluminación, la cual es obra de Dios; pero la retención e interpretación de la misma corresponde a aquellos que han sido disciplinados por Dios. La conversión de la luz en pensamientos nos beneficia a nosotros, pero la transformación de los pensamientos en palabras beneficia a los demás. Si sólo queremos la luz para nosotros, sólo necesitamos los pensamientos; pero si deseamos impartirla, los pensamientos deben traducirse en palabras. Sin los pensamientos, la luz es abstracta, y sin la luz, los pensamientos no tienen valor. La luz debe traducirse en pensamientos a fin de ser accesible; por otra parte, los pensamientos deben traducirse en palabras, a fin de que la luz sea comunicada a los demás. Los pensamientos son necesarios para interpretar la luz; y las palabras lo son para transmitir los pensamientos. Es así como llegamos a tener el ministerio de la Palabra. Tener la luz sola, o los pensamientos solo o, inclusive, la combinación de los dos, no nos constituye ministros de la Palabra; para ello necesitamos la luz, los pensamientos y las palabras. Las palabras son necesarias para interpretar los pensamientos, los cuales no son ordinarios, pues surgen de la revelación producida por la luz que vemos, y ésta sólo puede ser retenida por una mente disciplinada. Para retener estos pensamientos necesitamos darles forma con palabras que también procedan de Dios. En ocasiones la revelación se recibe en el espíritu y, en otras, en la Palabra. Estudiemos estos dos casos.

La revelación que se recibe en el espíritu y la que se recibe en palabras

Cuando la revelación llega a nuestro espíritu, trae consigo la luz, pero allí no termina todo. Necesitamos valernos de nuestros pensamientos para retener la iluminación que nos trae; sin embargo, nuestros pensamientos naturales no están facultados para semejante tarea, pues no podemos expresarlos en palabras inmediatamente. ¿Qué debemos hacer entonces? Tenemos que pedirle a Dios que nos dé más luz, mas no una iluminación que llegue a nuestro espíritu y nos comunique interiormente el significado, sino una iluminación que traduzca en palabras el significado de dicha luz. Vemos aquí dos clases de revelación, una en el espíritu y la otra en palabras inteligibles. Esta se expresa en una o dos declaraciones que Dios nos da. Cuando elevamos nuestra oración a Dios, recibimos una luz clara y podemos retenerla y hacerla nuestra, pues se convierte en ideas. Pero cuando tratamos de compartirla con los demás, descubrimos que no podemos, ya que aunque nosotros la entendemos, no hallamos las palabras para comunicarla. Cuando esto sucede, debemos pedirle a Dios que nos dé las palabras adecuadas para expresar lo que percibimos. Debemos orar intensa y detalladamente, y abrir nuestro corazón y nuestro espíritu al Señor despojándonos de toda idea preconcebida. Al hacer esto, comenzaremos a ver algo delante de Dios, y El nos dará las palabras que expresen acertadamente la iluminación que recibimos. Estas palabras constituyen una revelación, ya que contienen y expresan con exactitud la luz de Dios.

La luz se puede traducir y comprender en pensamientos, los cuales, a su vez, se convierten en palabras. Me parece que esto es claro y que en ello estamos de acuerdo. Una vez que nuestra mente retiene la luz que recibimos, la expresamos en palabras inteligibles. En la revelación que recibimos la segunda vez, Dios nos da palabras para que retengamos la luz que vimos. Se puede decir que podemos captar la luz por medio de nuestros pensamientos y por las palabras que Dios nos da. Así como captamos con nuestros pensamientos la luz que recibimos en nuestro espíritu, así captamos la luz en las palabras que Dios nos da. Es decir, la revelación que recibimos por medio de las palabras es igual a la que recibimos en nuestro espíritu. Lo que vemos en nuestro espíritu dura un instante, pero no el contenido de esa visión. La revelación puede permanecer por un segundo, pero no lo que comunicamos. Lo que nuestro espíritu ve en un instante incluye muchas cosas; por eso, es importante que tengamos una mente vigorosa y saludable, capaz de captar la luz. Cuanto más activa esté nuestra mente, más luz captaremos. El mismo principio se aplica a las palabras que Dios nos da. En contraste con la extensa revelación que en un instante recibimos en nuestro espíritu, la Palabra de Dios llega a nosotros en una o dos oraciones que nos permiten captar Su luz. Estas oraciones no constan sólo de palabras, pues también contienen revelación.

En nuestra conversación normal proferimos ocho o diez palabras para expresar lo que deseamos; y si sólo tenemos diez minutos para dar un discurso, lo concluimos en diez minutos. Lo que el mundo comunica se puede contar en palabras, minutos y segundos, sin que en ello haya revelación; pero las palabras que contienen revelación, aunque consten de una o dos oraciones, están llenas de riquezas, igual que lo está la revelación divina. En el ámbito de la revelación hay infinidad de riquezas; aun una breve iluminación es vastamente rica. Puede ser que Dios sólo nos dé una oración, mas esa oración está impregnada de Su rica expresión y revelación. Así como recibimos inagotables riquezas en un instante de revelación, así también las recibimos en una sola oración gramatical. Dios condensa Sus riquezas, lo mismo en una revelación instantánea que en una frase; sin embargo, puede tomar meses explicar lo que vemos en un instante, o parafrasear esa oración que Dios nos da. Existe una diferencia entre los pensamientos y las palabras. Las palabras de los pensamientos, por ser internas, son pocas, pero están impregnadas de riquezas como las que vemos en un instante de iluminación. No son discursos, sino que constan de una o dos oraciones con contenido espiritual, las cuales se caracterizan por emanar vida.

¿Qué clase de palabra emana vida? Dios nos concede vida por medio de la revelación. Esta se convierte en una carga en el obrero o ministro; pero cuando la carga es comunicada, la vida emana de ella. Si ese peso no se descarga, tampoco se comunica la vida. Cuanto más pesada sea la carga, más poderoso será su contenido al expresarla; pero si no la transferimos, se vuelve más pesada con el tiempo. Si sostenemos en nuestras manos un globo lleno de agua que pesa mucho, podremos librarnos de su peso si lo perforamos. Una vez que el agua sale, el globo deja de pesar. Lo mismo sucede cuando comunicamos la palabra. Si tenemos una carga espiritual, también debemos tener las palabras correspondientes que la expresen. Una oración que digamos será suficiente para comunicar nuestra carga; será como el agua que brota por las perforaciones del globo. Si no usamos las palabras adecuadas para expresar nuestros pensamientos sentiremos una pesada carga por dentro. ¿Qué es, entonces, la palabra de revelación? Es aquella que transmite vida. Antes de que hablemos, la vida se halla aprisionada; pero una vez que expresamos nuestra carga, se transmite a los demás. Nuestras palabras deben corresponder a la presión que tenemos dentro; de lo contrario, no podremos emitir vida.

Cuando tenemos una carga, no importa cuán pesada sea, si esperamos delante de Dios recibiremos las palabras precisas que necesitamos. Aún así, no podemos determinar cuánto tardarán las palabras en llegar. A veces, después de ver algo, Dios nos las da inmediatamente; otras, debemos esperar hasta que la carga se vuelva más y más pesada. Y aun otras, debemos orar varios días hasta recibir las palabras que comuniquen la carga. Algunas veces cuando captamos la luz, nuestra mente entiende el lenguaje, pero no sabemos expresar lo que vemos; otras, las palabras llegan junto con la luz o con el peso de la carga. Pero, no importa cuándo lleguen, siempre se ajustan a la ocasión. Estas palabras llegan a ser nuestra luz. Una o dos ideas son tan ricas en contenido como lo es la revelación que recibimos antes. Pareciera como si toda la revelación que recibimos se resumiera en una oración. Estas palabras son como una botella a la que se le quita el corcho: el contenido explota. Llamemos a estas breves expresiones que Dios nos da, *palabras internas*. Estas tienen como objeto captar y retener la revelación que Dios nos da. Cuando comunicamos las palabras de revelación, la luz divina emana de ellas.

Debemos tener presente que sin luz no es posible tener el ministerio de la Palabra. Si la mente no retiene la luz y la traduce en pensamientos, tampoco puede haber ministerio de la Palabra. Aún así, después de retener la luz y de convertirla en pensamientos, se necesita la revelación de las palabras adecuadas. A esto se refiere Pablo cuando dice que las palabras que habla son "las que enseña el Espíritu" (1 Co. 2:13). El Espíritu tiene que darnos una revelación, pero ésta tiene que estar compuesta de palabras. La revelación consta de una o dos oraciones concisas, las cuales llevan consigo la vida de Dios tan pronto se expresan. Si hablamos de muchas cosas, pero no comunicamos la revelación en palabras, la vida no fluirá. Necesitamos expresar estas oraciones para que la vida fluya.

La única manera de comunicar la vida de Dios es la revelación. Tomemos por ejemplo la crucifixión del Señor Jesús. El murió por todas las personas del mundo, pero ¿han recibido todas ellas Su vida? Es un hecho que El murió por todos, pero no todos han recibido esta vida. Esto se debe a que no todos han recibido la revelación. Una persona puede proclamar la verdad en relación con la muerte del Señor sin tener la revelación de este hecho, pero quien recibe revelación, alaba y da gracias al Señor desde su interior. La visión nos trae la luz, y el Espíritu Santo vivifica nuestro hombre por medio de Su palabra. Tan pronto vemos esta palabra, somos vivificados.

En la actualidad Dios abastece a la iglesia por medio de la Palabra. El desea suministrar a Cristo y Su vida a la iglesia. Pero esta vida sólo se comunica por medio de la carga que llevamos. Por ello, cuando recibimos una carga espiritual, junto con ella debe venir la palabra que nos permita comunicar adecuadamente la vida que está en la Palabra. Hay palabras que no traen vida ni aun después de repetirlas muchas veces; y hay otras que la comunican tan pronto se expresan. El ministro de la Palabra debe recibir junto con la revelación una o dos expresiones de las que emane vida. La vida está presa en ellas, y tan pronto las pronunciamos, los demás pueden tocarla. No importa cuánto nos esforcemos, si Dios no nos da las palabras, no podremos tocar la vida.

Lo primero que recibimos es la revelación y la luz. Sin embargo, ello no constituye el ministerio de la Palabra. Necesitamos ser renovados en nuestra mente y en nuestro entendimiento, para que cada vez que Dios envíe Su luz, entendamos lo que ella revela. No es correcto presentar una revelación enigmática o vaga. Por ello es importante que nuestra mente entienda claramente la revelación, porque si para nosotros no es clara, ¿cómo podemos presentarla a los demás? Posiblemente lo que digamos sea correcto, pero eso no indica que tengamos el ministerio de la Palabra, ni que el Señor emane de nosotros. Cuando nuestra mente reciba la luz debe estar lúcida, de lo contrario esa luz se desvanecerá. Por consiguiente, si queremos ser ministros de la Palabra, primero, nuestra mente debe ser renovada por medio del quebrantamiento de la mente vieja; y en segundo lugar, debemos tener las palabras apropiadas que expresen lo que vemos, ya que los demás pueden oír nuestras palabras, mas no nos pueden leer la mente. Sin las palabras pertinentes, podemos hablar por horas sin comunicar lo que sabemos. Por eso necesitamos que Dios nos dé las palabras necesarias. Algunas personas reciben las palabras en el instante que su mente capta la luz; otras deben esperar días o meses. Pero sea que lleguen tarde o temprano, deben ser claras a fin de comunicar lo que el Señor nos revela. Sin las palabras que Dios nos envía no podemos hablar. En todo caso, no necesitamos muchas palabras; con una o dos oraciones es suficiente. Después de que el Señor nos comunica estas oraciones, podemos comunicar con facilidad la revelación que recibimos. Pero si no tenemos la plena certeza de haberlas recibido, no debemos ponernos de pie para hablar. Sin luz, nuestro ministerio no tiene rumbo ni tenemos el ministerio de la Palabra. Después de recibir la luz y la condensación de la misma en pensamientos, necesitamos expresarla con palabras de las que emane vida. Tan pronto estas palabras penetran en los oyentes, la vida brota. La vida *debe* ser transmitida. Muchas veces, una o dos frases son suficientes para comunicar vida. A esto llamamos palabras de revelación; sin ellas no podemos proclamar la Palabra de Dios. Debemos prestar atención a esto delante del Señor.

Debemos recordar que cuando Dios nos da una carga espiritual, junto con ella nos da las palabras necesarias para expresarla. Tanto la luz como los pensamientos que El nos da, forman una carga en nosotros que nos hace sentir incómodos y constreñidos. Sin embargo, el Dios que nos da la carga, también nos da las palabras precisas para despojarnos de ella. El nos da una o dos alocuciones que nos permiten comunicar esta vida. No debemos mantener esa carga sobre nuestros hombros. Debemos buscar la manera de expresar esta vida; de lo contrario, no sabremos cómo laborar para Dios. No vayamos a los hermanos con un recipiente vacío; debemos ir preparados para darles de beber. Aun antes de abrir la boca, debemos estar listos para proporcionarles el agua necesaria. A menudo veo cómo cierto hermano habla por largo rato esforzándose por expresar lo que desea comunicar sin lograrlo. Por experiencia sabemos que él no sabe cómo despojarse de su carga. Cuando el agua está a punto de salir, toma otro rumbo, sin darse cuenta de que lo único que necesitaba era decir una palabra específica para desprenderse de su carga. Es importante que antes de comenzar a ministrar la Palabra, tengamos las palabras internas que necesitamos para expresarla, ya que de no ser así, cuánto más hablemos, más nos desviaremos de la meta.

Debemos esperar delante de Dios para recibir las palabras. Lo óptimo es recibirlas en el momento que nuestra mente capta la luz; pero si esto no sucede, debemos pedirle a Dios que nos hable. Muchas personas piensan que la elocuencia las hace aptas para ser ministros de la Palabra de Dios. Pero la experiencia comprueba que la elocuencia del hombre natural sirve para hablar de cualquier cosa, menos de los asuntos divinos. La elocuencia humana no puede expresar los asuntos de Dios ni comunicar vida. Las palabras de vida se hallan en la revelación. Por eso, no importa cuán elocuentes seamos, nunca podremos expresar la vida.

Tenemos que admitir que Pablo era un buen orador. Con todo, en Efesios 6:19 dice: "Y por mí, a fin de que al abrir mi boca me sea dada palabra para dar a conocer con denuedo el misterio del evangelio". Pablo les pidió a los creyentes de Efeso que oraran por él a fin de que le fuera dada palabra para dar a conocer el misterio del evangelio. En la cosas espirituales, la elocuencia que procede de la carne no sirve; necesitamos que Dios nos dé las palabras. El ministerio de la Palabra es interno, no externo. Sin la palabra interna, lo que expresemos no tiene ningún valor. Muchas personas, a pesar de sus dificultades para comunicar lo que yace en su interior, continúan hablando. La plataforma no es el lugar adecuado para buscar las palabras adecuadas; Dios debe darnos primero las palabras para comunicar la luz a los oyentes. Un ministro de la Palabra de Dios tiene que aprender a conocer la palabra interna y tocar la revelación para comunicarla debidamente. Que el Señor nos conceda ser personas poderosas en palabras. No sólo debemos tener una carga, sino que debemos reforzarla con las palabras que nos permitan expresarla. Estas expresiones internas son parte de la carga espiritual y son las únicas que pueden dar salida a la misma.

¿Qué es, entonces, la carga espiritual? Es la luz que llega a nuestro espíritu, los pensamientos que la captan y las palabras internas que la refuerzan y expresan. La combinación de la luz, los pensamientos y las palabras internas constituye la carga de los profetas. La última etapa de la carga es la comunicación de la palabra interna. Nuestra carga consiste en comunicarle al hombre las palabras de revelación que Dios nos da. Que Dios nos muestre el vínculo que hay entre la carga y las palabras internas.

Cómo recibir las palabras internas

Si el medio para comunicar la carga espiritual se halla en las palabras internas, ¿cómo las podemos recibir? Comúnmente, las recibimos por medio de la lectura de la Biblia y de una comunión íntima con Dios. Supongamos que una luz intensa nos ilumina y la podemos captar porque el Señor, en

Su misericordia, nos concede una mente activa e ingeniosa, y que ese resplandor divino se convierte en pensamientos. Esto es suficiente si sólo tenemos en mente nuestro beneficio; es decir, la luz de la revelación y la traducción de los pensamientos nada más sirven para nuestro propio uso. Aunque la revelación divina se transmutó en pensamientos permanentes, específicos y tangibles en nosotros, el beneficio que esto genera es personal y no trae ninguna provisión a los demás. No debemos suministrar nuestros propios pensamientos, ya que lo único que lograremos será impartir un mensaje que es producto de nuestra imaginación. La palabra interna procede de una revelación fresca procedente de Dios. Nosotros, como ministros de la Palabra, necesitamos recibir la palabra que procede del Espíritu Santo, la cual no sólo es útil para nosotros, sino también para los demás. Esta palabra es la que nos hace aptos para ser ministros. Dado que todos nosotros somos miembros del Cuerpo de Cristo, la luz de Dios no debe detenerse en el individuo. De igual manera, el resplandor divino nos ilumina para que ejerzamos el ministerio, no para nuestro propio beneficio. Ya dijimos que en ocasiones la luz viene junto con la Palabra de Dios, la cual, a su vez, traducimos en pensamientos. Este proceso nos faculta para ser ministros de la Palabra. Cuando la palabra que necesitamos no llega en el momento que nuestra mente capta la luz, debemos esperar en Dios y estudiar la Biblia. Por supuesto, ésta no es una regla general, ya que cada caso es diferente. Algunas veces lo que experimentamos es muy especial; otras, es común. Puede ser que en el momento cuando estudiamos la Biblia o al día siguiente mientras esperamos en Dios, El exprese una o dos frases que corroboran la luz que vimos en nuestro espíritu. Estas frases, que destilan vida, expresan lo que nuestra mente entiende y nuestro espíritu posee. Esta es la base del ministerio de la Palabra y lo que necesita el ministro de la Palabra.

Es importante que prestemos atención al hecho de que no sólo necesitamos la luz en nuestro espíritu y la retención de la misma en nuestra mente, sino también leer la Biblia y esperar en Dios hasta que exprese las palabras que nos den claridad, abran nuestros ojos internos y nos den la certeza de que ése es el momento de comunicar la Palabra. Sin dichas palabras, no importa cuánto nos esforcemos, no podremos comunicar la revelación que recibimos. Tan pronto obtenemos estas frases, ellas se convierten en palabras internas, las cuales debemos saber expresar a fin de comunicar la luz y los pensamientos que están en nuestro espíritu. La luz de la revelación se comunica por medio de las palabras de la revelación. Si carecemos de ellas, debemos tener comunión con Dios, orar y esperar en El mientras leemos la Biblia, no de manera rutinaria, sino en la presencia de Dios. La Biblia es el medio que Dios usa para comunicarse con nosotros y para darnos las palabras que corroboran la revelación, las cuales, una vez expresadas, traen salvación al pecador y ayuda al creyente. Estas palabras, aunque no están escritas, llegan a ser la palabra actual de Dios. Con el paso de los años, a medida que maduremos, estas palabras nos serán útiles, y si nuestro espíritu es puro, el Espíritu Santo las honrará cada vez que las usemos. Mientras sea la Palabra de Dios, el Espíritu Santo la usará para salvar a los hombres y edificar a los creyentes. Tales palabras no son comunes; son extraordinarias y poderosas.

EL VINCULO QUE UNE LA CARGA CON LAS PALABRAS EXTERNAS

Al ministerio de la Palabra lo constituyen la luz, los pensamientos y las palabras. Pero, dado que la palabra tiene dos aspectos, uno interno y otro externo, podemos decir que en realidad está constituida de la luz, los pensamientos, la palabra interna y la palabra externa.

¿Cuáles son las palabras externas y qué relación tienen con las palabras internas? Podemos decir que la relación entre ellas es semejante a la relación que existe entre los pensamientos y la luz. Estos son hechos espirituales irrefutables. Anteriormente dijimos que cuando la luz resplandece, si nuestros pensamientos no la captan, se escapa y no la podemos usar. De igual manera, una vez que recibimos algunas palabras internas, debemos comunicarlas por medio de las palabras externas. Las palabras internas se componen de una o dos oraciones que provienen de Dios, pero si se proclaman aisladamente serán incomprensibles para los oyentes; es necesario que vayan acompañadas de otras palabras. A esas pocas alocuciones divinas debemos agregar muchas palabras nuestras. Aunque Dios nos da la luz de Su palabra y aunque transforma la luz en palabras internas, eso no basta; necesitamos las palabras audibles. Las palabras internas en su forma original, sin ningún complemento, son demasiado densas y difíciles de comprender. Si las proclamamos en esas condiciones, serán demasiado pesadas, demasiado compactas y demasiado espesas para ser aceptadas. Sólo al complementarlas con nuestras palabras podemos comunicarlas eficazmente. Quizás necesitemos expresar dos, cinco o diez mil palabras nuestras para comunicar una sola palabra de Dios. Debemos valernos de nuestras propias palabras para comunicar la Palabra de Dios. En esto consiste el ministerio de la Palabra.

Vemos cuán importantes son los elementos humanos. Primero la mente capta la luz, aunque no todos tienen la misma facilidad. Luego, el elemento humano aparece de nuevo en la búsqueda y elaboración de las palabras externas que comunican el mensaje. Igualmente, no todas las personas tienen la misma capacidad para hacer esto, y no todos pueden comunicar debidamente la Palabra de Dios. Los elementos humanos juegan un papel crítico en este aspecto.

Las palabras externas
deben expresar las palabras internas

Las palabras internas tienen una gran densidad, vienen en código, y nadie las podría comprender; mientras que las externas, ya diluidas, sí se pueden entender. Al ministro le corresponde la formulación de las palabras externas que "diluyan" el mensaje que Dios le da a fin de que la audiencia lo pueda asimilar con facilidad. Se puede decir que las palabras internas constituyen la esencia, y que las palabras externas son el agua que las diluye. Para que la palabra interna sea fácil de entender y aceptar necesitamos la palabra externa, pues no es fácil comprender la palabra interna. Aunque en la segunda revelación Dios sólo nos da una o dos oraciones, las damos a conocer por medio de un mensaje completo. Por consiguiente, el ministro de la Palabra, después de recibir la palabra divina, la expresa empleando sus propias palabras. Si entendemos este proceso, comprenderemos lo que significa la inspiración del Espíritu Santo. La palabra pura que Dios le da al hombre no cambia; no obstante, cuando Pedro anunció esta Palabra, lo que comunicó llevaba consigo algo de su personalidad. Lo mismo podemos decir de los escritos de Juan y de Pablo. Los que leen el Nuevo Testamento en griego notan que hay diferencias entre los escritos de Pedro, los de Juan y los de Pablo, ya que el estilo con que se escribió cada uno de esos libros es diferente; pero todos ellos son la Palabra de Dios. Cuando ellos comunicaban la Palabra, aunque la enseñanza era de Dios, lo que expresaban dejaba ver la personalidad de cada uno. Esto nos muestra que los elementos humanos están presentes en el ministerio de la Palabra de Dios. Dios toma a hombres escogidos por el Espíritu Santo y comunica Su palabra por medio de ellos. Es El quien les da la palabra, pero desea que ellos la expresen con sus propias palabras. Por supuesto, todo aquel que expresa la Palabra de Dios, lo hace según el grado de enseñanza que haya obtenido del Señor. Dios confía Su palabra al hombre y le da la comisión de comunicarla.

Volvamos al tema de hablar en lenguas. ¿Por qué debemos prestar atención a este asunto? Cuando Pablo presenta el ministerio de la Palabra, compara las lenguas con el ministerio profético. No debemos impedir el hablar en lenguas, ya que benefician a los que las hablan; pero en relación con el ministerio de la Palabra, las lenguas no son de provecho, porque el entendimiento del hombre no toma parte en ello. El Espíritu Santo le transmite la palabra al hombre, quien, por medio de su espíritu, la comunica literalmente sin añadirle elementos humanos. Según el concepto natural, el hablar en lenguas es superior al ministerio profético. ¿No es acaso preferible que Dios nos hable directamente? ¿No sería mejor que el Espíritu Santo anunciara Sus propias palabras? Nosotros pensamos que sí, pero la Biblia establece que hablar en lenguas es inferior a profetizar. Dios da más énfasis a la profecía que a las lenguas. En el ministerio profético encontramos tanto la Palabra de Dios como las palabras del profeta. De este modo, el agua viva no es derramada sobre nosotros desde el cielo, sino que brota de nuestro interior (Jn. 7:38). Este es un principio fundamental del Nuevo Testamento.

El hombre es muy importante para Dios. En el Nuevo Testamento es fácil identificar los escritos de Pedro, de Jacobo y de Mateo. Vemos que cada escritor tiene sus frases idiomáticas, expresiones y estructura gramatical distintivas. Dios no desea que el escritor sólo copie las palabras que Él dicta. La enseñanza es de Él, pero las palabras deben ser las del hombre. ¡Qué sublime responsabilidad tiene el ministro de la Palabra! Pero si no reunimos los requisitos divinos, ¿cuál puede ser nuestra contribución? Por eso necesitamos ser quebrantados. Si no somos auténticos, ¿qué introduciremos en la Palabra de Dios? La Palabra de Dios no es tan etérea. Él comunica Su Palabra al hombre en una o dos oraciones, y éste, por su parte, expresa estas cuantas oraciones usando su propio léxico. Por consiguiente, es de vital importancia que el hombre sepa cómo "diluir" esas pocas oraciones en sus palabras.

Debemos comprender que para expresar las palabras externas, se necesita la luz, los pensamientos y las palabras internas. Supongamos que queremos tener una conversación personal con los hermanos y hermanas, o darles un mensaje. ¿Cómo comunicar nuestro sentir? Para empezar, Dios debe darnos unas cuantas oraciones, las cuales, en sentido figurado, son la matriz de las demás palabras que la circundan. Debido a que la Palabra que recibimos está "condensada", debemos "diluirla" con nuestras palabras; o partirla en pequeños fragmentos, como se hace con una roca. De esta manera los oyentes la puedan recibir. Mientras hablamos, martillamos o partimos las palabras "sólidas" en porciones pequeñas, introduciéndolas paulatinamente. Es así como se comunica la Palabra de Dios. Las palabras internas se fraccionan en secciones pequeñas y se transmiten poco a poco. Sería lamentable que después de hablar dos horas la "roca" todavía estuviera en nuestro poder. Un discurso semejante no comunica la Palabra de Dios. Por una parte, las palabras humanas no sirven para nada, pero, por otra, son decisivas. Aunque esto parezca contradictorio, es un hecho. Es inútil transmitir la Palabra sólo con nuestras palabras, no importa cuán diestros e inteligentes seamos; sin embargo, cuando la Palabra de Dios está en nosotros, la debemos comunicar usando nuestras palabras. Lo que expresamos puede comunicar la Palabra de Dios magnificándola, o la puede cubrir. Nuestras palabras comunican la Palabra de Dios; así que, cuánto más la expresamos, más clara se vuelve. La elocuencia de las palabras externas sirve para comunicar y explicar las palabras internas.

Debemos observar la acción recíproca de diferentes factores. Para llevar a cabo el ministerio de la Palabra, primero debemos tener las palabras internas, y luego debemos expresarlas por medio de las palabras audibles. Sin embargo, ésta no es una labor sencilla; en ella tiene que intervenir la mente, la cual debe funcionar debidamente para expresarse. Aún así, no debemos fijar la mente en cómo expresarnos bien, sino en la revelación que vimos. ¿Cómo podemos estar seguros de que lo que anunciamos expresa las palabras internas? Debemos usar nuestra mente para expresar lo que vemos en nuestro espíritu. Necesitamos luz en nuestro espíritu, pensamientos para captarla y una o dos oraciones internas. Cuando tenemos todo esto, debemos pensar cómo expresarlo. El Señor nos proporciona la luz en nuestro espíritu y las palabras en nuestro interior. Al dar un mensaje, usamos nuestros pensamientos para sacar la revelación que está en nuestro espíritu, y luego la comunicamos con nuestras palabras. No necesitamos forzar nuestra mente para detectar la revelación; no obstante, ella debe ser lo suficientemente lúcida para retener la luz, y nosotros, por nuestra parte, debemos ser aptos para comunicarla con nuestras propias palabras. Vemos que de cuatro elementos, dos pertenecen a la esfera interna y se originan en Dios, y dos a la esfera externa y se hallan en nosotros. La combinación de estos elementos produce el ministerio de la Palabra. Con nuestra boca expresamos las palabras que proceden de nuestro interior, y lo que anunciamos es el producto de la unión de la palabra interna con la externa.

En muchas ocasiones, al expresarnos, aun cuando las palabras todavía están en nuestra boca, perdemos la revelación interna; en otras, la revelación interna permanece como una carga en nosotros por dos, tres o hasta seis meses. Sin embargo, no tenemos una estructura definida para comunicar dicha revelación. Por una parte, el Señor debe darnos la palabra; y por otra, debemos tratar de delinear interiormente la estructura sobre la cual expresar la impresión interior.

Hermanos, tengamos presente ambos lados del tema que estamos discutiendo. Algunas veces tenemos la revelación, junto con el entendimiento y los pensamientos para captarla, pero no encontramos las palabras con las cuales expresarla; otras, tenemos las palabras, pero la revelación que estaba en el espíritu desaparece. Debemos recordar que la audiencia no puede leer nuestros pensamientos; sólo cuenta con nuestras palabras, así que, cuando ellos nos escuchan, lo único que perciben es maná viejo; es decir, lo que comunicamos no corresponde a la revelación interna. La palabra que comunicamos debe corresponder a los pensamientos internos, de tal manera, que los oyentes vean la luz por medio de ella. La mente juega un papel muy importante, pero no es el órgano que recibe la revelación. Si tratamos de captar la revelación usando la sagacidad de nuestros pensamientos, perjudicaremos la iglesia de Dios. En este respecto, no podemos confiar en nuestra inteligencia. Con todo y eso, necesitamos la mente. También necesitamos la luz, los pensamientos, las palabras internas y las palabras externas. Necesitamos las palabras internas en nuestro interior, y las externas en nuestra boca. Estas dos clases de palabras son como los rieles de un ferrocarril: el tren no puede moverse por un solo riel. Así que, las palabras externas deben ir a la par de las internas. Esta es la única manera de traducir la revelación adecuadamente.

Muchas veces, percibimos la luz que nos ilumina por dentro y entendemos su significado, pero no encontramos las palabras para expresarla. Lo que vemos nos satisface a nosotros, pero no podemos lograr que los demás lo vean. Esto es semejante a un buey que muele en un trapiche: da vueltas y vueltas sin poder deshacerse de la carga. Tenemos la palabra interna, pero no las externas. Así que, sin importar cuánto hablemos, no logramos comunicar la Palabra de Dios. La revelación y la palabra interna no son suficientes para llevar a cabo la obra de predicación; necesitamos además la luz, los pensamientos, las palabras internas y las palabras externas. Sólo cuando estos cuatro elementos operan juntamente, tenemos el ministerio; y sólo entonces, éste será un ministerio de gloria.

Hablamos según las Escrituras

Al preparar las palabras externas, debemos prestar atención a las expresiones halladas en las Escrituras. Cuando queremos comunicar las palabras internas, con frecuencia nos encontramos sin las palabras adecuadas. Por lo general, nuestro mensaje sigue una dirección distinta a la esperada, así que en pocos minutos agotamos todas las palabras. Debido a que las palabras internas son compactas, no encontramos las palabras adecuadas para expresarlas. Si repetimos lo mismo una y otra vez, cansaremos a nuestros oyentes. Quizás nuestro discurso sea conciso, pero no impresionará a nadie. Esta falta de recursos en nuestro discurso es evidente cuando llevamos a cabo el ministerio de la Palabra. Podemos discutir sobre muchos temas, pero tan pronto entramos en los asuntos espirituales, descubrimos cuán poco equipados estamos. Los recursos se agotan pronto sin que las palabras internas sean comunicadas. Logramos expresar nuestras palabras, mas no transmitimos las palabras internas. Por esta razón, es importante que conozcamos las Escrituras. Aunque Dios sabe que carecemos de elocuencia, nos usa como ministros de la Palabra porque, *El* nos habla diversamente (He. 1:1). Nosotros sólo podemos expresar nuestros pensamientos de una manera, pero Dios nos habla con mucha diversidad. Es por esto que debemos dedicar tiempo al estudio de la Biblia, ya que al hacerlo, somos equipados con las doctrinas, el conocimiento y las enseñanzas bíblicas. Lo que expresamos debe fundarse y apoyarse en las enseñanzas y verdades bíblicas. Esta es la base para que los hijos de Dios acepten nuestras palabras.

Después de recibir la luz, los pensamientos y las palabras, nos damos cuenta de que ciertos pasajes de la Biblia son idénticos a la revelación que ya tenemos. Debemos anotar estos pasajes de la Palabra y, mientras nos referimos a ellos, expresar verbalmente las palabras que Dios nos dio, sin importar si sólo constan de unas pocas frases. Podemos expresar lo que está en nosotros usando el conocimiento que adquirimos en la Palabra. Estas palabras, aunque breves, penetrarán el corazón e iluminarán el entendimiento de los oyentes. Por eso es importante conocer las Escrituras. Tenemos que usar la Biblia a fin de expresar la revelación fácilmente. Así se interpreta la Biblia, no de manera objetiva, sino de una manera personal y práctica. Esto no es exégesis, sino la transmisión de la revelación que recibimos. Citamos la Escritura porque cierto pasaje de la misma corresponde a nuestra experiencia. Debido a que algunos versículos de las epístolas de Pedro, de las epístolas de Juan, de Génesis y de los Salmos son apropiados para lo que deseamos comunicar, hacemos uso de ellos. Debemos estudiar para ver cómo Pablo, Pedro, David y Moisés enfocaron el tema en cuestión. Mientras analizamos, debemos reflexionar sobre lo que el Señor desea que digamos. Estos hombres enfocaron cierto asunto a su manera; ahora nosotros debemos acomodar las palabras que Dios nos dio, juntamente con las nuestras, a las palabras de ellos. Esto puede realizarse de diferentes maneras. La revelación y la luz que tenemos, y la carga y la responsabilidad que Dios nos dio, constituyen la base de nuestro mensaje. Cuando repetimos el tema empleando nuestras propias palabras, comunicamos las palabras internas. Entonces, la luz resplandece y la carga es transmitida.

Nuestro estudio de la Biblia no tiene como fin producir una interpretación, pues una simple exégesis es vana. En la Biblia encontramos las palabras con las que podemos comunicar la carga espiritual que tenemos. Sin ellas, no podríamos explicar nuestra carga. Con frecuencia, necesitamos cinco, diez o veinte pasajes bíblicos diferentes. Esta carga debe verse y presentarse desde diferentes ángulos. Supongamos que usamos un solo versículo, ¿podremos expresar nuestra carga? Si todavía sentimos un peso por dentro, podemos determinar si debemos usar otros pasajes. La cantidad de pasajes que hemos usar depende del peso de la carga. Quizás tengamos que usar cinco, diez o veinte pasajes diferentes. Después de recopilar los versículos apropiados, debemos de transmitir nuestra carga, primero de una manera, y luego de otra, hasta que se disipe. El ministerio de la Palabra y la comunicación de la palabra interior, la potente palabra de Dios, se unen por medio de la comunicación de la Palabra. Cuando hablamos por Dios, debemos asirnos de la mejor herramienta: la Biblia. Pero debemos advertir que la Biblia sola no basta. Ella está compuesta de doctrinas. La base del ministerio de la Palabra es la revelación, la palabra interna; pero a fin de comunicarla, necesitamos la Biblia. Si una persona que carece de la revelación interna se dedica a interpretar la Biblia, su actividad será superficial. No podemos apropiarnos de las riquezas de Pablo como si fueran nuestras. Para tener el ministerio de la Palabra debemos ver algo por nosotros mismos y expresarnos siguiendo esa visión. Para dar un mensaje necesitamos tener revelación, la palabra interna y las Escrituras. Si tenemos la palabra por dentro, mas no tenemos la Biblia por fuera, no podremos expresarnos.

EL EXAMEN DEL MINISTERIO DE LA PALABRA

¿Cómo sabemos si nuestro mensaje es comunicado debidamente? Mientras hablamos, debemos estar atentos a nuestro sentir, observando si el peso de nuestra carga se reduce o aumenta. Esto es crucial. No tenemos que esperar hasta concluir el mensaje para saber si expresamos lo que debíamos; ya que la sensación interior lo manifiesta. Con cada palabra que salga de nuestra boca, debe disminuir el peso de la carga. Debemos recordar que la carga espiritual la constituyen la Palabra de Dios, la luz divina y nuestros pensamientos. Esta carga es transmitida por medio de las palabras externas. A medida que hablamos, se reduce la carga interna. No es normal que las palabras que enunciamos no reduzcan la carga. Nosotros mismos sabemos cuándo hemos dado un mensaje apropiado, y cuándo no. Todo depende si el peso de la carga se aminora o aumenta. Si aumenta es señal de que el mensaje ha tomado otro rumbo. Cuando esto sucede, sería mejor callar, o declarar: "Hermanos, lo que acabo de expresar no es correcto"; y empezar de nuevo. Cuanto más aprendemos a detectar la situación, más fácil nos es regresar al camino. En nuestro servicio como ministros de la Palabra, lo que expresamos tiene como fin transmitir nuestra carga espiritual. Así que, si no tenemos una carga, es mejor que no hablemos. Es importante que al dar un mensaje, tengamos una carga, y que después de darlo, sintamos que la hemos transmitido. Si después de haber hablado por una hora regresamos a casa aún cargados espiritualmente, la luz de Dios no llegó a ser la palabra. Algunas veces sucede algo extraño: parte de lo que dijimos fue correcto, y parte inadecuado. En consecuencia, sólo parte de la carga que sentíamos al venir a la reunión es transmitida, lo cual no es suficiente.

A veces el problema empeora, y en lugar de alivianar nuestra carga con nuestra predicación, le añadimos peso. Es posible que hagamos más pesada la carga con un ejemplo o una broma dicha en medio de nuestro mensaje que haga reír a los oyentes al punto que pierdan el hilo. Muchas veces los chistes, las ideas improvistas y las desviaciones del tema, añaden peso a nuestra carga. Al finalizar nuestro discurso, es posible que sintamos que nuestra carga es más pesada que cuando empezamos. Nuestro ojo debe enfocarse en una sola cosa. Lo que expresemos debe tener el único fin de transmitir nuestra carga; no debemos hablar sólo por hablar.

Es importante que al dar un mensaje tengamos la meta exclusiva de transmitir nuestra carga espiritual. Las cargas espirituales deben ser alivianadas. Nadie transporta una carga con el fin de llevarla de nuevo a su lugar de origen. Cuando una carga llega, debemos transmitirla por medio de las debidas palabras externas; de lo contrario, crearemos un problema serio al ministerio de la Palabra. Si sentimos que al expresar una oración transmitimos la carga, vamos por la senda apropiada. Después de repetir lo mismo desde diferentes ángulos y de diversas maneras, tendremos la sensación de que el peso de nuestra carga disminuye gradualmente hasta que nos despojanos de ella, y notaremos que dijimos lo que debíamos. Es posible que nuestra carga conste de una o dos oraciones, las cuales desarrollamos y reforzamos con más frases. Cuando comunicamos estas oraciones apropiadamente y podemos transmitir con eficacia la palabra interna que está en nosotros, nuestro mensaje sigue el principio de la inspiración.

Que el Señor en Su misericordia nos conceda las palabras que penetren y separen. Sólo necesitamos unas cuantas palabras que al ser transmitidas, logren su objetivo. Cuando logramos esto, tenemos el ministerio de la Palabra.

CAPITULO TRECE

LA DISCIPLINA DEL ESPIRITU SANTO
Y LA PALABRA

Cuando un ministro de la Palabra predica, ¿de dónde procede su mensaje? El ministro de la Palabra de Dios no sólo debe pensar en lo que desea expresar, sino que sus palabras deben proceder de otra fuente. Examinemos en detalle esa fuente, ya que cuando la conozcamos, nos daremos cuenta de que muchas de nuestras palabras no deberían salir de nuestra boca, ni tomarse como la Palabra de Dios. Debemos mencionar de nuevo el hecho de que el ministerio de la Palabra y el elemento humano están íntimamente relacionados, y que en el ejercicio del ministerio de la Palabra, el hombre debe desarrollar todo un mensaje con las pocas palabras que Dios le haya proporcionado. La fuente y la base de ese mensaje son unas cuantas palabras que Dios da. El ministro usa sus propias palabras para proclamar el mensaje, pero lo que expresa es la palabra interna que Dios le confiere. En esto consiste ser ministro de la Palabra. En dicho ministerio se hallan los elementos humanos, de lo cual debemos estar conscientes. Debemos comprender que las palabras se comunican por conducto del hombre.

Una persona se conoce por lo que expresa. Así que, según la persona que hable, Dios reconocerá lo expresado como Su propia palabra o no. Aunque dos personas reciban en su espíritu la misma luz y las mismas palabras, debido a la diferencia de calidad entre ellas, el ministerio de cada una es completamente distinto. Esta diferencia trae como resultado dos ministerios de la Palabra discordantes. Puede ser que tanto la revelación como la palabra interna sea la misma, pero los ministerios difieren debido a la personalidad del que lleva el mensaje. Esto nos induce a examinar el origen de lo que el hombre expresa. Aunque el mensaje proclamado proviene de la revelación, ésta se ve afectada por los elementos humanos. Por consiguiente, lo que somos determina lo que decimos. De modo que si somos el vaso adecuado, expresaremos las palabras apropiadas. Cuando el orador no es auténtico, no tiene valor lo que dice. Aunque en su discurso use palabras rebuscadas y exhiba gran elocuencia, no conduce a nada. De su boca no salen palabras espirituales. Si la persona es recta, sus palabras espontáneamente serán espirituales, exactas y de valor, pues surgirán de una íntima comunión con Dios. Así que, es importante que nos veamos a nosotros mismos si queremos ir al origen de nuestras palabras, ya que éstas manifiestan lo que somos.

LA DIFERENCIA EN LA CONSTITUCION ESPIRITUAL PRODUCE UNA DIFERENCIA EN EL MENSAJE

Lo que somos determina el mensaje que proclamamos. Cuando Dios efectúa una obra de constitución en nosotros, es decir, cuando Su Espíritu nos disciplina y quebranta nuestro hombre exterior y tocamos lo espiritual, a tal grado que nuestro carácter comienza a cambiar, espontáneamente nuestras palabras se convierten en las del Espíritu. Lo que expresemos tendrá como base la obra de constitución que el Espíritu haya efectuado en nosotros, pues sin ella, el Espíritu no puede expresarse. Ya que el hombre natural no puede hablar por el Espíritu, éste debe reconstituirlo y cambiar su estructura. Después de que el Señor opera en nosotros por algunos años, comenzamos a experimentar la obra de reconstitución del Espíritu y llegamos a ser como una casa reconstruida. Debemos observar que lo que el Espíritu Santo expresa tiene como base Su obra de constitución; sin dicha obra, las palabras que expresamos no son genuinas. La reconstitución que el Espíritu efectúa en nosotros nos renueva y, por ende, lo que expresamos es puro.

Esta es la razón del excelso don de Pablo que se revela en 1 Corintios 7, donde se nos enseña una lección extraordinaria.

Cuando la obra de constitución del Espíritu en el hombre es avanzada, confiable y espiritual, éste deja de estar consciente de la revelación, ya que ella se manifiesta espontáneamente. Para Pablo, la revelación no era algo extraordinario; la luz que recibía era tan normal que se confundía con sus propios pensamientos. Cuando la obra de constitución del Espíritu no es suficiente en el individuo, Dios no le da revelación. El capítulo siete de 1 Corintios es excepcional, pues allí vemos un hermano sumiso a Dios y constituido por el Espíritu, a tal grado que sus pensamientos y sentimientos se asemejan a los de Dios. La revelación de Dios se confundía con sus palabras, pues la conocía muy bien. Los elementos humanos se pueden elevar hasta converger con los de Dios. Pablo dijo que en cierto asunto no tenía mandamiento del Señor y que lo que expresaba eran sus propias palabras. Sin embargo, estaba constituido de Dios a tal grado que después de hacer esa declaración, añade: "Pienso que también yo tengo el Espíritu de Dios" (v. 40). Es crucial identificar la relación que la persona y la Palabra tienen. He aquí un hombre plenamente constituido por el Espíritu Santo, que cuando hablaba, comunicaba la Palabra de Dios sin hacer referencia a ninguna revelación en especial. Esta es la cumbre de la experiencia espiritual. Hay un adagio que dice que cuando la persona es recta, también lo son sus palabras. Pablo es una evidencia de ello. Cuando uno es constituido divinamente, sus palabras son las de Dios. Debemos prestar particular atención a este asunto. La disciplina que el Señor ejerce en una persona la purifica y la limpia, de tal manera que cuando habla, su discurso es el del Espíritu.

Tengamos presente que la obra de constitución que el Espíritu Santo efectúa en nosotros es el cimiento de nuestra enunciación. A muchas personas Dios no las puede usar. Sin embargo, debemos darnos cuenta de que aun entre los que le son útiles, el grado de constitución que el Espíritu Santo forja en ellos difiere; por ello, cada quien se expresa de diferente manera. Dos personas pueden ser de igual utilidad para el Señor y alcanzar la misma profundidad espiritual y, sin embargo, tener una constitución diferente. La revelación y la palabra interna pueden ser iguales, pero al existir diferencias en la constitución de los individuos, el mensaje que comunican no será el mismo. Aunque ambos sean excelentes ministros de la Palabra, debido a que poseen diferentes elementos, las palabras que proceden de ellos son distintas. La personalidad y la forma de expresarse de Juan eran diferentes a las de Pablo y a las de Pedro. Aunque todos ellos eran útiles a Dios en gran manera, lo que expresaban era inherente a cada uno. Pablo tenía su propia forma de expresarse, pero la Palabra de Dios también estaba en él; así que sus palabras eran las palabras de Dios. Lo mismo sucedía en el caso de Pedro. Estos dos apóstoles fueron constituidos profundamente por el Espíritu, y cuando hablaban, promulgaban la Palabra de Dios; aún así, el mensaje de cada uno era distinto.

LA FORMACION DE LA PALABRA

Cuando el Señor Jesús estuvo en la tierra, era el Verbo de Dios hecho carne, y ahora nosotros también debemos ser el Verbo de Dios. Dios habló por medio de la carne y, ahora, una vez más, el Verbo de Dios se manifiesta en la carne. El pone Su Verbo en una persona y sigue expresándolo por medio de la carne. Debido a esto, nuestra carne necesita ser quebrantada hasta que lo que expresemos equivalga a la Palabra de Dios. Para poder llegar a este punto, necesitamos ser constituidos con el Espíritu Santo. Dios constituye algo en nuestro ser por medio del Espíritu que mora en nosotros; de tal manera que al meditar sobre ello y expresarlo, comunicamos la Palabra de Dios. La obra de constitución que el Espíritu Santo efectúa en nosotros hace que la Palabra de Dios sea nuestra palabra. El ministro de la Palabra de Dios debe permitir que el Espíritu lo constituya a tal grado que la Palabra sea parte de él. La obra de constitución que Dios efectúa en nosotros por medio de Su Espíritu debe manifestarse de tal modo que la mente de Dios y la nuestra lleguen a ser, no sólo compatibles, sino una sola; dicha obra debe ser tan poderosa que nuestras palabras no sólo sean similares a las de Dios, sino que sean el Verbo de Dios. Este es el resultado de la obra de constitución que el Espíritu Santo realiza. Cuando nuestras palabras se convierten en el Verbo de Dios, podemos decir que tenemos el ministerio del Nuevo Testamento, en el cual están Dios y el hombre; por lo tanto, cuando el hombre habla, Dios habla. Ya que el hombre debe proclamar la Palabra de Dios, ¡qué clase de persona debe de ser! ¡Qué quebrantamiento tiene que experimentar!

Examinemos ahora cómo Dios lleva a cabo la obra de constitución en nosotros. Dios forma las palabras internas en nosotros por medio de las circunstancias adversas en las que El nos pone. Puede ser que por días o meses no experimentemos más que sufrimientos. Estos son días de victoria y días de derrota; a veces tolerables y a veces insoportables; pero detrás de ellos está la mano providencial del Señor. Día tras día, incidente tras incidente, somos moldeados y gradualmente se aclaran las palabras que Dios crea en nosotros. Cuando entendemos un poco más, empezamos a hablar, y lo que expresamos, aunque son nuestras propias palabras, comunican las de Dios. Esto es muy importante. Es así como somos adiestrados. Supongamos que pasamos por una situación que nos causa dolor. Al principio no entendemos lo que nos acontece y posiblemente nos preguntemos por qué nos pasa aquello. Cuando todo se calma, todavía no entendemos nada; pero después de un tiempo, comprendemos que todo provino de la mano del Señor para nuestro propio beneficio.

A pesar de ello, el asunto no es tan simple, pues no todo se aclara inmediatamente. Parece que entendemos algo y a la vez no entendemos nada; pero aunque estamos en esa bruma, ésta gradualmente se disipa, y entonces recibimos una o dos frases. Esto nos proporciona las palabras que necesitamos. Muchas veces el Señor nos hace pasar por aflicciones muy severas que nos debilitan, al grado de pensar que no podemos vencerlas, e incluso creer que no podremos salir de ellas. Pero poco a poco empezamos a salir y vemos que podemos vencer. A menudo nos encontramos deliberando entre la victoria y la derrota, hasta que después de algunos días descubrimos que vencimos. Durante este tiempo, posiblemente sintamos que no podemos seguir adelante, pero vencemos diariamente. Cuando contamos todas las veces que hemos podido salir adelante, nos damos cuenta de que sin percibirlo, *pudimos* vencer. A lo largo de este proceso, la palabra en nosotros va tomando forma. Debemos comprender que el movimiento entre la luz y las tinieblas es el proceso que Dios usa para formar Su Palabra en nosotros. Mientras pasamos por las aflicciones, y mientras nuestros sentidos oscilan entre la confusión y la claridad, Dios forma Su Palabra en nosotros. Posiblemente pensemos que no podemos vencer, y sin embargo, estemos venciendo; quizá creamos que estamos a punto de caer, y con todo, todavía estemos en pie. Día tras día experimentamos cómo el Señor nos libra de diferentes situaciones. Esta liberación se convierte en la palabra en nuestro interior. Cuanto más avanzamos, más claridad y más palabras tenemos. Por medio de este proceso se forman las palabras en nosotros. El ministerio de la Palabra no surge espontáneamente; se forma. Mientras andamos a tientas en la oscuridad, percibimos cierta claridad, pero ésta es fugaz. Durante estos momentos de claridad vemos un poco, y la suma de ellos queda en nuestra memoria, lo cual llega a ser nuestras palabras y equivale a lo que experimentamos.

Para ser ministros de la Palabra, no solamente necesitamos la luz, los pensamientos, las palabras internas, las palabras externas y la memoria, sino también saber cómo transmitir la palabra que se forma en nosotros a consecuencia de la disciplina. Es por medio de ella que Dios produce las palabras en nosotros; así que, la manera de expresarnos determina el grado de disciplina que hayamos recibido. Por consiguiente, nuestro mensaje sólo se puede extender hasta donde el Señor nos haya corregido. Las experiencias que adquirimos durante el tiempo de prueba, equivalen al caudal de palabras que poseemos. Debemos entender que el Señor moldea nuestra persona con el objeto de que seamos competentes en la administración de Su Palabra. El se va grabando en nosotros para que lleguemos a ser Su oráculo. El adiestramiento y la experiencia que hayamos obtenido determinan la trascendencia de nuestras palabras. Dios desea que seamos uno con Su palabra, es decir, no es cuestión de pasar por la Palabra de manera teórica, sino de que Dios nos talle y nos moldee con ella. Sólo entonces nuestras palabras llegan a ser las palabras de Dios.

Permítanme plantear algunas preguntas. ¿Dónde se encuentra la luz de la revelación? Podríamos decir que se halla en el espíritu. Entonces, ¿por qué no la vemos continuamente? ¿Por qué la vemos esporádicamente? ¿Cuándo recibe revelación nuestro espíritu? Recibimos la luz de la revelación mientras somos depurados. Así que, si carecemos de la disciplina del Espíritu Santo, también careceremos de luz. Hay lugares y momentos específicos en los que podemos recibir la luz: en el espíritu y cuando pasamos por tribulaciones. Por medio de la disciplina divina recibimos revelación; así que, si la evadimos, perderemos la oportunidad de toparnos con un nuevo hallazgo. Necesitamos conocer la mano de Dios. Muchas veces Su mano está sobre nosotros, disciplinándonos poco a poco, hasta que empezamos a ceder. Posiblemente tengamos que sufrir mucho antes de que nos sometamos e inclinemos nuestro rostro ante El diciendo: "Señor, me rindo a Ti; ya no lucharé más". Cuando nos sometemos a El de esta manera, nuestro espíritu es iluminado. Al darnos cuenta de este acontecimiento, vemos la luz, la cual, a su vez, trae consigo las palabras que necesitábamos. Por consiguiente, Dios nos disciplina para darnos Su luz y las palabras que la expresan. Lo que digamos en la predicación debe ser moldeado por los sufrimientos y pruebas que la disciplina divina haya proporcionado, y no debe ser algo que nosotros hayamos preparado.

Como ministros de la Palabra debemos asegurarnos de que nuestra predicación vaya mejorando, ya que es una muestra de que la disciplina que recibimos fue efectiva. Al principio, como voceros de Dios, posiblemente no tengamos mucho que decir ni sepamos expresarnos, no importa si somos inteligentes ni si tenemos buena memoria ni el aporte que el hombre haya hecho en nuestra formación. Para que el Señor nos dé las palabras que necesitamos, debemos acceder a Su disciplina continuamente. Debemos prestar atención al proceso que la formación de la palabra sigue, el cual se efectúa por medio de la disciplina del Espíritu Santo.

En 2 Corintios 12 Pablo habla de la grandeza de la revelación que recibió acerca del tercer cielo y el Paraíso (vs. 2, 4). El tercer cielo es el cielo más elevado, y el paraíso es el lugar más bajo. Uno es el cielo de los cielos, mientras que el otro está en el centro de la tierra. Pablo declara que él no carecía de estas revelaciones, de las cuales no quería gloriarse. Se abstuvo de hablar de ellas por temor a que los demás le tuvieran en alta estima (v. 6). También tenía en su carne un aguijón, un mensajero de Satanás, que lo abofeteaba (v. 7), por lo cual le rogó al Señor tres veces que se lo quitara, y a lo cual el Señor respondió: "Bástate Mi gracia; porque Mi poder se perfecciona en la debilidad" (v. 9a). Esto no era un simple conocimiento; Dios le dio esa revelación espiritual. Pablo declara que él se gloría más bien en sus debilidades, porque cuando es débil, entonces es poderoso (v. 9b-10). Esto muestra que con cada revelación nueva, también recibía un nuevo entendimiento. La revelación acerca del tercer cielo y el Paraíso pudo ser la revelación más sublime que Pablo haya recibido; sin embargo, obtuvo más beneficio de la palabra subsiguiente que el Señor le dio. Nunca hemos estado en el Paraíso, ni nadie a vuelto de allí para hablarnos de él; tampoco hemos estado en el tercer cielo, así que desconocemos cómo sea. Sin embargo, por el enunciado del Señor: "Bástate Mi gracia", durante dos mil años la iglesia ha recibido mayor beneficio que por la revelación acerca del tercer cielo y del Paraíso. Entonces, ¿de dónde procede el ministerio de la Palabra? Pablo pasó por la disciplina del Señor, hasta que llegó a un punto donde pudo gloriarse en sus debilidades, porque al ser débil, entonces era poderoso. Al comprender que la gracia de Dios le era suficiente, recibió el ministerio de la Palabra. El ministerio de Pablo se produjo bajo dichas circunstancias.

El resultado de la disciplina es la facilidad de expresión. La revelación que vemos en 2 Corintios 12:9 es el resultado de ser disciplinado por el Espíritu Santo. Esta es la única manera de obtener revelación. Sin ese aguijón, no podía haber gracia. Para Pablo, este aguijón era un golpe fuerte, ya que no era un aguijón corriente, sino un mensajero de Satanás que lo abofeteaba. La palabra *abofetear* significa golpear, ultrajar, agobiar y causar angustia. Pablo era un hombre curtido por los sufrimientos, y no le temía a las enfermedades, así que si él decía que algo le causaba sufrimiento, ciertamente debe haber sido muy fuerte. Aunque ese aguijón, ese mensajero de Satanás que lo abofeteaba, trataba de causarle daño, Dios le concedió Su gracia en medio de tan severa disciplina. Pablo recibió una revelación que lo capacitó para conocer su debilidad y la gracia y el poder de Dios. Innumerables miembros de la iglesia de Dios han recibido liberación por la revelación que Pablo recibió. Es más fácil seguir adelante si conocemos nuestras debilidades. Cuando la debilidad nos abandona, junto con ella se va el poder. Esto constituye un principio. Esta revelación la obtenemos por medio de la disciplina a la que nos somete el Espíritu Santo, y dicha disciplina, a su vez, nos da la luz y también las palabras. Necesitamos aprender a recopilar palabras una por una, como un niño cuando aprende a hablar.

Dios nos hace pasar por muchas dificultades que muchos de Sus hijos también han de experimentar. Una vez que aprendamos la lección, tendremos las palabras necesarias para el momento oportuno. Estas provienen de la sumisión que aprendimos por medio de las dificultades. Si no nos doblegamos ni nos postramos ante Dios en absoluta sumisión, no recibiremos las palabras. Al recibirlas, son inscritas y esculpidas en nosotros. Dios estableció que Sus hijos pasen por diferentes padecimientos. En ocasiones, la misericordia de Dios nos permite pasar por situaciones que otros todavía no han pasado. Nosotros padecemos primero y luego los demás. Una vez que los padecimientos han hecho su efecto en nosotros, las palabras llegan. Entonces, cuando los hermanos y hermanas afrontan esas aflicciones, les comunicamos las palabras que fueron esculpidas en nosotros durante nuestras tribulaciones. Nuestras palabras llegan a ser vida, luz y poder para aquellos que pasan por las mismas tribulaciones que nosotros ya pasamos. Es así como obtenemos el ministerio de la Palabra.

Recordemos que el ministro de la Palabra debe ser el primero en pasar por los sufrimientos. Si uno no pasa por dificultades, no tiene nada que decir, y aun si dice algo, lo que exprese no tiene valor; y por lo tanto, no puede ayudar eficazmente al que pasa por ellas. La palabra pasa por el fuego en su formación, y también la iglesia tiene que pasar por el fuego. Dios hace pasar por el fuego a los ministros primero, y mientras son consumidos, les da las palabras. Cuanto uno más se rinde a Dios, más recibe la Palabra y más puede ayudar al que pasa por las mismas pruebas. A esto nos referimos cuando decimos que los ministros suministran la Palabra que el Espíritu Santo implanta en ellos. Esto no significa que el Espíritu Santo usa nuestra voz para expresar palabras de sabiduría, sino que nos adiestra para que surjan de nosotros mismos. Es decir, las palabras que expresamos las adquirimos al pasar por el horno de fuego ardiente, al ser adiestrados por el Espíritu Santo. Cualquier alocución que no sea el resultado de esta disciplina es vana. Este proceso es muy necesario; por ello, toda experiencia de disciplina por la que pasamos encierra lecciones básicas que debemos aprender. Cada palabra que expresemos tiene que ser refinada por el fuego; de lo contrario, no beneficiará al oyente ni consolará al afligido de corazón. Ninguna palabra superficial hará efecto en el interior de una persona. Tenemos que pasar por la disciplina de Dios para poder ser de beneficio a los demás.

Durante dos mil años la iglesia ha sido beneficiada por 2 Corintios 12, donde leemos de cierto aguijón que Pablo tenía. ¡Agradecemos al Señor por dicho aguijón! Cuando desaparece el aguijón, desaparece el beneficio que trae consigo. En 2 Corintios 12, vemos cómo el aguijón que abofeteaba a Pablo propiciaba la manifestación del poder de Dios. Sin ese aguijón, no habríamos podido ver el valor espiritual que esta experiencia tiene, ya que por medio de él se manifiestan el poder y la vida; así que sólo un insensato trataría de librarse de su aguijón. Cuando éste es quitado, el ministerio deja de operar, y la Palabra desaparece. El poder del mensaje comunicado proviene de los aguijones que experimentamos. Dios escoge a los ministros de la Palabra para que sean los primeros en experimentar adversidades y aflicciones. Así que, ellos son los primeros en conocer a Cristo y ministrarlo al pueblo de Dios. Y pueden hacerlo porque son pioneros en los sufrimientos. Debido a que llevan más cargas que los demás, su aporte es bastante considerable. Si no tenemos interés en ser ministros de la Palabra, no tenemos nada que decir, pero si deseamos ser ministros de la Palabra, debemos estar dispuestos a sufrir lo que otros aún no han sufrido; debemos sufrir más que los demás. Dios no constituye a una persona ministro de la Palabra para su propio beneficio, sino para el de muchos.

La cantidad de riquezas que un ministro de la Palabra distribuye, depende del adiestramiento por el que el Señor lo haya hecho pasar. No debemos pedirle a Dios que tenga clemencia y nos trate suave y delicadamente. Como ministros de la Palabra, debemos ser los primeros en enfrentar y soportar las adversidades que los demás enfrentarán después. Si no hacemos esto, no tendremos nada que ofrecer a los demás. El mensaje de algunos hermanos se agota con facilidad debido a que no han pasado por la disciplina del Señor. Esta es la raíz del problema. El ministro de la Palabra de Dios debe ser rico en expresión, lo cual es el resultado de haber sido disciplinado por el Señor. Sólo el que es rico en esta experiencia, puede serlo en expresión. El que ha pasado por diversidad de sufrimientos puede entender y ayudar a los hermanos que pasan por tribulaciones. Esto es necesario a fin de ayudar a los santos. Infinidad de personas están pasando por diferentes situaciones, y si nosotros carecemos de experiencia, no podremos suministrarles vida. Así que necesitamos tener un depósito y pasar por muchas pruebas, para servir a los que pasarán por lo mismo en el futuro; porque si no es así, no podremos servirles cuando nos cuenten sus problemas. Alabamos al Señor por el excelente ministerio de Pablo. Su ministerio fue excelente debido a sus sufrimientos. Si queremos tener un ministerio semejante, debemos pasar por la disciplina del Señor.

LA META DEL MINISTERIO DE LA PALABRA

¿Para qué se proclama la Palabra? El propósito de este ministerio no es simplemente librar a los hermanos de la deplorable situación en la que se encuentren; nuestra meta es que conozcan al Señor. Toda revelación debe tener como meta revelar a Cristo; de lo contrario, no tiene ningún valor. Debemos comprender que la meta máxima del ministerio de la Palabra es guiar a las personas a conocer a Cristo. Cuando Dios nos pone en ciertas circunstancias o permite que enfrentemos ciertas dificultades, deseamos ser consolados. Esta necesidad nos obliga a buscar al Señor. Recordemos que cada vez que el Espíritu Santo nos templa, nos revela una necesidad. El nos pone en ciertas circunstancias para que nos demos cuenta de que por nosotros mismos no las podemos sobrellevar. En tales circunstancias, la única solución es conocer al

Señor. Sin aflicciones, uno no busca al Señor. Si Pablo no hubiera tenido un aguijón, no habría conocido la gracia del Señor. Las aflicciones no nos vienen para que las venzamos, sino para que conozcamos al Señor por medio de ellas. Pablo no dijo: "Lo único que me queda es sufrir", sino que conocía la gracia, o sea que conocía al Señor. Dios tiene que usar la disciplina del Espíritu para crear una necesidad en nosotros que sólo puede ser satisfecha cuando conocemos al Señor; sólo El puede sacarnos adelante. La necesidad nos induce a conocer ciertos aspectos y atributos del Señor. En 2 Corintios 12 vemos que Pablo llegó a conocer el poder del Señor por medio de su debilidad. Mientras padecía, encontró la gracia. El aguijón lo debilitó, pero también lo llevó a conocer la gracia. El Señor lo llevó a un estado de debilidad a fin de que conociera Su poder, y a un estado de sufrimiento para que conociera Su gracia. Cuando surge la necesidad viene el conocimiento. Si queremos conocer al Señor plenamente, debemos ser experimentados en quebrantos. De no ser así, no tendremos el conocimiento pleno del Señor. Es posible que conozcamos algunos aspectos del Señor, pero necesitamos conocerle en todos los aspectos. Si la disciplina que el Espíritu nos inflige es incompleta, nuestro conocimiento del Señor también lo será. Si los sufrimientos por los que pasamos son de corta duración, careceremos de la expresión adecuada para ministrar la Palabra a los demás.

Necesitamos orar para que Dios nos discipline, es decir, para que suscite las circunstancias y los sufrimientos adecuados; y al mismo tiempo, debemos permitir que nos saque adelante. Cuando aceptamos los padecimientos, permitimos que el Señor nos dé un conocimiento más profundo de Sí mismo. Con cada situación difícil que pasamos, adquirimos un nuevo conocimiento de Cristo. Cuando nuestra comprensión de Cristo aumenta, ministramos a la iglesia lo que conocemos de El.

¿Entonces, qué es la Palabra? La Palabra o el Verbo es Cristo. El Verbo que adquirimos por medio de los padecimientos y la disciplina es el resultado de conocer a Cristo. La iglesia se compone de millares y millones de hijos de Dios; sin embargo, el conocimiento que tienen de Cristo es muy limitado. Necesitamos que surjan más ministros que impartan a los hijos de Dios un conocimiento profundo de Cristo. Cuando el ministro de la Palabra pasa por padecimientos y pruebas, adquiere un conocimiento profundo de Cristo que lo equipa de palabras en abundancia, cuyo objeto es suministrarles a Cristo a los oyentes. El Hijo de Dios es el Verbo, es decir, Cristo es la Palabra de Dios. Lo que conocemos de la Palabra es lo que Cristo nos ha manifestado. Es posible que nos encontremos con un creyente que en ciertos aspectos todavía no conozca a Cristo. Si por la misericordia de Dios hemos pasado por cierta situación que nos ha permitido conocer al Señor más, esa experiencia nos permitirá proveerle a ese hermano nuestro propio suministro. No importa qué vacío tenga, podremos suplir su necesidad. El servicio que brindamos a los hijos de Dios se basa en la experiencia que hayamos adquirido al pasar por padecimientos. Cuando nuestro ministerio está edificado sobre este fundamento, nuestro mensaje se convierte en el Verbo de Dios.

En ocasiones usamos las experiencias de otros; pero esto no es tan sencillo, ya que si no tenemos cuidado, sólo será un ejercicio o actividad intelectual. Una persona que tenga la suficiente habilidad, puede usar las experiencias de otros; pero ¿en dónde está su propia experiencia? Si ella no ha tenido sus propios padecimientos, esta actividad no traerá resultados. Es importante que antes de usar las experiencias de otros, pasemos por muchos padecimientos delante del Señor. Cada vez que tomamos prestada la experiencia de otra persona, tenemos que preservarla y cultivarla en nuestro espíritu. Lo mismo debemos hacer con nuestras propias experiencias. Todo lo que se guarda en el espíritu se mantiene vivo. Supongamos que Dios nos da el debido entendimiento acerca del Cuerpo de Cristo. Tal conocimiento tiene que ser cultivado en nuestro espíritu a fin de impartirlo a otros. Podemos tomar prestadas las experiencias de los demás, con la condición de que primero tengamos algo en nuestro espíritu. Si somos individualistas e ignoramos lo que es el Cuerpo de Cristo, no podremos usar las experiencias de los demás. Debemos vivir en la realidad del Cuerpo de Cristo, y preservar nuestra experiencia en el espíritu, a fin de comunicar el Verbo de Dios a los demás. De no ser así, todo consistirá en un producto de la mente y no conducirá a nada. Posiblemente pensemos que hemos dado un mensaje muy comprensible, sin que en realidad hayamos tocado la verdad; en consecuencia, cuando los demás nos escuchen, no recibirán la verdad.

Lo mismo sucede cuando citamos las Escrituras. Si hemos pasado por la experiencia correspondiente, los versículos vienen a nuestra memoria uno tras otro. Aún así, es importante que éstos provengan de nuestro espíritu, no de nuestra mente. Podemos decir lo mismo con respecto a nuestra conversación con los hermanos. No importa qué tema toquemos, las palabras deben proceder del espíritu. Sólo debemos ministrar lo que se haya sembrado allí. Lo que no cultivamos de manera que permanezca vivo, de nada sirve. Inclusive las experiencias que tuvimos hace años, deben ser guardadas y cultivadas en el espíritu; de esta manera podremos usarlas cuando las necesitemos. Lo mismo se puede decir de las Escrituras, ya que si nuestro espíritu no puede usarlas, ellas no pueden formar parte de nuestro ministerio.

Dios debe formar las palabras en nuestro interior, las cuales al ser expresadas constituyen Su Palabra, y no el producto de nuestros pensamientos o de lo que aprendimos de terceros. Dios nos refina con fuego por años, para forjar Sus palabras en nosotros. Estas palabras son esculpidas y moldeadas en el creyente a través de los años y son forjadas en éste por el Espíritu Santo. El Espíritu Santo tiene que operar en nosotros por un largo tiempo a fin de forjar estas palabras. Estas palabras son una especie de garantía del Señor. Ellas se forman en nosotros al pasar por el duro trato del Señor. Estas palabras son netamente nuestras y, sin embargo, son netamente de Dios. Es así como nuestras palabras llegan a ser la Palabra de Dios. Unicamente cuando entramos en lo profundo del valle, y Dios lava y prueba nuestras palabras, éstas se convierten en Su Palabra. Debemos entender claramente que la fuente de nuestro mensaje es la disciplina divina, y la base del mismo es la luz que hay en nosotros, ya que lo que expresamos es el resultado de la disciplina por la que hemos pasado. Tenemos que aprender la lección en las profundidades del valle, a fin de proclamarla en las alturas. Es importante que veamos algo en nuestro espíritu a fin de que pueda ser luz para los demás. Cada palabra que expresamos debe salir de lo profundo de nuestro ser como resultado de haber sido afligidos y agobiados. Lo que somos, las pruebas que pasamos y las lecciones que aprendimos, se reflejarán en la palabras que expresemos.

La palabra se produce por medio de las aflicciones, el dolor, los quebrantos y la oscuridad. El ministro de la Palabra de Dios no debe temer cuando Dios permita que pase por dichas circunstancias. Si estamos conscientes de esto, alabaremos a Dios pues sabremos cuándo está a punto de darnos más palabras. Al principio, posiblemente no sepamos qué está sucediendo ni tengamos idea de cómo actuar; pero a medida que atravesemos estas adversidades adquiriremos más mensajes; con cada tribulación que pasemos, nuestro cúmulo de palabras aumentará. Cuando comprendamos esto, con cada angustia, pena, fracaso o debilidad, dentro de nosotros una voz dirá: "Gracias Señor por darme nuevas palabras". De esta manera, nos volveremos sabios en la adquisición del verbo. En la iglesia de Dios, el ministro de la Palabra debe tomar la iniciativa, no sólo para dar mensajes, sino también en los sufrimientos. Si no precedemos a la iglesia en experimentar la disciplina del Espíritu Santo, no tendremos las palabras para ministrar. Este asunto es muy serio. Es importante que avancemos en experimentar sufrimientos para ministrar a la iglesia; de lo contrario, nos engañamos a nosotros mismos y a la iglesia, y nuestro ministerio carecerá de valor. Un himno titulado "Contemplemos la vid", nos muestra que cuanto más nos sacrificamos, más podemos dar a los demás. Si no nos sacrificamos por los demás, no podemos ser ministros de la Palabra, ya que no tendremos nada que dar. El ministerio de la Palabra consiste en proclamar la Palabra desde lo profundo de nuestro ser. De ahí debe proceder lo que expresamos, si esperamos que nuestro mensaje produzca resultados.

En conclusión, es importante recordar el principio que Pablo presenta en 2 Corintios 1 donde dice: "Porque hermanos, no queremos que ignoréis acerca de nuestra tribulación que nos sobrevino en Asia; pues fuimos abrumados sobremanera más allá de nuestras fuerzas, de tal modo que aun perdimos la esperanza de vivir. De hecho tuvimos en nosotros mismos sentencia de muerte" (vs. 8-9). Pablo nos dice que en todo esto Dios tenía un propósito. Lo que le acontecía tenía como objeto enseñarle a no confiar en sí mismo, sino en Dios que resucita a los muertos. Esto lo confortó de tal manera que cuando los santos pasaban por la misma tribulación, él los podía consolar. "Porque de la manera que abundan para con nosotros los sufrimientos del Cristo, así abunda también por el Cristo nuestra consolación. Pero si somos atribulados, es para vuestra consolación y salvación; o si somos consolados, es para vuestra consolación, la cual se opera en el soportar con fortaleza los mismos sufrimientos que nosotros también padecemos. Y nuestra esperanza respecto de vosotros es firme, sabiendo que así como sois copartícipes de los sufrimientos, también lo sois de la consolación" (vs. 5-7). El principio fundamental del ministerio de la Palabra consiste en ser los primeros en pasar por los sufrimientos, a fin de que nuestra experiencia pueda ayudar a los demás. Primero nosotros somos consolados, y luego consolamos a otros con la misma consolación que nosotros recibimos. Nuestros mensajes no deben ser superficiales, sino que deben basarse en las experiencias que hemos adquirido al pasar por diferentes sufrimientos. Ciertas expresiones y ejemplos hacen que nuestro mensaje se vuelva superficial. Así que es importante aprender a hablar con exactitud; para ello es necesario aprender a usar los términos y las expresiones que se encuentran en la Palabra de Dios. El Señor nos disciplina hasta que nuestras palabras concuerden con las de la Biblia. Las palabras del ministerio, son palabras que proceden de nuestro interior como resultado de la disciplina por la que hayamos pasado.

La palabra se origina en la disciplina que uno recibe; así que si tiene otro origen, no tiene valor y la iglesia no recibe ningún beneficio. Hermanos, no menospreciemos la disciplina del Espíritu Santo. Las lecciones espirituales sólo se aprenden cuando uno pasa por el fuego.

CAPITULO CATORCE

LA PALABRA Y NUESTRA MEMORIA

El ministro de la palabra también debe prestar atención a su memoria. Al llevar a cabo el ministerio de la palabra, la memoria del hombre ocupa un lugar muy importante. Su importancia va más allá de lo que el hombre común se puede imaginar. En este aspecto también debemos ser diligentes delante del Señor.

LA IMPORTANCIA QUE TIENE LA MEMORIA

Frecuentemente cuando ministramos, notamos que nuestra memoria es muy limitada. Puede ser que algunos tengamos una buena memoria de nacimiento, pero cuando servimos como ministros, nos damos cuenta de cuán pobre es nuestra memoria. Cuando descubrimos que ésta es limitada, vemos que nos es difícil comunicar nuestras palabras. Es como si un velo cubriera nuestra mente, y nuestra carga no puede ser transmitida, ya que sólo podemos hablar de lo que recordamos. En otras palabras, al servir como ministros de la palabra, ¿cómo podemos hacer que las palabras externas y las internas concuerden? ¿Cómo podemos convertir las palabras internas en palabras audibles? ¿Cómo pueden aquéllas apoyar a éstas? Si no tenemos una revelación interna, no podemos expresar las palabras audibles. Una vez que cesan las palabras internas, se nos pierde el tema que estamos comunicando, pues éste yace en ellas. Por consiguiente, lo que proclamamos extrae su suministro de las palabras internas, y sin el suministro de éstas, no podemos anunciar nada. Es aquí donde nuestra memoria juega un papel vital, pues con

ella las palabras audibles transmiten las internas. Si nuestra
memoria falla, nuestra carga no puede ser comunicada. Tenemos que ver cuán importante es nuestra memoria.

Cada vez que un ministro de la palabra se dispone a
hablar, se enfrenta a un fenómeno extraño: cuanto más tiene
presente la doctrina, menos se acuerda de la revelación en la
que ésta se apoya. Esto está fuera de nuestro alcance. Supongamos que entendemos cierta doctrina hoy. Puede ser que no
la entendamos por completo, pero por lo menos la entendemos
en parte. Supongamos que vemos una revelación en nuestro
interior, nuestros pensamientos captan la luz y también contamos con unas cuantas palabras para articular lo que vimos.
No es tan fácil recordar estas pocas palabras. Puede ser que
el Señor nos dé una frase o una oración que pueda articular
lo que nuestros pensamientos han captado y quizá exprese lo
que vimos en nuestro espíritu, y tal vez abarque los pensamientos que hemos retenido al igual que la luz del Espíritu
Santo. Puede ser que esta frase u oración sea muy sencilla;
que conste de sólo cinco o diez palabras. Desde el punto de
vista humano, nos debería ser fácil recordar estas palabras,
pero lo extraño es que cuanto más autentica es la revelación,
más difícil nos es recordarla. Este es un hecho, no una teoría.
Nuestra memoria nos falla a escasos cinco minutos de haber
empezado a hablar. A veces cambiamos el orden de las palabras o aunque hacemos lo posible por recordar las palabras,
ellas se nos esfuman. Aun cuando las recordamos, no podemos captar lo que está detrás de ellas. A estas alturas nos
damos cuenta de cuán difícil es que la revelación de Dios sea
retenida en la memoria del hombre, y debemos decir: "Señor,
concédeme Tu gracia y ayúdame a recordar".

Necesitamos la ayuda de nuestra memoria para transmitir las palabras internas al mundo físico y expresarlas con
palabras audibles. No obstante, a menudo, cuando nuestra
memoria nos falla, esto no se logra. Cuanto más hablamos,
mayor es la distancia entre nuestras palabras y la revelación
interna. Al terminar el mensaje, es posible que comprendamos que las palabras internas no fueron comunicadas en
absoluto. Esta experiencia es muy dolorosa. Quizá pensemos
que hacer algunos apuntes nos ayude. En algunas ocasiones

tal vez sí, pero en otras son inútiles. Al leer nuestros apuntes, quedamos perplejos al ver que no podemos recordar lo que deseamos transmitir. Entonces nos damos cuenta de que nuestra memoria nos abandonó. Si simplemente conocemos una doctrina, ésta puede ser comunicada fácilmente. Cuanto más doctrinal sea un tema, más fácil será recordarlo. Pero no sucede lo mismo si se trata de una revelación. Si tratamos de expresar la revelación que hay en nuestro interior, hallamos que se nos olvida lo que acabamos de ver. Recordamos las palabras, pero olvidamos lo que éstas deberían explicar. Nuestro problema es que con frecuencia olvidamos lo que vimos tan pronto como empezamos a predicar. A lo largo de nuestro mensaje, hablamos de otras cosas, y no de lo que vimos. Esto es una pérdida para el ministerio. Por consiguiente, el ministro de la Palabra debe tener buena memoria.

Necesitamos dos clases de memoria, la del intelecto y la del Espíritu, y debemos usarlas apropiadamente para poder ser ministros de la Palabra. La primera es la memoria del hombre exterior, que reside en nuestras facultades mentales y ocupa un lugar importante en el testimonio de la Palabra de Dios. La segunda es la memoria del Espíritu Santo. El Señor Jesús se refirió a ella en Juan 14:26: "Mas el Consolador, el Espíritu Santo, a quien el Padre enviará en Mi nombre, El os enseñará todas las cosas, y os recordará todo lo que Yo os he dicho". O sea que el Espíritu nos ayuda a recordar. El nos hace recordar las cosas que nosotros no podemos recordar solos. Estudiemos más de cerca la memoria del Espíritu Santo antes de examinar lo referente a la memoria intelectual.

LA MEMORIA DEL ESPIRITU SANTO

En primer lugar, nuestro espíritu ve algo, luego nuestros pensamientos lo captan, y en tercer lugar, se produce un mensaje en nuestro interior. ¿Cuál es el contenido de dicho mensaje? Contiene pensamientos y también luz. Dios nos da una o dos oraciones, las cuales contienen tanto pensamientos como luz. ¿A qué debemos prestar atención delante de Dios? Debemos descubrir en qué consiste la palabra de la revelación. Una revelación consiste en que el velo es quitado, y algo queda expuesto. La luz penetra a través del velo, y podemos ver lo que está detrás de él. Inicialmente, vemos lo que está detrás del velo, aunque no podamos definirlo con palabras. Este resplandor es semejante al destello de una cámara fotográfica. Dios entonces nos da los pensamientos para captar la luz, y ésta se convierte en pensamientos. Finalmente, El nos da una o dos frases que abarcan toda la revelación. Un mensaje de parte de Dios revela todo el significado que yace detrás de la luz. Podemos decir que la revelación es una "visión" y que se trata de un mensaje, pero más que eso, es una visión o revelación interna. Cuando este mensaje se halla en nosotros, es una "visión", aunque no entendemos su significado, pero una vez que se convierte en pensamientos, comprendemos lo que significa. Cuando se convierte en palabras, podemos asimilarlo con nuestros pensamientos y expresarlo con nuestra boca. Este es el mensaje o palabra que recibimos.

¿Qué es el mensaje? Es una revelación que se convierte en pensamientos articulados. No es simplemente un discurso abstracto compuesto de cinco o diez oraciones, sino algo que está en nosotros, una expresión de lo que vimos. Originalmente, la visión es una función de los ojos y no tiene nada que ver con la boca, pero cuando Dios da un mensaje, éste contiene luz, y uno lo puede entender claramente, aunque no pueda explicarlo. Las palabras que uno recibe lo hacen apto para expresar lo que ve. Por lo tanto, debemos entender claramente que este mensaje no consta de una o dos oraciones, sino que da expresión a una visión y articula lo que vemos. Cuando anunciamos la visión interior con palabras audibles, podemos decir que lo proclamado es nuestro. Dios primero nos muestra algo claramente, y luego nos da las palabras que explican lo que vimos.

Las palabras sólo pueden ser retenidas en la memoria. Nosotros tenemos dos clases de memoria. Una de ellas es la facultad de retener las palabras, y la otra es la facultad de retener lo que vemos. La memoria externa retiene el mensaje. Y la memoria del Espíritu Santo retiene la visión. El problema es que a menudo nuestra memoria intelectual realiza su función de recordar las palabras, pero perdemos por completo la memoria del Espíritu y olvidamos la visión.

Recordamos unas cuantas palabras, pero no la visión. Es ahí donde yace el problema para comunicar la revelación. No sucede lo mismo con las doctrinas, las cuales se pueden memorizar palabra por palabra, pues después de recitarse no sigue nada más; permanecen en la esfera externa. Pero el ministerio de la Palabra toca la vida. Cuanto más doctrinal sea un tema, más fácil será recordarlo; uno lo puede repetir fácilmente palabra por palabra. Pero la visión interna está relacionada con la vida, y cuanto más estrecha sea la relación de algo con la vida, más fácil es olvidarlo. Uno puede recordar las palabras literalmente y perder la visión de lo que yace detrás de ellas. Esto es lo que pasa cuando perdemos por completo la memoria del Espíritu Santo. Necesitamos tener presente que el mensaje que Dios nos dio debe ser cultivado en la memoria del Espíritu Santo, y sólo entonces permanecerán vivas las palabras. Si hacemos una separación entre las palabras y la memoria del Espíritu, éstas se convierten en algo natural y pierden su componente espiritual. Es muy fácil que algo espiritual se convierta en algo físico.

Fácilmente el mensaje espiritual que recibimos internamente se puede degenerar y convertirse en algo físico, inerte y externo. Las palabras espirituales deben mantenerse vivas en el Espíritu Santo a fin de que puedan tener un efecto en nosotros. También la revelación debe mantenerse viva en el Espíritu Santo para que podamos sacar algún beneficio de ella. Si la revelación no es cultivada en el Espíritu Santo, la persona podrá recordar las palabras y olvidará la revelación. Por ejemplo, algunos descubren que el pecado es detestable y malo el día que se convierten al Señor; otros lo ven cuando experimentan un avivamiento después de tres o cinco años de haber sido salvos. En cierta ocasión, un hermano llegó a estar tan consciente de sus pecados que se agobió sobremanera; se postró ante el Señor y se revolcó en el piso arrepentido desde las ocho de la noche hasta la mañana siguiente. Las demás personas se fueron a casa, pero él se quedó rodando en el piso. Parecía como si hubiera tocado las puertas del infierno, y clamaba: "Ni aun el infierno es suficientemente grande para absorber mis pecados". Aquel día el Señor le hizo ver algo; ese hermano vio algo en su espíritu. Después de esto, él contaba su experiencia describiendo lo perverso y abominable que es el pecado. Otro hermano testificó que mientras aquel hermano hablaba del pecado, los demás tenían la sensación de que el pecado era como una nube espesa y oscura que los cubría. Para ese hermano el pecado era como una nube densa y tenebrosa; no había nada peor que el pecado. Cuando hablaba y articulaba la revelación interna, los demás recibían ayuda. Pero después de dos o tres años, la visión se opacó. El todavía podía decir que el pecado era como densas tinieblas, pero el cuadro ya había desaparecido; la revelación del Espíritu se había desvanecido; ya no era tan clara ni tan intensa como aquella vez. Anteriormente, él lloraba cuando hablaba de lo tenebroso que era el pecado, pero para entonces, cuando hablaba del tema, hasta podía reír. El sabor había cambiado. Las palabras eran las mismas, pero la memoria del Espíritu había desaparecido.

En Romanos 7:13 se nos dice: "A fin de que por el mandamiento el pecado llegase a ser sobremanera pecaminoso". Es posible que un día el Señor le muestre a usted cuán malo y pecaminoso es el pecado; de suerte que la misma palabra *pecaminoso* sea suficiente para asustarlo, pero después de un tiempo, cuando predique al respecto, aunque todavía recuerde la palabra *pecaminoso,* el cuadro ya no estará. Cuando usted ve lo pecaminoso del pecado, tanto la palabra como el cuadro acerca de éste están presentes, pero cuando habla acerca de la maldad del pecado, las palabras resuenan, mas el cuadro no se ve. A este cuadro lo llamamos la memoria del Espíritu Santo. Para servir como ministros de la Palabra, necesitamos la memoria del Espíritu Santo, la cual no sólo nos trae las palabras sino también la visión que anunciamos. Sin esta memoria, quizá recordemos las palabras, pero lo verdadero, la escena que vimos, estará ausente. Cada vez que nos disponemos a hablar, debemos pedirle al Señor que nos conceda la memoria del Espíritu Santo para que podamos no sólo transmitir las palabras sino también impartir la realidad que ellas comunican. Si carecemos de esta memoria, podremos hablar diez o veinte veces de lo perverso y lo pecaminoso que es el pecado, sin saber lo que es el pecado. Solamente cuando el Espíritu nos hace conscientes de lo pecaminoso que es el pecado, podemos dejar en otros una impresión profunda de ello. Mientras hablamos al respecto, además de las palabras, debemos contar con la visión. ¿Qué es la Palabra de Dios? La Palabra de Dios se compone de *la palabra y la visión*. Hermanos, ¿entendemos esto? El Verbo de Dios tiene que ser complementado por la visión. La Palabra sola sin la visión no es la palabra de Dios. Si la visión que está detrás de las palabras no es apropiada, las palabras solas no bastan.

Supongamos que al predicar el evangelio hablamos del amor del Señor. Es posible que mientras predicamos tengamos la visión frente a nosotros, y las palabras que profiramos se basen en ella. Esto es maravilloso. Pero muchas veces el que anuncia el amor de Dios no cree en tal amor. ¿Cómo puede esperarse, entonces, que los oyentes crean? Necesitamos la memoria del Espíritu Santo, pues El nos recuerda la visión y la realidad de lo que llamamos "amor". Cuando hablamos de ello, tocamos el meollo del asunto. Cuanto más hablamos de este amor, más tocamos la vida, y ésta es comunicada. Si la memoria del Espíritu está ausente, quizá usemos las palabras correctas, pero no tocaremos la verdad. Las oraciones gramaticales son correctas, pero la realidad está ausente, y nuestro mensaje es infructuoso. Al predicar la Palabra de Dios, debemos esperar que la memoria del Espíritu Santo nos recuerde la revelación, además de usar las palabras internas que el mismo Espíritu nos da. Cuando hablamos según el mensaje que se nos dio internamente, la vida es comunicada, y otros ven lo que nosotros vimos. Es inútil comunicar simples teorías. El Espíritu tiene que traernos a la memoria las palabras a fin de que podamos proclamarlas.

Algunos de nosotros fuimos salvos al oír Juan 3:16. ¿Pero qué sucederá si memorizamos ese versículo para ver si produce lo mismo en otros? Esto no traerá fruto aunque lo recitemos diez veces. El Espíritu Santo abrió nuestros ojos en cierta ocasión y nos mostró este versículo. Juan 3:16 es útil solamente si la visión que hizo posible nuestra salvación es retenida en nuestra memoria y si el Espíritu nos la recuerda. Lo único que hace efectivo este versículo es la memoria del Espíritu Santo.

Muchos se dan cuenta de que el Señor es muy amoroso y clemente cuando reciben perdón de pecados. Recibieron una revelación en su interior y vieron claramente al Señor. El perdón que experimentaron fue grande; por consiguiente, su amor también fue grande (Lc. 7:47). Lograron ver algo, y recibieron la palabra en su mente. Obtuvieron tanto los pensamientos como las palabras. Un día dieron un mensaje de una o dos horas; las palabras que estaban en su interior fueron comunicadas, y los oyentes se alegraron y recibieron ayuda. Después de algún tiempo, ellos repiten el mismo mensaje, y aunque usan las mismas palabras, se dan cuenta de que ya no tienen la realidad. Da la impresión de que olvidaron lo que dijeron en la ocasión anterior y no recuerdan de qué se trata, y el amor ya no está presente. Esto se debe a que carecen de la memoria del Espíritu Santo en la cual toda revelación tiene que ser preservada y con la cual el ministro de la Palabra debe contar. Cuanto más fresca sea ésta, mejor. El ministerio de la Palabra será mucho más rico porque contará con un gran depósito vivo. Pero si la memoria del Espíritu Santo es limitada en el ministro, éste tendrá que estudiar repetidas veces todas las revelaciones que Dios le ha dado, lo cual es una lástima. Una persona no sólo debe conocer la revelación del Espíritu Santo, sino que dicha revelación debe enriquecerse continuamente. Quizás fuimos salvos hace treinta años y en aquel entonces el Señor nos dio una revelación. Más tarde, El nos dio otra y luego otra. La revelación ha ido creciendo. En el momento de nuestra salvación, vimos la revelación básica. Más tarde la revelación se volvió más profunda y más elevada. El ministro de la Palabra necesita la memoria del Espíritu Santo; es decir, debe cultivar la revelación que recibe en la memoria del Espíritu Santo. Al recibir una revelación fresca, debe guardarla y cultivarla en la memoria del Espíritu Santo. Entonces todo lo que reciba permanecerá fresco.

Volvamos al ejemplo del pecado. El tema tiene que ser una visión fresca para nosotros. Si tal visión permanece fresca en nosotros, entonces seremos ministros de la Palabra cuando la comuniquemos. De lo contrario, podremos predicar acerca de lo pecaminoso del pecado, pero los demás sólo recibirán maná viejo, del día anterior, o de hace un año o diez años. En ese caso no serviremos como ministros de la Palabra, y nuestra predicación no producirá ningún resultado. Cuando algunos hermanos predican el evangelio, se puede ver que cuentan con la memoria del Espíritu Santo, pero cuando otros hermanos lo hacen, los demás notan que carecen de ella, pues es imposible fingir. Si una persona tiene la memoria del Espíritu, la tiene, y si no, no. Este mismo principio puede aplicarse a las revelaciones más elevadas y más profundas. La revelación se mantiene viva en la memoria del Espíritu Santo. Para ser ministros de la Palabra, nuestro mensaje tiene que ser cultivado en la memoria del Espíritu Santo. Si contamos con la memoria del Espíritu Santo, ésta operará mientras hablamos y transmitiremos el mensaje que tenemos. Lo extraño es que cuando vemos algo en el espíritu, puede ser que se nos olvide la primera vez que tratamos de usarlo para ministrar la palabra. No podemos comunicar lo que quisiéramos. Sería lógico que perdiéramos la sensación aguda de pecado que experimentamos hace diez o quince años. Pero en muchas ocasiones mientras predicamos, olvidamos lo que vimos la noche anterior. Nuestra memoria externa o intelectual no puede retener la revelación de la Palabra; así que no podemos depender de ella para captar la revelación, la cual sólo puede ser retenida en el Espíritu Santo.

Supongamos que una persona descubre la gran diferencia que existe entre la multitud que apretaba al Señor y la mujer que lo tocó. Ve la gran diferencia entre tocar al Señor físicamente y tocarlo espiritualmente. Cuando ve esto, lo entiende claramente y se alegra de verlo. A los dos o tres días, cuando dicha persona visita a un hermano enfermo y trata de comunicarle aquello, descubre que sus palabras no conducen a ninguna parte. Cuanto más habla, más frías y vacías se vuelven sus palabras, y halla su esfuerzo completamente improductivo. Hace lo posible por recordar lo que vio, pero sin éxito. Este fracaso se debe a que su revelación no ha sido cultivada en la memoria del Espíritu Santo. Si las palabras de la revelación hubieran sido cultivadas en la memoria del Espíritu Santo, no tendría ningún problema en usarlas al ministrar la Palabra. Por consiguiente, necesitamos la revelación, los pensamientos, las palabras internas y las palabras externas, y también la memoria del Espíritu Santo. Sin ésta, las palabras internas y las externas no surten ningún efecto. Nadie puede ser ministro de la Palabra con su propia fuerza natural independientemente de la clase de persona que sea. Si confiamos en nuestra fuerza natural, seremos completamente inútiles. Sólo un insensato se jacta de sí mismo. ¿De qué podemos jactarnos si ni siquiera podemos recordar lo que vimos ayer? Nos devanamos los sesos tratando de recordar lo que vimos ayer, y aun así no recordamos ni una palabra. No importa cuánto nos esforcemos, nuestra memoria se nos escapará. Para poder apoyar la revelación y suministrar las palabras audibles que la transmiten, debemos mantenerla en la memoria del Espíritu Santo. Sólo entonces las palabras que hablemos serán lo que el Señor quiere que digamos y serán espirituales. Si la revelación que recibimos no es preservada en la memoria del Espíritu Santo, encontraremos que nuestro espíritu se hallará vacío cuando empecemos a hablar.

Cuando el Señor ha obrado en nosotros, nos es muy fácil ser ministros de la Palabra. Pero cuando El no obra, nada es más difícil que asumir tal ministerio. Si la persona sigue siendo descuidada y olvidadiza, y si no disciplina sus pensamientos ni sus palabras, será inútil en el ministerio de la Palabra, ya que éste tiene requisitos muy estrictos. El Señor tiene que hacer una gran obra en nosotros antes de poder usarnos. Si nos relajamos un poco, es posible que podamos hacer otras cosas, pero no podremos ser ministros de la Palabra. Tenemos que pedirle al Señor que nos conceda gracia y nos otorgue la memoria del Espíritu Santo para que podamos recordar las palabras que describan lo que vimos, ya que en ella está la revelación. Si contamos con la memoria del Espíritu Santo en nuestro interior, podremos recordar el mensaje que recibimos; no sólo recordaremos las palabras que comunican la revelación, sino también la revelación misma. Cuando aplicamos las palabras externas junto con esta revelación, sabemos de lo que hablamos tan pronto comenzamos a proclamarlo. Mientras hablamos, vemos, y espontáneamente nos convertimos en ministros de la Palabra. Si al predicar, perdemos de vista las cosas internas, nos dará pánico, nos confundiremos y no sabremos qué decir. Hermanos, tenemos que reconocer lo inútil que es una mente astuta en esta faena.

LA MEMORIA EXTERNA $8 - (1-14$

Examinemos lo que es la memoria externa. A veces el Señor usa nuestra mente, y en esas ocasiones la memoria externa se vuelve necesaria. Otras veces el Señor no desea usarla. En esas ocasiones nuestra mente no le sirve de nada. ¿Por qué nuestra mente es necesaria en ciertas ocasiones e inútil en otras? No lo puedo explicar; sólo puede decir que es un hecho. A veces contamos con las palabras en nuestro interior, ya que Dios nos da la palabra de revelación, y también tenemos la memoria del Espíritu Santo. Hay mucha claridad en nuestro interior, pero todavía necesitamos usar nuestra memoria. El Espíritu Santo nos recuerda ciertas cosas; El no nos crea otra memoria. Juan 14:26 dice: "El ... os recordará todo lo que Yo os he dicho". Puesto que el Espíritu de Dios vive en nuestro interior, cuando El nos da revelación, esta revelación se mantiene viva en El. Supongamos que Dios nos da dos frases; éstas son la llave. Si las recordamos, también permanecerán en la memoria del Espíritu Santo; pero si las olvidamos, se perderán de la memoria de El. A veces cuando el Espíritu Santo nos recuerda de estas palabras, tememos que nos falle nuestra memoria, y escribimos estas palabras cruciales e importantes. En ocasiones, al recordar estas palabras, vuelve la visión interior, y vemos la revelación de nuevo. Esto nos muestra que el Espíritu Santo usa nuestra memoria. A veces escribimos unas cuantas palabras, y con una simple mirada nos esclarecen lo que recibimos en nuestro interior. Pero a veces no tenemos claridad ni aun después de leer esas palabras. En casos como éste, es evidente que el Espíritu Santo no usa nuestra memoria.

Por lo tanto, podemos decir que la memoria externa puede ser útil en algunos casos, e inútil en otros. A veces el Señor nos muestra algo, pero después de unos momentos, lo único que queda es el intelecto, porque internamente no vemos nada. En este caso no hay nada que se pueda hacer. En circunstancias normales, debemos escribir las palabras que recibimos. Cuanta más revelación recibimos de parte de Dios, más necesitamos nuestra memoria. Cuanto más disciplinada sea nuestra mente delante del Señor, más purificadas serán nuestra memoria externa y nuestra memoria interna. Al ser más purificadas ambas memorias, podemos retener tanto en una como en otra. Puede ser que inicialmente nuestra memoria interna no corresponda a lo que es retenido en nuestra memoria externa. Si tal es el caso, no nos desanimemos, pues a veces las cosas que retenemos en el intelecto pueden ser visibles y a veces desaparecen. Pero al avanzar en nuestra experiencia, encontraremos que estas dos clases de memorias se van uniendo paulatinamente hasta ser una sola. Encontraremos que la memoria externa o del intelecto opera juntamente con la memoria interna o del Espíritu Santo. Esta es la razón por la cual tenemos que humillarnos delante del Señor. Necesitamos orar mucho, esperar en El y estar preparados en todo momento. Cuando entendamos claramente lo que vemos, podremos hablar al respecto. Debemos cultivar las palabras internas en la revelación del Espíritu Santo a fin de proclamarla.

A veces uno da un buen mensaje, y todos lo elogian. Pero interiormente uno sabe si fue bueno en realidad. En el momento de hablar, no pudo recordar aquello que dejó una impresión en uno. La memoria externa no correspondió a la interna. Quizá utilizamos las palabras correctas, pero la revelación no estaba presente. Necesitamos aprender esta lección delante del Señor: el ministro de la Palabra debe tener la luz, los pensamientos internos, las palabras internas, las palabras externas, la memoria del Espíritu Santo y la memoria externa. La memoria del Espíritu Santo debe ligar la revelación con las palabras internas y debe estar siempre preparada para suministrar las palabras externas.

Examinemos estos tres pasos: la luz, las palabras internas y las palabras externas. (Por ahora no hablaremos de los pensamientos.) La memoria del Espíritu Santo yace entre los dos primeros, y nuestra memoria yace entre el segundo y el tercero. Las palabras internas tienen que ser alimentadas por la luz del Espíritu Santo, pues sin esto, el mensaje que uno recibe interiormente morirá, dejará de ser espiritual y se convertirá en algo físico. La memoria del Espíritu Santo suministra las palabras internas con luz para que éstas continúen creciendo en la esfera de la luz. Entonces tenemos que usar nuestras propias palabras, las cuales adquirimos al ejercitar nuestra memoria para añadir las palabras externas a las internas. Cuando esto ocurre, tenemos las palabras adecuadas.

Al usar nuestra memoria, debemos recordar que la memoria externa, nuestra memoria, nunca puede reemplazar la función de la memoria interna, la del Espíritu Santo. De hecho, en muchas ocasiones la memoria del Espíritu Santo no necesita nuestra memoria.

También debemos comprender que a veces nuestra memoria puede convertirse en una barrera para la memoria del Espíritu. La memoria externa no sólo no es apta para substituir la memoria del Espíritu, sino que a veces puede serle un obstáculo. A veces las palabras internas que recibimos en nuestro interior resplandecen y son vivientes, y el Espíritu Santo nos recuerda este resplandor. Pero en nuestra mente, nos olvidamos de las palabras cruciales, y no podemos continuar. Muchas veces el problema no es espiritual, sino que yace en factores externos. Las palabras cruciales se pierden, y uno ya no puede hablar. Si llegamos a tener más experiencias, vemos que nuestra memoria a veces le ayuda a la memoria del Espíritu, mientras que en otras ocasiones la obstruye. La memoria del Espíritu tiene que usar nuestra memoria. El Espíritu no puede usar otra memoria que no sea la nuestra. Supongamos que nos encontramos ocupados constantemente con los asuntos externos y no nos acordamos de muchas palabras. Somos muy descuidados o estamos cargados de afanes. Aunque el Señor nos haya dado tres o cinco frases, las olvidamos. Aun sin recordar estas palabras, podemos hablar por una hora. Sin embargo, el sabor se va, lo cual es serio y es la razón por la que a veces tenemos que escribir la revelación que recibimos. Esas pocas palabras nos refrescarán la visión, y toda la revelación que está en nuestro interior estará viva.

Cada vez que sirvamos como ministros de la Palabra, el Espíritu querrá decir muchas cosas. No podemos recalcar una parte y descuidar otra. Por ejemplo, el Espíritu Santo quizás quiera decir tres cosas, pero a nosotros se nos escapan dos de ellas, las cuales se nos convierten en una carga. Si perdemos una cosa, no somos ministros aptos de la Palabra. Cuando tratamos de comunicar una revelación, puede ser que Dios desee mostrar más de un mensaje o tratar más de un tema. Si los olvidamos o los pasamos por alto, sentiremos un peso sobre nosotros. Por eso debemos escribir las tres o cinco frases. Estas pueden evocar más significado que el que ellas mismas puedan tener. El Señor quizás querrá hacer mención de tres o cinco temas. Debemos escribir cada una de esas oraciones para que no se nos pase nada. Si se nos escapa un aspecto del final, puede ser que tengamos dificultad para concluir el mensaje, pero si olvidamos el primer punto, todo el mensaje perderá coherencia.

El ministerio de la Palabra es un asunto muy delicado. Nunca debemos ofender al Espíritu. Tal vez pensemos que no importa mucho si hablamos bien o no, que nos podemos dar el lujo de pasar por alto una de cinco oraciones. ¡No! Si no comunicamos íntegramente lo que se nos encomienda, sentiremos que el peso aumenta sobre nosotros. Si se nos escapa algo, sentiremos un peso, porque no comunicamos lo que Dios quiere transmitir a Sus hijos y, consecuentemente, nuestra carga aumentará.

El ministro de la Palabra nunca debe errar. Tenemos que recordar que si el Señor quiere que digamos tres cosas, tenemos que decir tres cosas. Si Él desea que transmitamos cinco, debemos decir cinco. Si no podemos comunicar todo lo que se nos revela, nuestra carga aumentará. Si comunicamos todos los puntos excepto uno, la luz será velada, y nosotros sentiremos el peso y la atadura. Por esta razón tenemos que adiestrarnos en tener una buena memoria delante del Señor. Tenemos que velar para no tener ningún vacío en nuestra memoria. Que Dios nos conceda un entendimiento claro de la manera en que opera el ministerio de la Palabra. Nuestra memoria debe ser simplemente una sierva de la memoria del Espíritu. Pero si esta sierva se vuelve infructuosa, la memoria del Espíritu no podrá funcionar bien. Nuestra memoria necesita ser renovada para que pueda serle útil al Espíritu. El ministro de la Palabra tiene que pasar por la debida disciplina a fin de ser útil, y para ello su mente tiene que ser disciplinada. Los pensamientos y la memoria tienen una estrecha relación con el ministerio de la Palabra. Si nos falta la memoria, la revelación queda confinada y finalmente muere.

EL USO DE LA MEMORIA
AL CITAR LAS ESCRITURAS

Debemos prestar atención al citar las Escrituras porque al comunicar la Palabra de Dios, tenemos que seguir el ejemplo de los apóstoles, los cuales citaban del Antiguo Testamento. Cuando hablamos de cierto tema, debemos citar el Antiguo Testamento y el Nuevo. Al anunciar la Palabra de Dios, debemos basarnos en la Biblia, apoyados tanto por el Antiguo Testamento como por el Nuevo. Pero tenemos el problema de que si no tenemos cuidado, las mismas Escrituras nos pueden distraer. Al citar del Antiguo y el Nuevo Testamentos, es posible que citemos más de lo necesario. Quizá pasemos por alto lo que en realidad queríamos decir, y al volver a casa, notamos que nuestra carga se hizo más pesada. Esto no es un asunto sencillo. Muchas veces mientras hablamos, no tenemos control de nuestra memoria. Es muy fácil hablar de un pasaje del Antiguo Testamento o del Nuevo y ser distraídos por él; nos preguntamos por qué se nos hace más pesada la carga mientras hablamos. Al volver a casa, nos sentimos agobiados ya que vemos que desperdiciamos el tiempo. Expusimos las Escrituras y explicamos la doctrina, pero no transmitimos la carga que Dios nos había dado. Por eso, al dar un mensaje debemos aprender a confirmar continuamente si comunicamos la carga o no. Quizás seamos elocuentes y citemos con acierto el Antiguo Testamento y el Nuevo, pero todo ello se mantiene en la periferia, pues el propósito es presentar la Palabra actual de Dios. Y si no la tenemos, no tenemos por qué pararnos a hablar, pues lo que hagamos será como estudiar las Escrituras sin tener una revelación específica. No debemos conformarnos con repetir algo de la Biblia; necesitamos también comunicar nuestras propias palabras.

El ministerio de la Palabra es algo muy específico y personal. Tenemos que anunciar las palabras que Dios usó en el pasado y las del presente. No sólo debemos usar las palabras del Antiguo y el Nuevo Testamentos, sino también las nuestras. Podremos afirmar algo apoyándonos en el Antiguo Testamento y luego algo del Nuevo, pero también debemos incluir nuestras palabras, las cuales deben ser sólidas y ricas. Debemos comunicar lo que deseamos. Mientras comunicamos el aspecto crucial, tocamos el punto acertado, y más vida es transmitida. La carga se transmite gradualmente, y cuando el mensaje ha terminado, la carga ha sido comunicada completamente. Puede ser que sintamos que nuestro mensaje fue pobre, pero nuestra carga fue transmitida; hicimos lo que teníamos que hacer. Después, veremos el fruto en los demás. Una cosa es cierta: cada vez que la carga es transmitida, los hijos de Dios ven la luz. Si esto no se da, ya no es problema nuestro sino de ellos. Pero si no podemos transmitir nuestra carga, entonces el problema yace en nosotros, no en ellos.

Tenemos que comprender delante del Señor que el ministro de la Palabra siempre debe tener una carga al predicar. Al hablar, nuestro fin debe ser trasmitir la carga, y para ello necesitamos la memoria del Espíritu, pues sin ella, no podemos lograrlo. Aun cuando la memoria del Espíritu sea fresca, debemos estar alerta para no distraernos con las verdades del Antiguo Testamento o del Nuevo. Siempre debemos recordar que nuestra comisión es presentarle al hombre la Palabra actual de Dios. No nos limitamos a exponer la Biblia, y no olvidamos lo que debemos hacer. Si olvidamos las palabras que debemos exponer, nos daremos cuenta de que aun después de decirlo todo, no dijimos lo que debíamos. Puede ser que Satanás haya puesto un obstáculo. De cualquier modo, nuestros pensamientos tienen que ser fértiles, y nuestra memoria también. Debemos ser ricos en todo a fin de comunicar nuestra carga al hablar.

CAPITULO QUINCE

LA PALABRA Y NUESTROS SENTIMIENTOS

En los capítulos anteriores dijimos que el ministro de la Palabra necesita cuatro cosas. Dos de ellas, la luz y las palabras internas, pertenecen a Dios, mientras que las otras dos, los pensamientos y la memoria, pertenecen al ministro. Antes de que el ministro de la Palabra pueda anunciar el mensaje divino, necesita tener dos cosas a su disposición: sus propios pensamientos y su memoria. Pero esto no es todo. Mientras habla, también necesita otras dos cosas: los sentimientos apropiados y un espíritu apropiado.

NUESTROS SENTIMIENTOS COMUNICAN EL ESPIRITU

Al leer la Biblia, encontramos una característica sobresaliente en todos sus escritores: los sentimientos de ellos no fueron obstáculo para ministrar la Palabra. Al hablar, ellos expresaban sus sentimientos. Debemos comprender que nuestros sentimientos afectan la manera en que liberamos nuestro espíritu. Si una persona no puede expresar sus sentimientos, su espíritu no puede ser liberado. La liberación del espíritu del hombre tiene muy poco que ver con la voluntad o con la mente, pero sí tiene un estrecho vínculo con los sentimientos. El espíritu se expresa principalmente por medio de nuestros sentimientos. Cuando nuestros sentimientos se vuelven un obstáculo, el espíritu es bloqueado. Cuando nuestros sentimientos son fríos, secos o apagados, el espíritu también lo es.

¿Por qué confunden tan frecuentemente los hijos de Dios el espíritu con los sentimientos? Por lo general, pueden distinguir entre el espíritu y la voluntad, y entre el espíritu y la mente, porque existe una gran diferencia entre ellos. Pero no es fácil discernir entre el espíritu y los sentimientos. Es fácil confundirlos porque el espíritu no fluye independientemente de ellos; cuando fluye, lleva consigo los sentimientos. El espíritu no se expresa por medio de la mente ni de la voluntad sino de los sentimientos. Es por esta razón que a muchas personas se les hace difícil ver la diferencia entre el espíritu y los sentimientos. Aunque son totalmente diferentes, el espíritu se expresa por medio de los sentimientos. La bombilla eléctrica expresa la electricidad; las dos cosas no se pueden separar pese a que la electricidad y la bombilla son dos cosas diferentes. Del mismo modo, el espíritu y los sentimientos son dos cosas diferentes, pero aquél se expresa por medio de éste, y por eso no los podemos separar. Esto no significa que el espíritu sea los sentimientos ni que los sentimientos sean el espíritu. Para aquellos que nunca han aprendido las lecciones espirituales, el espíritu y los sentimientos son la misma cosa. Es como aquellas personas que piensan que la electricidad y la bombilla son lo mismo. En realidad, la electricidad y la bombilla son dos cosas completamente diferentes. Cuando el ministro de la Palabra predica, su espíritu tiene que brotar. Pero la liberación del espíritu está muy relacionada con los sentimientos. Si sus sentimientos no son rectos, su espíritu no puede fluir. La electricidad generada en la central eléctrica podrá ser muy potente, pero sin la bombilla, no habrá ninguna luz. Del mismo modo, no importa cuán maravilloso sea nuestro espíritu, éste queda confinado si nuestros sentimientos son deficientes. El espíritu es liberado por medio de nuestros sentimientos. Para que el espíritu del ministro de la Palabra pueda brotar, debe contar con sentimientos adecuados mediante los cuales se pueda expresar. Si los sentimientos no obedecen al espíritu o no siguen sus instrucciones, el espíritu es bloqueado. Así que para que el espíritu pueda salir, la persona debe contar con sentimientos rectos. Ahora examinemos qué son sentimientos apropiados o rectos.

El hombre cuenta con una voluntad, que es la parte más tosca de su interior. También tiene una mente, la cual es más refinada que la voluntad, pero también es burda en cierta medida. El hombre también posee sentimientos, que son su parte más delicada. Cuando al hombre toma una decisión, tal vez sea inmutable. Aunque el hombre puede pensar, sus pensamientos no son necesariamente delicados. Pero las emociones y los sentimientos son tiernos y suaves. En el Antiguo Testamento, en particular en Cantar de cantares, las partes más delicadas del hombre son representadas por fragancias. Estas sólo pueden ser detectadas por el olfato, que es un sentido bastante sensible. En la Biblia el olfato representa los sentimientos más finos. Aunque los sentimientos del hombre son delicados, no todos ellos pueden ser usados por Dios.

El ministro de la Palabra tiene que usar sus sentimientos. Cada vez que ministra, tiene que incluir sus sentimientos en las palabras que usa. De no ser así, sus palabras estarán muertas. Antes de empezar a ministrar, él necesita la memoria y los pensamientos, pero al comenzar a hablar, debe usar sus sentimientos. Si sus sentimientos no son compatibles con lo que está diciendo, su mensaje no dará ningún resultado.

El Señor Jesús aludió a esto en uno de los ejemplos que dio a Sus discípulos, cuando dijo: "Mas ¿a qué compararé esta generación? Es semejante a los muchachos que se sientan en las plazas, y dan voces a los otros, diciendo: Os tocamos la flauta, y no bailasteis; os endechamos, y no lamentasteis" (Mt. 11:16-17). Si los sentimientos de una persona son normales, bailará al oír la flauta, y llorará al oír lamentos. Es decir, el ministro de la Palabra no puede hablar de una cosa y sentir otra. Esto lo descalifica para hablar por el Señor. No podemos comunicar un mensaje de tristeza si nosotros mismos no nos sentimos tristes. Los sentimientos de los que hablamos no son fingidos. Cualquier sentimiento fingido es una imitación o una actuación. Cuando el ministro de la Palabra habla, no debe fingir, sino que debe estar lleno de sentimientos que manifiesten las palabras que anuncia. Cada frase que diga debe estar llena de sentimiento. Si las palabras son tristes, él debe sentirse triste. Cuando su espíritu está triste, también lo deben estar los sentimientos. Cuando dé un mensaje de gozo, él debe sentirse contento, pues si el espíritu está alegre, él debe expresar regocijo.

Debemos recordar que no es suficiente simplemente comunicar el mensaje, ya que el espíritu también debe ser comunicado. No obstante, cuando el espíritu es comunicado, éste transmite también nuestros sentimientos. Por lo tanto, si nuestros sentimientos no corresponden a la norma de Dios, nuestras palabras no tendrán el espíritu. Cuando nuestros sentimientos son muy ásperos, no pueden ser usados para comunicar la Palabra. Los sentimientos son la parte más sensible del hombre. Si nuestros sentimientos son ásperos e insensibles, no podremos usarlos, y nuestro mensaje no comunicará el espíritu apropiadamente. Siempre que anunciamos la Palabra, necesitamos un espíritu que la complemente. Si el espíritu no concuerda con las palabras, habrá una incompatibilidad que traerá pérdida. El resultado será simplemente un fracaso. Cuando comunicamos un mensaje específico, debemos transmitir con él un espíritu específico. En otras palabras, necesitamos el espíritu de las palabras que comunicamos. No podemos anunciar cierto mensaje si tenemos otra clase de espíritu, pues en tal caso no podemos ser ministros útiles. El espíritu que tenemos debe corresponder al mensaje que proclamamos, pues cuando el espíritu es comunicado, éste no puede expresarse por sí mismo; tiene que ser complementado por los sentimientos. Si nuestros sentimientos no pueden ser usados, o si toman una dirección diferente a la de nuestro espíritu, el espíritu no puede hacer nada. Por consiguiente, nuestro espíritu y la Palabra de Dios tienen que complementarse mutuamente, y nuestros sentimientos también tienen que complementar a la Palabra de Dios.

LOS SENTIMIENTOS Y LA PALABRA
SON COMUNICADOS JUNTAMENTE

Cuando el ministro de la Palabra predica, no es suficiente que comunique palabras solamente. Si no hace frente a los obstáculos ya mencionados, no pasará nada, aunque tenga la luz, los pensamientos, la palabra interna, la memoria y el mensaje adecuado; todo ello será en vano. Si nuestros sentimientos son diferentes del que contiene el mensaje que Dios da, se crea un gran problema. No debemos tratar de identificarnos con el sentir de la Biblia de un modo superficial, sino que debemos hablar usando nuestros sentimientos cuando anunciamos con nuestro ser interno las palabras de la Biblia.

La Palabra de Dios lleva consigo los sentimientos de Dios, y El espera que nosotros tengamos los mismos sentimientos. Cuando hablamos, nuestros sentimientos y nuestras palabras tienen que concordar. Nuestros sentimientos deben reflejarse en nuestras palabras. Sólo entonces dejaremos un impacto en los oyentes. En otras palabras, cuando nuestros sentimientos son comunicados con nuestras palabras, el Espíritu Santo toca a otras personas por medio de nuestros sentimientos.

¿En dónde radica el problema hoy? En que algunos cuentan con la revelación y la palabra, pero no tienen el fruto. ¿Cómo es posible que esto suceda? Esto se debe a que ellos no liberan su espíritu, y su espíritu no es liberado porque sus sentimientos tampoco lo son. Debido a ello, el Espíritu Santo no encuentra un canal por el cual comunicarse. Por tanto, aun cuando tenemos la luz y el debido mensaje, seremos infructuosos si nuestros sentimientos no están presentes. Debemos recordar que los sentimientos son necesarios para comunicar el mensaje. Necesitamos tener la luz, los pensamientos, la palabra interna, la memoria y las palabras adecuadas. Pero al proclamar la palabra, también necesitamos los sentimientos. El Espíritu Santo usa nuestros sentimientos para tocar a las personas. Tratar de tocar a otros solamente con nuestros sentimientos es una actividad externa y sólo transmite muerte; no es el ministerio de la Palabra. Si podemos llegar a otros con nuestros sentimientos, es porque tanto nuestro espíritu como el Espíritu Santo obran juntamente. En otras palabras, nuestros sentimientos tienen que concordar con nuestras palabras a fin de que ambos sean comunicados con intensidad. Sólo entonces operará en otros el Espíritu Santo al ministrarse la Palabra. Es un gran estorbo si el primer obstáculo que encontramos en nuestro mensaje somos nosotros mismos.

Hay hermanos que cuando se disponen a hablar, la primera barrera que afrontan al transmitir su carga es su propia persona. Ellos hacen lo posible por comunicar lo que desean, pero se enfrentan con el problema de que sus palabras no parecen ir muy lejos. Hay barreras que les impiden comunicar las palabras fácilmente. El mensaje no halla un canal apropiado. El mayor obstáculo son ellos mismos. Mientras hablan del amor del Señor, ellos no sienten dicho amor en absoluto. No se trata de si conocen o no el amor del Señor; lo que importa es si lo sienten. Puede ser que un hermano haya visto lo horrendo que es el pecado, pero cuando se dispone a hablar al respecto, quizá no esté consciente de lo pecaminoso que es el pecado. Sus palabras y sus sentimientos no concuerdan. Ello se debe a que no cuenta con los sentimientos apropiados. Si un hermano va a hablar acerca del dolor que uno experimenta al arrepentirse, pero él mismo no lo siente, sus palabras no llegarán a los oyentes. Si él mismo no se siente mal, su audiencia tampoco se sentirá mal. Si ministramos la Palabra a los demás es porque ellos no tienen el sentimiento ni los pensamientos ni la luz. Nosotros vimos lo pecaminoso que es el pecado, pero ellos no. Si queremos que ellos lo vean, nosotros debemos sentir lo que decimos, pues sólo entonces los afectaremos y les podremos transmitir nuestro mensaje con el sentimiento apropiado. Debemos tocar sus sentimientos y hablarles hasta que ellos vean lo mismo que nosotros. Si carecemos de sentimientos o si nuestros sentimientos no son útiles, los sentimientos de los demás no serán tocados. Las palabras de Jorge Whitefield eran muy convincentes cuando él hablaba del infierno. En ocasiones las personas que lo oían se asían a las columnas del edificio donde estaban por temor de deslizarse y caer en el infierno. Su mensaje acerca del infierno estaba cargado de sentimientos. Aquello era como si el infierno se abriera frente a los pecadores. Debido a que él hablaba con tales sentimientos, su espíritu, juntamente con el Espíritu Santo, acompañaban las palabras. Es por eso que las personas eran tan conmovidas que se asían a las columnas del edificio por temor a caer en el infierno.

Si alguien es descuidado en las palabras, no estará consciente de cuánto lo limitan sus sentimientos. No comprenderá que sus palabras son vanas y que lo que anuncia es infructuoso. Si tomamos en serio el asunto de ser ministros de la Palabra y de hablar a la audiencia, descubriremos que nuestros sentimientos a menudo son inútiles, pues veremos cuánto nos estorban. Esta primera barrera ciertamente nos detiene. Es posible que necesitemos proclamar un mensaje severo, pero cuanto más hablamos, más débiles nos sentimos, pues nuestros sentimientos no están a la par de nuestro mensaje. Nuestras palabras son estrictas, pero nuestros sentimientos no. Cuanto más hablamos, menos se percibe la seriedad del asunto. Nuestros sentimientos no logran expresar lo que expresan nuestras palabras, y lo único que hacemos es levantar la voz. Hay muchos hermanos que lo único que saben hacer es gritar; sin embargo, sus gritos no están dirigidos a los demás sino a ellos mismos. Cuando hacen esto, los demás perciben que carecen de sentimientos. Hay personas que cuando hablan usan la mitad de su energía luchando internamente, debido a que sus sentimientos son muy limitados. Tienen que hablar hasta producir en ellos mismos los sentimientos, hasta que asciendan a cierto nivel, a fin de transmitir el mensaje. Las palabras que deberían ser dirigidas a los demás son dirigidas al ministro primero debido a que él mismo es un obstáculo a su propio mensaje. Es un problema bastante serio el que muchas personas experimentan cuando, al empezar a predicar la Palabra, descubren que ellos mismos son un impedimento. Aunque desean anunciar la Palabra de Dios, no tienen el debido sentimiento. Sus sentimientos y sus palabras no se complementan y, en consecuencia, su mensaje no halla salida.

Debemos ver que el ministro de la Palabra necesita que sus sentimientos concuerden con su mensaje, pues de lo contrario, no es apto para dicho ministerio, ya que no puede expresar eficazmente sus palabras; ellas quedarán encerradas dentro de él. Esto es muy delicado. El problema yace principalmente ahí. Tenemos un mensaje, pero nuestros sentimientos discrepan con él. Aunque estamos conscientes de la seriedad de lo que debemos comunicar, nuestros sentimientos no están a ese nivel. Al comunicar el mensaje, nuestros sentimientos deben ir con él. Pero descubrimos que nuestros sentimientos están ausentes. Si una persona predica sin sentir lo que está diciendo, nadie le creerá, y su mensaje será inútil aunque grite con todas sus fuerzas. Mientras habla, sus palabras no llevan consigo el debido sentimiento. De hecho, es posible que tenga la sensación de que lo que está haciendo es extraño y le parezca que está haciendo algo artificial. ¿Cómo es posible que otros crean un mensaje de esa índole?

Sólo podemos esperar que otros crean nuestras palabras si nosotros mismos las creemos y les imprimimos el debido sentimiento. Si al hablar nos sentimos fríos e insensibles y nos damos cuenta de que nuestros sentimientos en realidad no van a la par de nuestras palabras, podemos estar seguros de que no estamos comunicando nuestro espíritu ni el Espíritu Santo, y nuestro mensaje no tendrá ningún poder.

DEBEMOS CULTIVAR LA SENSIBILIDAD

No sólo debemos aplicar nuestros sentimientos, sino que también debemos tomar el camino correcto para expresar sentimientos que correspondan al mensaje y, por ende, sean útiles. Esto nos lleva a examinar nuestra experiencia básica, la cual es el quebrantamiento de nuestro hombre exterior. Cuando hablamos del ministro como persona, prestamos mucha atención al quebrantamiento del hombre exterior. Si el hombre exterior no es quebrantado, la Palabra del Señor no puede ser comunicada, ya que en ese caso, el Señor no podrá usarlo. Tenemos que recalcar esto. Debemos ver cómo quebranta el Señor nuestro hombre exterior y cómo prepara nuestros sentimientos para el ministerio de la Palabra.

Dios disciplina al hombre al disponer toda clase de circunstancias que lo abofeteen. Esto naturalmente es doloroso y produce heridas. Cuando una persona recibe heridas, sus sentimientos son lastimados y se vuelven más tiernos que antes. Los sentimientos del hombre constituyen la parte más tierna de su hombre exterior; ésta parte es más tierna que su voluntad y que su mente. Pero aun así esa ternura no es suficiente para Dios. No es lo suficientemente delicada para satisfacer lo que exige la Palabra de Dios. Para que la Palabra de Dios pueda ser comunicada por medio de nosotros, tenemos que ser extremadamente sensibles a ella, ya que a fin de usarnos como ministros de Su Palabra, nuestros sentimientos tienen que corresponder al sentimiento que ella conlleva. El sentimiento del ministro de la Palabra debe estar a la par de lo que ministra; por eso tiene que ser equipado con los sentimientos que la Palabra exige. Los sentimientos necesarios para anunciar la Palabra deben ser lo suficientemente cultivados. El que proclama la Palabra debe estar consciente de que al comunicar la Palabra de Dios, su persona también es comunicada, ya que de no ser así, la palabra no tendrá impacto en otros ni en él.

Cuando uno pasa por la disciplina de Dios, se da cuenta de cuán burdos son sus sentimientos delante de El. Aunque los sentimientos son la parte más tierna de una persona, son toscos e inútiles para Dios. Si nuestros sentimientos no son lo suficientemente delicados cuando la palabra de Dios es comunicada por nuestra boca, encontraremos que parte de lo que decimos está lleno de sentimientos, mientras que otra parte carece de ellos. Cuando un artista pinta, tiene que mezclar muy bien los colores, ya que de lo contrario, algunas áreas quedarán en blanco. Si los matices están bien mezclados, la superficie de la obra será cubierta uniformemente. Esto también se aplica a los ministros de la Palabra. Aquellos cuyos sentimientos son burdos errarán el blanco en ocho de cada diez frases, pero los que tengan sentimientos afinados complementaran cada palabra con sus sentimientos. En la Biblia la vida del Señor es representada por la flor de harina. Esto significa que nuestro Señor tenía sentimientos muy sensibles. Es terrible cuando los hermanos predican sin sentir lo que anuncian, pues en tales circunstancias, sus sentimientos son inútiles, y no pueden complementar sus palabras por falta de sensibilidad. Tengamos presente que los sentimientos que no han sido refinados impiden que la palabra de Dios sea comunicada.

Necesitamos que el Señor actúe en nosotros hasta que nuestros sentimientos sean delicados y tiernos. Tenemos que ser quebrantados para que nuestros sentimientos sean sensibles delante del Señor. En la Biblia encontramos que el escritor no sólo está lleno de la experiencia de vida y de los pensamientos del Espíritu Santo, sino también de los sentimientos espirituales. Los ministros de la Palabra que encontramos en la Biblia comunicaban sus palabras con mucho sentimiento. Hoy al servir como ministros de la Palabra, debemos hacer lo mismo. Si nuestros sentimientos no complementan nuestro mensaje, la audiencia no lo recibirá. Si la mano de Dios no nos toca ni quebranta nuestro hombre exterior, nuestros sentimientos no serán tiernos ni tendremos ninguna herida ni dolor. Si somos sensibles en cierto asunto, esto indica que tenemos una herida o un dolor en relación con ese asunto. Los granos de trigo tienen que ser molidos hasta ser harina fina. Cuanto más heridas y dolor experimentamos, más sensibles nos volvemos. Cuando se aplica presión, el grano se multiplica y llega a ser tres, cinco, siete o cien granos. No debemos esperar tener sentimientos delicados si no hemos sufrido ni sangrado por haber experimentado la disciplina de Dios.

Cuando nos acercamos a ciertos hermanos, sabemos que la obra del Señor no es lo suficientemente profunda en ellos. Si un hermano ha sido disciplinado, ha aprendido a andar rectamente hasta cierto punto, ha mejorado bastante en su conducta y ha progresado en el estudio de las Escrituras y en otras áreas, pero sus sentimientos no manifiestan sensibilidad, tal hermano carece de algo delante del Señor, y hay partes en él que Dios no puede usar. No importa cuánto mejore el comportamiento de la persona ni cuánta luz vea en su espíritu, si carece de sentimientos queda claro que el adiestramiento que ha recibido es superficial. Cuando una persona toca la obra de la cruz del Señor, toda su persona es quebrantada. Su voluntad deja de ser obstinada; su mentalidad arrogante es subyugada, y sus sentimientos se vuelven más delicados. El Señor puede quebrantar la voluntad de una persona con un gran resplandor de Su luz, aunque ésta piense que es astuta e ingeniosa. Sin embargo, los sentimientos no pueden ser quebrantados sólo con un resplandor. La ternura de una persona es el resultado de haber pasado por la disciplina de Dios muchas veces, pues los sentimientos sólo se ablandan cuando ella ha pasado por ciertas circunstancias. Si somos desordenados en ciertos asuntos, el Señor dispondrá las circunstancias para quebrantarnos. Después de pasar por una adversidad, vendrá otra. Una y otra vez seremos molidos y triturados como granos en un molino. Finalmente, seremos pulverizados hasta convertirnos en flor de harina.

Necesitamos un espíritu que responda debidamente a la disciplina. ¿Cómo es este espíritu? Ya que el espíritu se expresa por medio de los sentimientos, un espíritu que recibe debidamente la disciplina está consciente de haber sido quebrantado.

El Señor desea que vivamos en un espíritu quebrantado; El desea que tengamos sentimientos delicados y tiernos, los cuales no son innatos, sino que los adquirimos al ser quebrantados. El Señor quiere que vivamos con un espíritu quebrantado. Debemos ser tan quebrantados por el Señor, que la sensación de Su disciplina permanezca fresca en nosotros, y que Su disciplina esté presente en nuestra memoria. El Señor tiene que operar en nosotros a tal grado que nuestros sentimientos estén llenos de temor y temblor, para que ya no nos atrevamos a ser descuidados o negligentes. Cada vez que Dios obra en nosotros, nos disciplina y nos quebranta, nuestros sentimientos se vuelven más vivos y más sensibles. Esta es la lección más profunda con relación al quebrantamiento del hombre exterior. El quebrantamiento de los sentimientos tal vez no sea tan drástico como el de la voluntad o como el de la mente, pero es mucho más profundo.

Si nos mantenemos en un espíritu dispuesto a ser disciplinado cuando hay una herida en nosotros, sentimos el dolor, el cual espontáneamente nos hace temer; nuestros sentimientos llegan a ser más sensibles por el dolor. Al ser disciplinados repetidas veces, podemos expresar una alegría genuina cuando nuestro corazón está alegre y una tristeza verdadera cuando nuestro corazón se siente afligido. Cuando la palabra de Dios venga a nosotros una vez más, tendremos el sentimiento que ella trae consigo, y nuestros sentimientos lo expresarán. Esto es glorioso. El propósito de la disciplina es hacernos compatibles con la palabra de Dios. Cuando El nos vuelve a hablar o a expresar Su deseo, nuestros sentimientos corresponderán a los Suyos. El Señor nos disciplina y nos prueba repetidas veces hasta que tenemos una herida y una cicatriz en nuestro ser. Antes éramos toscos e insensibles, pero después de ser disciplinados, nuestros sentimientos comienzan a ser sensibles. Tan pronto como viene a nosotros la palabra de Dios, sentimos algo, y si El actúa, somos sensibles a ello. Por lo menos durante el período inmediato a haber experimentado la disciplina respondemos a la palabra de Dios. Al aumentar Su disciplina, somos quebrantados, y nuestros sentimientos llegan al nivel de Su norma. El ministro de la palabra tiene que estar al nivel de la palabra de

Dios, por lo menos en lo que a sus sentimientos se refiere. Después de pasar por la disciplina que se relaciona con nuestros sentimientos, descubrimos algo interesante: no sólo anunciamos la palabra de Dios, sino que también la sentimos.

Lo que sentimos es lo que expresamos. Pedro "alzó la voz" cuando habló en Pentecostés (Hch. 2:14), debido a que sentía algo intenso. Me temo que algunos entre nosotros nunca hemos alzado la voz cuando compartimos. La única explicación que podemos dar a esto es que nuestros sentimientos no son lo suficientemente intensos. Pedro anunció la palabra con bastante sentimiento, y debido a esa intensidad pudo alzar la voz. La palabra de Dios tiene sentimientos, y las palabras que la comunican no son como las de una grabadora. La palabra de Dios es expresada por medio de sentimientos intensos que responden a ella. Pablo exhortó a la iglesia que estaba en Corinto "con muchas lágrimas" (2 Co. 2:4). Me temo que muchas personas nunca han derramado lágrimas cuando dan sus mensajes debido a que sus sentimientos están muy limitados. Alzar la voz o derramar lágrimas no tienen mucho significado por sí solas. Pero si una persona nunca ha alzado la voz ni derramado lágrimas, algo le falta. No hay ningún mérito especial en alzar la voz ni en derramar lágrimas. Pero indiscutiblemente algo le falta a alguien que nunca ha alzado la voz ni derramado lágrimas; sus sentimientos nunca han sido quebrantados por el Señor. Si los sentimientos de una persona han sido finamente molidos, ella se podrá regocijar cuando la Palabra de Dios así lo requiera y llorar cuando la Palabra lo exija. Esto no será una acción fingida. No debemos tratar de producir esto. Si se trata de una imitación, una persona con experiencia reconocerá fácilmente la farsa y la imitación. Jamás debemos ser artificiales, pues esto corrompe la palabra de Dios. Debemos contar con los debidos sentimientos. Necesitamos los mismos sentimientos que contiene la Palabra. El gozo y la tristeza son sentimientos opuestos. Cuando la Biblia habla del gozo, la reacción apropiada es regocijarse, y cuando habla de la tristeza, la reacción apropiada es afligirse. Hay personas que durante toda su vida están tan atadas que siempre son indiferentes; no bailan cuando oyen la flauta, ni se afligen cuando escuchan lamentos. Sus sentimientos no están al nivel de la necesidad y constituyen un estorbo a la palabra de Dios.

¿Por qué muchas personas tienen sentimientos que no pueden ser usados? ¿Por qué el Señor las hace pasar por tantas experiencias? La razón es que la raíz de los sentimientos yace en la persona misma. El problema de los sentimientos es diferente a los problemas de la voluntad y la mente, ya que las personas se vuelven el centro de sus propios sentimientos. Muchas personas gastan todos sus sentimientos en ellas mismas. En tal caso, no tienen sentimientos para los demás. Hay hermanos que son fríos e insensibles para todo; da la impresión que todo les es indiferente. Pero no lo son para con ellos mismos. Cierto hermano puede ser rudo con los demás hermanos, pero si alguien es rudo con él, se ofende inmediatamente. Tal hermano ha gastado todos sus sentimientos en sí mismo. El se ama a sí mismo y se preocupa por sí mismo. Cuando sufre, siente el dolor, y cuando tiene problemas, llora, pero no tiene sentimientos en absoluto para con los demás. Hermanos, si el Señor no conquista nuestros sentimientos por completo, seremos inútiles en el ministerio de la Palabra. El Señor a menudo pone Su mano sobre nosotros por medio de la disciplina del Espíritu Santo con el propósito de que nuestros sentimientos se vuelvan hacia los demás. Necesitamos dirigir nuestros sentimientos al servicio del ministerio de la Palabra. No tenemos tiempo para gastarlos en nosotros mismos. Nuestros sentimientos deben ser tiernos constantemente. Si se agotan, pierden su utilidad. Muchas personas están obsesionadas consigo mismas; piensan que son el centro del universo. Todos sus sentimientos giran en torno a ellas mismas. Dios tiene que librarlas de su cascarón. No contamos con un surtido ilimitado de sentimientos. Si los agotamos, no podremos ser ministros de la Palabra de Dios. Dios tiene que disciplinarnos y quebrantarnos hasta que dejemos de usar nuestros sentimientos en nosotros mismos y éstos se vuelvan tiernos. El fundamento de los sentimientos tiernos yace en ser libres del egocentrismo. El Señor tiene que derribar nuestros sentimientos para que seamos libres de tal actitud. Cuanto más somos molidos y cuanto más finos nos volvemos, más útiles serán nuestros sentimientos.

El ministro de la Palabra debe tener sentimientos finos y sensibles a fin de que Dios pueda usarlos. Recordemos que nuestras palabras serán tan ricas como lo sean nuestros sentimientos. El caudal de riquezas que se encuentra en nuestras palabras está determinado por nuestros sentimientos, ya que éstos dictan las palabras que proferimos. A veces tenemos muchas palabras, pero nuestros sentimientos no son lo suficientemente intensos para complementarlas. En tales circunstancias, nuestras palabras son atadas por nuestros sentimientos. Los ministros de la Palabra deben tener presente que la extensión de sus palabras es proporcional al quebrantamiento que han experimentado de parte de Dios. La extensión de sus palabras no puede ser mayor que la condición de su persona. Hay personas que tienen problemas con su mente; otras tienen limitaciones en sus sentimientos. Su experiencia de la obra de quebrantamiento que Dios efectúa es muy limitada. El hombre espiritual cuenta con toda clase de sentimientos. Cuanto más espiritual sea una persona, más sensible será. No piense que cuanto más espiritual se vuelva una persona, más insensible será. Cuantas más lecciones aprende uno de Dios, más ricos serán sus sentimientos. Si comparamos los sentimientos de un incrédulo con los de Pablo, será fácil ver que Pablo es superior tanto en espiritualidad como en sentimientos. Cuanto más quebrantamiento experimente una persona, más sensible será. Cuando nuestros sentimientos son enriquecidos, podemos encontrar el sentimiento que corresponde a las palabras que anunciamos. Cuando los sentimientos corresponden a las palabras, el mensaje de Dios encuentra la salida que desea. Si las palabras son expresadas pero los sentimientos se quedan encerrados, no habrá armonía entre ambos, y el mensaje no será efectivo; tendremos la sensación de que algo está mal. Quizá intentemos decir algo más y alcemos la voz, pero algo seguirá mal porque nuestros sentimientos no responderán a nuestras palabras.

Si alguien desea ser un ministro de la Palabra, tendrá que someterse a un intenso quebrantamiento. Si uno se aparta de éste, quedará imposibilitado. Necesitamos ser destruidos delante de Dios. Si no somos quebrantados, no podemos realizar ninguna obra. Si no hemos sido disciplinados, no podremos laborar. Aun si fuéramos los más sabios del mundo, seguiríamos siendo inútiles. No importa cuán astutos seamos o cuanto conocimiento tengamos. Sólo aquellos que han sido quebrantados son útiles. Este es un asunto muy delicado. Nuestras emociones y sentimientos tienen que pasar por una disciplina continua para que puedan ser útiles en nuestro mensaje. Si el Señor nos disciplina en cuanto a nuestro amor propio una o dos veces, al hablar acerca del amor propio, nuestros sentimientos espontáneamente responderán a nuestro mensaje, y no habrá ningún obstáculo. Si nuestra soberbia ha sido quebrantada, al hablar acerca de ella y acerca de cómo el Señor resiste a los soberbios, nuestros sentimientos irán a la par de nuestras palabras. Es decir, nuestros sentimientos pueden responder a nuestras palabras sólo en la medida en que hayan sido quebrantados. Nuestros sentimientos tienen que ser totalmente quebrantados a fin de que puedan servir en la comunicación de la Palabra. Esta es la única manera de prepararnos para el ministerio de la Palabra, ya que nuestros sentimientos tienen que corresponder a las palabras que anunciamos. El alcance de nuestros sentimientos determinará el alcance de lo que podemos decir. Cada vez que nuestras palabras toquen algo más elevado, nuestros sentimientos tendrán que volverse más delicados, sensibles y específicos. Que el Señor nos conceda Su gracia para que nuestros sentimientos correspondan a nuestras palabras.

Jesus Te amamos

CAPITULO DIECISEIS

LA PALABRA
Y LA LIBERACION DEL ESPIRITU

LA RELACION ENTRE LA PALABRA Y EL ESPIRITU

Examinemos la relación entre la palabra y la liberación del espíritu. Para que la palabra hablada sea recibida como revelación y no simplemente como doctrina, para que los oyentes no sólo escuchen palabras, sino que reciban la Palabra y la luz, y para que no permanezcan iguales sino que caigan postrados por la Palabra, el ministro debe liberar su espíritu. Tal vez las palabras sean las correctas y los sentimientos estén presentes, pero si el espíritu no es liberado, los oyentes sólo tocaran una doctrina perfecta o una enseñanza elevada. Será algo que ellos podrán entender, pero no tocarán la Palabra de Dios. Es posible comunicar la Palabra sin el espíritu, o sea, de una manera corriente. Si un mensaje serio es expresado con un espíritu corriente e indiferente, también se volverá corriente. Pero cuando un mensaje es declarado con un espíritu fuerte, el mismo mensaje será eficaz. Es posible que las palabras sean las correctas, pero también es importante la clase de espíritu que acompaña las palabras cuando éstas son comunicadas, lo cual depende de que el ministro de la Palabra libere su espíritu. El puede dar una pequeña salida a su espíritu o lo puede liberar con intensidad. Inclusive, puede hacer que su espíritu salga de una manera explosiva. La calidad del mensaje depende de la manera que se libere su espíritu, y no tanto de las palabras en sí. Mientras el ministro habla, puede dar salida a su espíritu o encerrarlo; lo puede liberar con poder o liberarlo de una manera corriente. Tal decisión está en manos del ministro; por eso, tiene que aprender a dar salida a su espíritu mientras habla.

Existe una estrecha relación entre el espíritu y la palabra. Cuando el espíritu es afectado o equivocado, el mensaje también lo es. Es difícil explicar con claridad cómo afecta el espíritu al mensaje. Lo único que podemos decir es que el espíritu del hombre es extremadamente delicado y fino; no debemos intimidarlo ni ofenderlo. Al predicar la Palabra de Dios, puede ser que tengamos todo en orden, pero si nuestro espíritu no está preparado, no podremos comunicar el mensaje. Todo predicador que tenga algo de experiencia sabe lo que significa liberar el espíritu. Si hay mucho viento afuera, si está lloviendo y si está oscuro afuera y uno no se atreve a abrir la puerta de la casa para salir, alguien debe empujarlo para ayudarle a salir de su casa. De la misma manera es necesario empujar el espíritu. Cuando nos levantamos para hablar en la reunión, es posible que nuestro espíritu no esté activo, y tengamos que empujarlo para que actúe. Si no lo forzamos, nuestras palabras tendrán un marcado deterioro. A menudo, cuando lo presionamos sólo un poco, las palabras se vuelven mucho más poderosas. Los demás no sólo oirán las palabras sino que tocaran la realidad misma que yace detrás de ellas. No sólo tocarán nuestras palabras, sino también nuestro espíritu. A veces una persona puede entender todo el mensaje, y hasta puede repetirlo y recitárselo a otros; sin embargo, no puede repetir el espíritu. En otras ocasiones, cuando la persona oye un mensaje, no sólo oye las palabras sino que también toca el espíritu. Si el oyente no toca el espíritu, la palabra no tendrá ningún efecto en él.

Lo mismo se puede decir acerca de leer la Biblia. Hay personas que cuando la leen, lo único que ven son palabras, mientras que otras tocan el espíritu de la Biblia. Cuando algunas personas leen la Biblia, sólo ven las palabras de Pablo pero no disciernen su tono. No pueden discernir si su tono es elevado o sencillo, tierno o severo, triste o alegre. Otras no sólo ven las palabras de Pablo sino que también disciernen el tono que usa. Saben si Pablo habla con tristeza; también saben si habla con enojo o con gozo, pues tocan el espíritu de Pablo. Puede ser que leamos todo el libro de Hechos, oración por oración, sin tocar la expresión que contiene. En cierta ocasión, Pablo sacó un demonio de una joven esclava (Hch. 16:18). Si no tocamos el espíritu, sólo sabremos que el demonio fue expulsado sin entender lo que ocurrió exactamente. No nos daremos cuenta si Pablo usó un tono de voz tierno o severo. Necesitamos tocar el espíritu de los escritores de la Biblia a fin de saber lo que dijeron, pues esto expresa la clase de espíritu que ellos tenían. Si tocamos la palabra sin tocar el espíritu, no podemos entender la Biblia.

De igual manera, tenemos que experimentar la disciplina de Dios para dar salida al espíritu cuando anunciamos la Palabra. Si nunca hemos sido disciplinados por el Señor, o si la disciplina no es lo suficientemente profunda, pura y limpia, nuestro espíritu no podrá salir juntamente con la Palabra de Dios. Aun si tratamos de empujar nuestro espíritu para que salga, no habrá nada que empujar. Puede ser que lo que empujemos sea doctrinas, mas no podremos hacer salir el espíritu que yace detrás de la Palabra de Dios. Recordemos que el significado de la predicación es comunicar la Palabra, pero además, la predicación debe liberar el espíritu. Cuando un ministro comunica la palabra, debe al mismo tiempo liberar su propio espíritu. El da salida a su espíritu por medio de su mensaje. Espontáneamente, el Espíritu de Dios brota por medio del espíritu del hombre. El Espíritu Santo es liberado conjuntamente con el espíritu del hombre. Si el espíritu del hombre no es liberado, tampoco es liberado el Espíritu Santo. Esto plantea un gran problema al predicador. Tengamos presente que al oír un mensaje lo importante no es oír las palabras, sino tocar el espíritu del orador.

Necesitamos comprender que cuando la Palabra es comunicada, es decir, cuando se ejerce el ministerio de la Palabra, no sólo se comunica un mensaje, sino que también el espíritu es liberado. El oyente no debe limitarse a oír las palabras sino que además debe tocar el espíritu. Si sólo toca la palabra sin tocar el espíritu, lo que obtiene es algo común y corriente. Si no tocamos el espíritu, seremos indiferentes al mensaje que viene de Dios. Sólo cuando tocamos el espíritu tocamos la vida. El Señor dijo: "Las palabras que Yo os he hablado son espíritu y son vida" (Jn. 6:63). Necesitamos tocar el espíritu para conocer el significado de la palabra. Al predicar la palabra de Dios, no sólo debemos ocuparnos de transmitir las palabras correctas sino también de liberar nuestro espíritu. Es un hecho que el hombre no puede liberar su espíritu continuamente. Uno tiene que hacer cierto esfuerzo para dar salida a su espíritu. En muchos casos, el ministro de la Palabra no está dispuesto a hacer tal esfuerzo. Por eso el hombre no pueda liberar su espíritu continuamente. Por supuesto, cuanto más fuerte es nuestro espíritu, más fácil es darle salida, y podemos liberarlo una y otra vez. Es inconcebible que una persona pueda ponerse de pie y hablar por Dios sin jamás liberar su espíritu por lo menos una vez. Como mínimo, habrá liberado su espíritu una vez, forzándolo a salir juntamente con sus palabras, y haciendo posible que otros toquen su espíritu. Nadie se postra delante de Dios sólo por oír palabras. Si una persona se humilla ante Dios es porque ha tocado el espíritu. Si lo único que tenemos son palabras, éstas fácilmente se volverán doctrinas. Si predicamos una revelación y liberamos nuestro espíritu al mismo tiempo, los oyentes no sólo tocarán las palabras sino también el espíritu. El Espíritu de Dios llega a otros cuando pasa por nuestro espíritu.

EL ADIESTRAMIENTO DEL ESPIRITU

El ejercicio del espíritu que lleva a cabo el ministro de la Palabra depende de dos cosas: primero, un espíritu adiestrado y, en segundo lugar, la personalidad del ministro. El ejercicio del espíritu por parte del ministro para ministrar a la iglesia, y la extensión y la esfera de dicho ejercicio dependen de la medida de experiencia que él tenga en estas dos áreas.

Examinemos primero lo que es el adiestramiento del espíritu. El ministro de la Palabra no puede liberar su espíritu más de lo que ha aprendido. Si un hermano no ha recibido mucho adiestramiento, no podemos esperar que use su espíritu en un grado mayor. Pero si ha recibido un adiestramiento estricto y continuo en su espíritu, le será fácil y espontáneo usar su espíritu en el ministerio de la Palabra. Sólo podrá usar su espíritu al grado al que haya sido adiestrado. Una persona no puede liberar un espíritu que no posee. Sus límites delante del Señor son el límite de su espíritu. Esto constituye una lección fundamental.

Dios emplea bastante tiempo durante toda nuestra vida en adiestrar nuestro espíritu a fin de que llegue a serle útil. El tiene que adiestrarnos al grado que podamos usar nuestro espíritu libre y profusamente. El Señor dispone nuestras circunstancias con el fin de quebrantarnos; por eso, nos pone en un medio ambiente imposible de soportar. De la misma manera que Pablo experimentó lo descrito en 2 Corintios, tal vez nuestras circunstancias sean ásperas y desagradables. Pablo dijo que fue abrumado sobremanera más allá de su fuerza, de tal modo que aun perdió la esperanza de vivir (2 Co. 1:8). Las circunstancias que el Señor prepara para nosotros siempre son mayores de lo que podemos sobrellevar y que nuestras fuerzas. Cada aguijón que sufrimos es insoportable, insufrible e insuperable. Cuando el Señor nos pone en esas circunstancias, se producen dos cosas. Por un lado, el Señor quebranta nuestro hombre exterior por medio de esas circunstancias. A veces nuestra mente es derribada; en otras ocasiones nuestras emociones son heridas; o nuestra voluntad es totalmente quebrantada. No se nos deja otra opción más que ceder totalmente al Señor y confesar nuestros fracasos e incapacidad. Esto es parte del resultado. Por otro lado, al estar bajo la disciplina del Espíritu Santo, Dios produce algo. Mientras somos derribados, ¿permanecemos postrados en el piso como si estuviéramos destruidos o nos levantamos? ¿Permitimos que el aguijón nos derrote o lo vencemos? ¿Decimos que la prueba nos abruma sobremanera más allá de nuestras fuerzas de tal modo que aun perdemos la esperanza de vivir y luego nos quedamos sin hacer nada al respecto, o buscamos a Aquel que levanta a los muertos y nos levantamos de la caída? Recordemos que el Señor siempre nos pone en circunstancias que están más allá de nuestras fuerzas, y que nos llevan aun a perder la esperanza de vivir. En tales circunstancias, gradualmente aprendemos a confiar en El, a buscarlo a El y a depender de El.

¡Es fácil hablar acerca de confiar en el Señor cuando todo está bien! ¡Cuán comunes son nuestras palabras cuando

hablamos de buscar al Señor en momentos así! Hablamos de
depender de El aun sin pensarlo. Pero sólo cuando el Señor
nos pone en una situación desesperante empezamos a aprender a confiar en El y a depender de El un poco. Al empezar a
tocar la gracia y el poder de Dios, inconscientemente empezamos a vencer. Nos damos cuenta de que aun el hecho de
confiar en El es una especie de fe que usamos en medio de
nuestra debilidad, que al esperar en El lo hacemos con temor
y temblor, y que nuestra confianza en El opera cuando nosotros no tenemos seguridad. Tal vez pensemos que esta fe y
esta confianza en El son muy frágiles y que no sirven de
mucho. Pero es en medio de las debilidades que adquirimos
un poco de fe y de confianza y aprendemos a depender de El.
Sin darnos cuenta tocamos algo de gracia y de poder. En tales
circunstancias encontramos misericordia para vencer, y nuestro espíritu es adiestrado. En estos casos no sólo es
quebrantado el hombre exterior, sino que también nuestro
espíritu es adiestrado. No se trata simplemente de un quebrantamiento específico sino de una edificación específica. En
esta experiencia nos encontramos con obstáculos que podemos vencer y allí experimentamos que el Señor puede
levantarnos por encima de nuestros problemas, pues los vencemos sin darnos cuenta. Mientras experimentamos esto,
Satanás nos ataca, pero nuestra confianza, nuestra depen-
dencia y nuestra fe, por más frágiles que sean, nos hacen
experimentar el poder de Dios. Entonces podemos decirle a
Satanás: "Has hecho todo lo que pudiste. Y aunque esto va
más allá de mis fuerzas humanas, doy gracias al Señor
porque vencí. El me dio esperanzas, pues El resucita a los
muertos y fortalece a los débiles". Por medio de esta experiencia, nuestro espíritu es fortalecido, recibe cierta medida de
adiestramiento y es enriquecido. De este modo, nuestro espíritu adquiere un deposito útil y acumula fuerza.

El Señor no actúa en nosotros una sola vez, sino repetida-
mente y de muchas maneras. Mientras El opera en nosotros
reiteradas veces, nuestro espíritu se va fortaleciendo. Dios se
vale de las circunstancias no sólo para quebrantar nuestro
hombre exterior, sino también para edificar nuestro espíritu.
Nos levanta por encima de nuestras pruebas al hacer que se

levante nuestro espíritu. Nunca salimos de una tribulación sin que nuestro espíritu salga primero. Mientras nuestro espíritu aprende algo y recibe disciplina y adiestramiento, todo nuestro ser también se levanta y sale de la tribulación. El Señor nos edifica diariamente. Cuando estamos en medio de la tribulación, somos oprimidos por todos lados. Pero cuando salimos al otro lado, las circunstancias están bajo nuestros pies, y trascendemos por encima de ellas. Cuando nos encontramos en medio de las tribulaciones, nos sentimos débiles. Pero cuando emergemos de ellas, somos fuertes. La muerte viene a nosotros, pero el resultado es la vida de resurrección. No hay tribulación que pueda dejarnos encerrados, y además somos diferentes cuando salimos de ella. No podemos ser los mismos, pues la tribulación nos arruina y nos hace vasos inútiles, o salimos de ella a un plano más glorioso; o sea que la tribulación nos mejora o nos empeora. Quienes no pueden pasar por las tribulaciones no son aptos para ningún servicio. Todos los que soportan las tribulaciones y las vencen llevan una marca de victoria consigo por el resto de sus vidas. Fueron librados de sus circunstancias, y el Señor les concederá victorias similares cuando tengan que afrontar casos parecidos. Si vienen nuevas circunstancias y surgen nuevas dificultades, ellos experimentarán nuevas victorias. Su espíritu adquiere algo nuevo por haber pasado por un adiestramiento nuevo.

Cada vez que pasamos por alguna tribulación, la experimentamos conscientes de que tarde o temprano nos levantaremos por encima de ella. Cuantas más tribulaciones atravesamos, más fuerza encontramos para enfrentarlas. En este proceso nuestro espíritu es fortalecido. Cada vez que pasamos por una experiencia de éstas, nuestro espíritu se fortalece. Cuantas más adversidades pasemos, más fuerte se volverá nuestro espíritu. El Señor quebranta nuestro hombre exterior continuamente mediante la disciplina del Espíritu Santo. Cuando el hombre exterior es quebrantado, el hombre interior es fortalecido y vence los obstáculos. Cuando el martillo cae sobre nosotros, desmenuza nuestro hombre exterior, pero el mismo martillo es vencido por nuestro espíritu. Cuando el Señor nos pone en cierto medio, nuestro hombre exterior es quebrantado, ya que no puede resistir ninguna tribulación. Cada tribulación lo va quebrantando. Cuantas más tribulaciones tenemos, más es quebrantado nuestro hombre exterior y al mismo tiempo, el espíritu prevalece sobre esas circunstancias. El medio que nos rodea prevalece sobre nuestro hombre exterior, pero nuestro hombre interior prevalece sobre él. Por medio de este proceso somos librados de las circunstancias, y al final las vencemos. Esto es lo que ocurre cuando pasamos por las tribulaciones. En primer lugar, el Señor nos pone en medio una tribulación y somos oprimidos, y nuestro hombre exterior es quebrantado, pero ahí no termina todo. Nuestro hombre interior se levanta para vencer las circunstancias, y emergemos al otro lado. La tribulación que vence a nuestro hombre exterior a la postre es vencida por nuestro hombre interior, el cual, a su vez, es adiestrado, se vuelve más intenso, y aprende más de la gracia del Señor y de Su Espíritu. En otras palabras, nuestro hombre interior se vuelve más fuerte que antes, ya que cuando es adiestrado y se fortalece, tenemos un espíritu útil para el ministerio de la Palabra.

Por un lado, el ministro de la Palabra tiene que experimentar el quebrantamiento del hombre exterior, y por otro, su espíritu tiene que hacerse más fuerte y más útil. Esta obra sólo la puede realizar la disciplina del Espíritu Santo. Tengamos presente cuando pasemos por cierta tribulación, que ésta nos hará diferentes. Es posible que nos haga más fuertes o que nos haga más débiles. Si en medio de la tribulación murmuraremos contra Dios, seremos derrotados, pero si no, saldremos al otro lado en victoria completa. Debemos rehusarnos a ser derrotados. En 2 Corintios 12 se nos muestra que junto con el aguijón, Dios nos da la gracia para vencerlo. Antes sabíamos algo de la gracia, pero no conocíamos la clase de gracia que viene con un aguijón. Toda tribulación es un aguijón que nos permite experimentar la gracia que éste trae consigo. Antes de pasar por esta experiencia, la gracia que conocíamos no tenía nada que ver con el aguijón, pero después llegamos a conocer tal gracia. Somos como una barca que navega por un riachuelo de dos metros de profundidad. Mientras no haya escollos todo va bien, pero si nos encontramos con una roca que se asoma a la superficie del agua en medio de la corriente, la barca se detiene. Ante este obstáculo debemos pedirle al Señor que eleve el nivel del agua otros dos metros. Al aumentar la gracia, nuestro espíritu se fortalece. Pablo dijo que él se gloriaría más bien en sus debilidades (2 Co. 12:9). Cada vez que nos enfrentamos con una debilidad, somos llenos de poder, y con éste podemos servir como ministros de la Palabra. Los ministros de la Palabra tienen diferentes grados de poder espiritual debido a que la medida de edificación no es la misma en todos. Las palabras de los ministros podrán ser las mismas, pero sus espíritus son diferentes. Si queremos usar nuestro espíritu, éste debe ser fortalecido primero, ya que el grado al cual hemos sido adiestrados determina el grado al que podemos utilizar nuestro espíritu como ministros de la Palabra. Esta medida varía según la persona. Cuando el ministro de la Palabra se enfrenta a una tribulación o aflicción, debe tener presente que Dios la usará para hacerlo apto como ministro Suyo. No cometamos la insensatez de tratar de escapar de ella. Cuanto más huimos, menos resultados obtenemos. Debemos estar siempre conscientes de que sin el aguijón no experimentaremos la gracia ni el poder, y la esfera de nuestro servicio será muy reducida. Es posible que demos mensajes, pero no contaremos con el espíritu apropiado para comunicar la Palabra. Quizá tengamos las palabras apropiadas, pero es necesario que nuestro espíritu ejerza la debida función y vaya junto con el mensaje.

LOS MINISTROS DEBEN ESTAR DISPUESTOS

El ejercicio del espíritu del ministro requiere su propia vida, pues tiene que arriesgar su vida. Cuando una persona sirve como ministro de la Palabra, no sólo debe tener un espíritu útil, sino también debe estar dispuesto a sacrificar y derramar su espíritu. Cuando una persona sirve como ministro de la Palabra, tiene que ejercitar su espíritu y derramar su vida, así como lo hizo el Señor Jesús. La noche que el Señor oró en el huerto de Getsemaní, les dijo a Sus discípulos: "El espíritu está dispuesto, pero la carne es débil" (Mt. 26:41). Los discípulos estaban dispuestos, pero el Señor no sólo contaba con la disposición en Su espíritu sino además estaba presto a verter Su vida. Por esta razón Su sudor era como grandes gotas de sangre que caían hasta la tierra (Lc. 22:44). O sea que uno utiliza su espíritu al derramar su propia vida. Uno tiene que agotar toda su energía, siendo desgastado al punto de experimentar fatiga espiritual y muerte. Cada vez que el espíritu es liberado, éste desafía la debilidad y la muerte que hay en los demás. Liberar el espíritu de esta manera requiere que nos esforcemos, pues es la comunicación de una carga, y causa dolor y fatiga. La liberación del espíritu requiere sacrificio, ya sea en conversaciones privadas o en público. Tenemos que liberar nuestro espíritu porque muchas personas se encuentran espiritualmente débiles. Necesitamos forzar nuestro espíritu a salir para que haga frente a las debilidades espirituales y las destruya, ya que tenemos que luchar contra dichos elementos y derribarlos. Cuando damos salida a nuestro espíritu, encontramos que muchas personas están espiritualmente muertas, frías, encerradas en su intelecto y secas. Tenemos que hacer salir nuestro espíritu a fin de vencer la muerte que hay en ellas. Necesitamos remontarnos por encima de esa muerte y absorberla. Cuando estamos llenos de la Palabra, notamos que los que están sentados frente a nosotros están llenos de tinieblas y no pueden ver. Tenemos que liberar nuestro espíritu con potencia, como si estuviéramos dirigiendo nuestros cañones contra las fortalezas de las tinieblas y confrontando su ataque. Por un lado predicamos la Palabra de Dios, y por otro, confrontamos el ataque de las fuerzas de las tinieblas. La muerte y las tinieblas tratarán de absorber nuestra energía espiritual; por eso mientras estemos frente a las personas, debemos liberar nuestro espíritu y vencer las tinieblas que hay en ellas y abrirnos paso a través de sus sombras. Esta es una obra que requiere sacrificio y nos agota espiritualmente y requiere un gran esfuerzo de nuestra parte. Aunque el ministro de la Palabra no tenga que hacer ese esfuerzo en cada ocasión, siempre debe estar dispuesto a hacerlo.

Para poder ejercitar el espíritu de esta manera, la persona debe usar debidamente su espíritu. En realidad, uno sólo puede usar su espíritu en la medida en que éste haya sido adiestrado; no puede ir más allá. Pero para utilizar su espíritu hasta esa medida él debe estar dispuesto. A veces una persona experimenta una gran opresión delante del Señor. Si está dispuesta a sacrificarse para salir adelante, podrá avanzar. Pero si no lo está, tal vez tratará de liberar su espíritu de manera común y fácil. No es fácil que un ministro de la Palabra haga que su espíritu se extienda hasta el límite. Puede ser que alguien ejercite su espíritu bastante, sin que esté dispuesto a extenderlo a su límite, ya que esta acción es espiritualmente agotadora para cualquier hermano. Por lo tanto, no es raro encontrar un ministro que se rehúse a esforzarse a liberar su espíritu al máximo.

Quienes no saben nada del esfuerzo que hay que hacer para liberar el espíritu, no entenderán lo que estoy diciendo. Una persona que está consciente de la carga que hay que llevar para liberar el espíritu sabrá de lo que hablo. Alguien que nunca ha levantado doscientas libras no tiene ninguna idea de cuánto peso es; sólo los que han levantado dicho peso saben cuánta energía se necesita para hacerlo. Cada vez que una persona cumple su ministerio espiritual y usa su espíritu, lleva una carga que parece exigirle toda su energía. El factor determinante para la utilización del espíritu, es la medida de disposición que se tenga delante del Señor. Si uno está dispuesto, el mensaje podrá brotar debidamente. Cuanto más esté dispuesto uno, con más fuerza será comunicado el mensaje. Al predicar y al conversar con los hermanos privadamente, la intensidad del mensaje depende de la medida en que uno fuerce el espíritu a salir. Al ministrar la Palabra, el espíritu está sujeto al ministro, el cual puede retener su espíritu o liberarlo. Mientras habla, puede hacer que su mensaje sea fuerte o débil. Si está dispuesto a sacrificarse, fortalecerá la reunión; de lo contrario, hará que la reunión sea común. La decisión de hacer que una reunión sea fuerte o débil está en las manos del ministro de la Palabra.

Para aquellos que nunca han sido adiestrados, la obra del Espíritu Santo va más allá de lo que pueden entender, mas quienes han recibido disciplina de parte del Señor y en quienes El ha hecho una obra profunda, saben que el resultado de la reunión está determinado por ellos. La extensión de la obra que puede hacer el Espíritu Santo, la determina el sacrificio que estén dispuestos a hacer los ministros. Si no tenemos miedo al agotamiento que se siente en una reunión, ni somos perezosos, ni nos dejamos afectar por la audiencia, ni nos rehusamos a recibir la disciplina, podremos liberar nuestro espíritu poderosamente. Así, el espíritu acompañará al mensaje, y éste causará un fuerte impacto en los demás. Pero si estamos agotados o somos perezosos, es posible que nos apresuremos a hablar, pero nuestro espíritu estará atado. Las palabras podrán ser las mismas, pero el espíritu no hallará salida, o, cuando mucho, será liberado sólo de manera limitada y débil. Los oyentes podrán recibir la palabra, pero no tocarán el espíritu. Sólo oirán las palabras, pero éstas no los afectarán, por muy exactas que sean.

El ministerio de la Palabra no sólo incluye la comunicación del mensaje sino también la disposición del mensajero. ¿Estamos dispuestos y nos sentimos alegres de hacer salir nuestro espíritu? Si así es, el mensaje espontáneamente afectará a los oyentes. Si no forzamos nuestro espíritu a salir, las palabras no tendrán potencia. Un espíritu que fluye profusamente derriba a los demás a su paso. Las oraciones de algunos hermanos sólo pueden ser descritas como el prorrumpir del espíritu, ya que éste brota con potencia, y cualquiera que esté alrededor será derribado. Las palabras pueden ser las mismas, pero no la intensidad del espíritu. Debido a que fluye con ímpetu, nadie puede resistir su fluir. La liberación del espíritu de una persona depende de que ella esté dispuesta y preparada a hacer el sacrificio.

El obrero tiene que aprender a hablar con exactitud, pero esto no es todo; mientras presta su servicio, debe hacer el esfuerzo necesario para dar salida a su espíritu. Si lo hace, el espíritu brotará junto con su mensaje. La liberación será intensa, y nadie podrá resistir el fluir. Pero si la persona ha sido herida de alguna manera y está pasando por adversidades, es posible que sus palabras no sean tan eficaces. Cuanto más habla, más se nubla su mensaje y menos efecto surte. La herida y el dolor en su espíritu se convierten en un obstáculo. En esas condiciones, no es fácil que la persona vea la luz de Dios. Si hay una herida, el espíritu se ata, y las palabras pierden su contenido y su vigor. El mensaje sólo puede ser fuerte cuando va acompañado del espíritu. El espíritu tiene que estar activo, y tiene que ser liberado en la proclamación del mensaje. Podemos decir que el espíritu tiene que ser "empacado" en el mensaje y transmitido por él. Cuando uno está dispuesto a esforzarse para liberar el espíritu mediante la palabra, los demás recibirán la luz y tocaran la realidad.

La liberación del espíritu constituye la faceta espiritual del ministerio de la Palabra. En el ejercicio de dicho ministerio, uno tiene que hacer lo posible por liberar su espíritu, para lo cual uno tiene que utilizar toda su energía. Uno tiene que disponer todas sus emociones, sus pensamientos, su memoria y sus palabras. No debe haber ninguna distracción; cada pensamiento debe ser sujetado y enfocado y estar disponible. La memoria también tiene que esperar la dirección del espíritu. Ni un solo sentimiento debe quedar suelto. En otras palabras, toda la energía de la persona, junto con su memoria, sus ademanes, las emociones, y los sentimientos deben esperar en el Señor; cada parte de su ser debe ser dedicada al Señor para que El la use. Toda actividad del yo tiene que cesar; sólo el espíritu debe permanecer alerta y preparado para ser usado por el Señor. Esto es semejante a un ejército de muchos soldados y caballos formados en el campo de batalla que esperan la orden del general. Necesitamos usar nuestra mente, pero nuestra mente no puede ser el amo; debe ser sólo un siervo. Necesitamos usar nuestras emociones, pero no debemos dejar que tomen la iniciativa; sólo deben seguir al espíritu. Toda la energía y la fuerza del cuerpo deben estar sometidas al espíritu. Sólo entonces el espíritu tendrá la libertad de brotar.

Si el ministro de la Palabra no encuentra las palabras correctas o no halla el sentimiento respectivo en el momento crítico, su espíritu sufrirá, y no podrá brotar. Ninguna acción requiere un grado más elevado de concentración que la liberación del espíritu. Para que el espíritu pueda ser liberado, cada parte del ser de uno tiene que estar concentrado en ello. Esto no significa que cada parte de la persona deba ser liberada independientemente. ¡No! Todas deben ser liberadas junto con el espíritu. Todo lo que digamos debe ser lo que el espíritu quiere decir, y cualquier terminología que usemos debe ser la terminología del espíritu. Examinen una vez más el ejemplo que usamos anteriormente. Los millares de soldados tienen que esperar que el comandante dé la orden. Si él quiere que un soldado haga algo, éste no tiene otra alternativa; si él quiere mandar a otro soldado, éste tampoco tiene elección. Cuando le ordenamos a nuestro espíritu que brote, tiene que brotar. Si nuestros pensamientos se encuentran relajados o confusos, o nuestra memoria nos falla un poco, nuestro espíritu estará en peligro y será afectado.

El ministro de la Palabra debe aprender a no herir su espíritu de ninguna manera. Cuando hablamos, todo nuestro ser tiene que estar dispuesto. Ninguna parte de nuestro ser debe quedarse atrás. No debemos permitir que ninguna parte vague ni espere a ser llamada a trabajar. Cada parte tiene que estar alerta para que el espíritu pueda ser liberado al máximo. Esto requiere que hagamos un gran esfuerzo, debido a lo cual, el ministro de la Palabra no siempre puede usar su espíritu a toda su capacidad, aunque esto siempre es posible. Cuando él esté dispuesto, su espíritu será usado en un grado mayor y podrá traer más bendición, pero cuando no, su espíritu será usado en menor grado y traerá menos bendición. La bendición que reciben los demás depende de cuanto esté dispuesto él, es decir, la bendición que pueda traer el ministerio de la Palabra depende del ministro. Si estamos dispuestos a bendecir a otros, ellos recibirán bendición. Si queremos que otros tropiecen, ellos tropezarán. Si queremos que una gran luz resplandezca sobre ellos, ellos caerán postrados ante el Señor. Todo depende del crecimiento que tengamos en Dios. Cuantas más lecciones hayamos recibido de Dios y cuanto más elevadas y profundas sean, más frecuentemente seremos usados, a un grado más elevado y con mayor profundidad. Cuanto más aprendamos de Dios, más podremos hacer. Nosotros determinamos la medida de luz que reciben los demás, si caerán postrados o no, y la medida de realidad espiritual que toquen. El Señor encomendó este asunto a los ministros.

DEBEMOS OBLIGAR NUESTRO ESPIRITU A SALIR

El verdadero ministro de la Palabra sabe lo que significa hacer que su espíritu salga. Mientras habla, debe hacer un gran esfuerzo, no con su energía carnal, sino con otra clase de fuerza. El tiene que empujar su espíritu. Es como si tuviera que utilizar toda su energía para presionar su espíritu a fin de que brote. El espíritu es una fuerza interior, y mientras él habla, él empuja esta fuerza hacia afuera y libera su espíritu. Cuando comunica el mensaje, al mismo tiempo le abre paso a su espíritu y lo libera. Cuando una persona le abre paso a su espíritu, los que le rodean tocan algo. Su audiencia oirá una doctrina o la Palabra de Dios dependiendo de si él da salida a su espíritu o no. Si está dispuesto a hacerlo voluntariamente, sus oyentes no oirán simplemente un mensaje, sino que tocarán algo que brota junto con éste. Pero si no lo hace, los oyentes no tocarán la realidad que está oculta en las palabras. El ministerio de la Palabra a veces se vuelve muy común porque hay demasiadas palabras y muy poco espíritu. Uno puede hablar mucho sin dar salida a su espíritu. Después de hablar por una o dos horas, tal vez haya permitido que su espíritu salga por breves lapsos. Esto es bastante común. Si forzamos nuestro espíritu a salir, entonces tendremos el ministerio de la Palabra. En un ministerio fuerte de la Palabra la cantidad de palabras va a la par con la medida de espíritu, es decir, ambos son proporcionales. Cuando el mensaje es comunicado, el espíritu debe ser liberado en la misma medida. Al ser liberado el espíritu, éste, a su vez, lleva consigo el mensaje. Esto constituye un ministerio eficaz y fuerte. En ese caso, la audiencia toca el espíritu liberado y oye la Palabra. El ministro de la Palabra será común o poderoso en su expresión dependiendo de si está dispuesto a hacer el sacrificio y además, del adiestramiento que haya recibido. Por consiguiente, si no ha sido adiestrado o si no está dispuesto, sus palabras serán débiles. El mismo determina estrictamente su mensaje. El adiestramiento que ha recibido constituye todo lo que tiene, y su disposición constituye lo que desea hacer. Por un lado, es posible que la persona tenga algo, pero no quiera darlo a los demás; por otro, puede ser que la persona quiera dar algo, pero no lo tiene. Necesitamos poseer lo que queremos dar, y necesitamos estar dispuestos a dar lo que ya recibimos. En todo caso, primero debemos recibir adiestramiento antes de tener la disposición.

El espíritu y el mensaje expresado deben ser compatibles. Sin embargo, hay casos excepcionales cuando la intensidad del espíritu excede a la de las palabras. A veces algunos se enfrentan a circunstancias especiales en las cuales surgen necesidades especiales, y Dios permite que el espíritu de la persona vaya más allá de su mensaje. Aunque las palabras no digan mucho, el espíritu abarcará mucho más. Esto, sin embargo, ocurre muy raras veces, y es muy difícil de lograr. Por regla general, nuestro espíritu no excederá nuestras palabras, pero habrá ocasiones en las que lo hará. El factor principal del ministerio de la Palabra es la liberación del espíritu, mientras que el factor de la recepción del mensaje radica en que se toque este espíritu. El ministerio de la Palabra es un servicio que se hace en el espíritu. Mientras hablamos, usamos nuestro espíritu, y cuando éste es liberado, ejercemos el ministerio de la Palabra. El ministerio de la Palabra no consiste simplemente en comunicar palabras sino en anunciar el mensaje acompañado del espíritu. El ministerio de la Palabra no consiste en predicar solamente, sino que es necesario tener un mensaje definido y luego dar salida al espíritu por medio del mensaje proclamado. Si sólo enunciamos un mensaje sin el espíritu, lo que se anuncia es doctrinas, no la Palabra de Dios. Espero que todo ministro de la Palabra comprenda que dar un mensaje no es lo mismo que hablar, pues se precisa que se le dé salida al espíritu. Si sólo tenemos las palabras pero no forzamos el espíritu a que salga, no estamos ministrando. Ningún ministro de la Palabra puede desempeñar su función si su espíritu está adormecido, porque el ministerio de la Palabra equivale a la liberación del espíritu. Dios no desea que los hombres simplemente oigan Su mensaje sino que toquen el espíritu de la Palabra. El espíritu está contenido en la Palabra y es comunicado junto con ella. Dios quiere que nosotros toquemos Su Espíritu, no que toquemos Su Palabra solamente. Su Espíritu es liberado por medio de la Palabra. El ministro de la Palabra debe hablar y, al mismo tiempo, forzar a salir el espíritu que yace detrás del mensaje. Cada vez que predicamos, tenemos que obligar nuestro espíritu a salir. En esto consiste el ministerio de la Palabra.

Un ministerio eficaz de la Palabra, es decir, un mensaje dado con poder, no sólo hace que brote el espíritu sino que, inclusive, causa un gran impacto. Esto significa que cuando la palabra es anunciada, el espíritu explota. El espíritu no debe ser liberado de cualquier manera sino de un modo explosivo, ya que cuando así lo hacemos, los hombres caen postrados ante Dios. Si uno ejerce el ministerio de la Palabra de este modo, podrá decidir quién ha de ser conmovido en cierto día, podrá liberar su espíritu, y esa persona será conmovida exactamente de la manera que uno había determinado con antelación. El podrá predecir sobre cuál persona verterá su espíritu, y éste vendrá sobre esa persona como una lluvia y la empapará completamente. Esto es posible. Cuando hable, él proclamará su mensaje, y cualquier espíritu contrario, frío u obstinado será subyugado. Es posible liberar el espíritu de manera explosiva. Cuando esto se logra, los demás tocan algo y caen postrados, no importa cuán obstinados sean. Tenemos que prestar atención a la intensidad del espíritu que liberamos cuando predicamos. La liberación de nuestro espíritu no puede exceder la medida que tenemos por dentro. Sólo podemos liberar todo lo que tenemos. La medida del poder está limitada por nuestra capacidad, dado que no podemos ir más allá. Lo que cuenta no son nuestras palabras ni nuestra voz ni nuestra actitud. Si recurrimos a éstas, sólo realizaremos una actividad hueca. Nunca debemos fabricar una actitud ni simular un tono de voz cuando estamos faltos de espíritu, pues el hombre sólo puede ser subyugado por la liberación del espíritu. Nadie puede resistir al espíritu.

¿Qué importancia tiene la liberación del espíritu? Haremos mención de algunos aspectos.

Liberar nuestro espíritu
equivale a liberar el Espíritu Santo

¿Qué es la liberación del espíritu? Es la liberación del Espíritu Santo. El Señor dio el Espíritu Santo a la iglesia. Su intención es que ella sea el vaso del cual fluyan los ríos de agua viva del Espíritu (Jn. 7:38). Así que, la iglesia es el recipiente del Espíritu Santo. Debemos comprender en qué consiste la obra de la iglesia hoy. La iglesia es el recipiente del Espíritu Santo. Dios no derramó Su ungüento indiscriminadamente sobre todo el mundo; El lo derramó solamente sobre la iglesia, la cual unge a las personas con ese ungüento. Al decir que la iglesia es el recipiente del Espíritu Santo, no me refiero a que sea un instrumento que El use, sino a que es la vasija que lo contiene, o sea que el Espíritu Santo está en la iglesia. Pero, ¿cómo contiene la iglesia al Espíritu de Dios? Nuestro espíritu es la parte de nosotros que contiene al Espíritu de Dios, lo cual reconocen quienes estudian la Biblia. El tipo que encontramos en el Antiguo Testamento es muy claro. La paloma que Noé envió no pudo descender sobre la vieja creación; sólo pudo descender sobre la nueva creación (Gn. 8:6-12). En nuestro ser, sólo el espíritu pertenece a la nueva creación. Por consiguiente, el Espíritu Santo sólo puede morar en nuestro espíritu. En Exodo dice que el ungüento santo no podía ser derramado sobre la carne (30:31-32). La carne no puede contener al Espíritu Santo; solamente el espíritu lo puede contener. Ezequiel 36 lo dice más explícitamente: "Pondré espíritu nuevo dentro de vosotros ... y pondré dentro de vosotros Mi Espíritu" (vs. 26-27). El "espíritu nuevo" se refiere a nuestro espíritu, y "Mi Espíritu" es el Espíritu Santo. Si no tenemos un espíritu nuevo dentro de nosotros, no podemos tener el Espíritu de Dios.

Forzar nuestro espíritu a salir equivale a liberar el Espíritu Santo juntamente con nuestro espíritu. Quienes estudian la Biblia saben que en el griego en muchos casos es difícil diferenciar entre el espíritu humano y el Espíritu Santo. La palabra espíritu se menciona reiteradas veces en el capítulo ocho de Romanos, pero es difícil determinar cuándo se refiere al espíritu humano y cuándo al Espíritu Santo. En nuestro idioma hacemos una diferencia entre ellos usando minúscula o mayúscula respectivamente para cada uno. El espíritu del hombre ya se unió al Espíritu de Dios. Cuanto más adiestramiento recibimos, más fácilmente podemos liberar nuestro espíritu. El Espíritu Santo es liberado cuando nuestro espíritu brota, porque el Espíritu Santo mora en el nuestro. En consecuencia, la liberación del espíritu no se refiere simplemente a la liberación de nuestro espíritu, sino también al fluir del Espíritu Santo. La extensión de la liberación del

Espíritu Santo depende enteramente de la liberación de nuestro espíritu. El Espíritu Santo está limitado por nuestro espíritu. Cuando hablamos con un hermano o con un inconverso, nuestro espíritu determina a qué grado liberamos el Espíritu Santo, lo cual, a su vez, depende del recipiente; el ungüento mismo no tiene ningún problema.

Hermanos, no seamos tan insensatos como para pensar que toda la responsabilidad recae sobre el Espíritu Santo. El Señor dio esa responsabilidad a la iglesia. En Mateo 18:18 se nos muestra la autoridad que tiene la iglesia, y Juan 20:23 dice casi lo mismo. Ambos pasajes dicen que el Señor perdona los pecados a quienes nosotros se los perdonamos y que se los retiene a quienes nosotros se los retenemos. ¿Cómo puede ser esto? Esto se debe a que nosotros recibimos el Espíritu Santo. El Señor no dijo: "Les doy el Espíritu Santo. Cuando se den cuenta que el Espíritu Santo perdona a alguien, ustedes también deben perdonarlo. Y cuando vean que El le retiene los pecados a alguien, ustedes también deben retenérselos". No. El simplemente le dijo a la iglesia que honrara al Espíritu Santo. Si lo hace, entonces puede perdonar los pecados a una persona, y el Señor también la perdonará. La autoridad del Espíritu Santo está a disposición de la iglesia. ¡Qué gran responsabilidad tiene la iglesia! Si Dios actuara por Sí mismo, no importaría mucho si la iglesia tuviera vacíos. Pero Dios le encomendó todo a la iglesia. Por eso, ella no puede tener faltas. Si la autoridad reposara exclusivamente en el Espíritu Santo, el éxito o fracaso de un ministro no tendría muchas repercusiones. Pero el Espíritu Santo está limitado por el ministro. Si el ministro fracasa, el Espíritu Santo no puede actuar. Si Dios hubiera mantenido toda la autoridad en Su mano, no importaría mucho si nosotros tropezamos. Pero Dios no tiene la obra del Espíritu Santo en Su mano, sino que la puso en manos de los ministros. Cuando el espíritu de un ministro es liberado, el Espíritu de Dios es liberado; de lo contrario, el Espíritu de Dios no puede brotar. Dios está dispuesto a encomendar Su autoridad a los ministros y se alegra de hacerlo y de darles la libertad de usarla. Sólo si uno es insensato pensará que puede actuar precipitadamente o que puede ser indiferente. Debemos recordar que el problema yace en los ministros de la Palabra, pues de ellos depende si el Espíritu Santo es liberado o no.

Liberar el espíritu equivale a liberar poder

La liberación del espíritu también equivale a la liberación del poder. Una persona obstinada puede ser subyugada dependiendo del poder espiritual que comunique el que proclama el mensaje. Si nuestro espíritu es fuerte, las personas serán subyugadas. Siempre y cuando la persona no esté completamente cerrada (lo cual hace imposible llegar a ella), será subyugada cuando el espíritu de uno sea liberado de manera poderosa, aun si dicha persona es obstinada. No debemos echarles toda la culpa a los demás, pues el noventa por ciento de las veces no son ellos los del problema sino nosotros. Si nuestro espíritu es lo suficientemente poderoso, los subyugaremos. Cuanto más poder libere nuestro espíritu, más fácilmente se someterán las personas.

Liberar el espíritu
equivale a liberar la vida

Liberar el espíritu también es liberar la vida. Cuando el espíritu es liberado, brotan el Espíritu Santo, el poder y la vida. Los demás tocarán la realidad espiritual cuando nos oyen sólo si liberamos nuestro espíritu. De la misma manera, sólo tocarán la vida de Dios si nosotros damos salida a nuestro espíritu. Si solamente proclamamos el mensaje, sólo comunicaremos doctrinas, y los oyentes no tocarán al Espíritu Santo. Pero cuando nos disponemos a hablar y voluntariamente damos salida a nuestro espíritu, los oyentes no oirán doctrinas, sino que tocarán la vida divina. Los que escuchan el mensaje tocarán el cascarón de la palabra o la vida que se encuentra en ella, dependiendo de si nosotros damos salida a nuestro espíritu.

Liberar el espíritu
equivale a liberar la luz

Esto no es todo. Al liberar el espíritu, uno también comunica la luz. En primer lugar, la luz se convierte en un mensaje de Dios dentro de nosotros, y luego llega a ser luz en los demás por conducto de nosotros. Es responsabilidad del ministro que las personas vean la luz de Dios (salvo en el caso de los que se resisten activamente). A la persona le corresponde abrir los ojos, pero una vez que los abre, es la responsabilidad del ministro presentársela. La persona es responsable únicamente por abrir los ojos, y al ministro le toca hacer que la luz le resplandezca. Si la persona decide cerrar los ojos, no se puede hacer nada, pero si abre el corazón, los ojos y el espíritu, la responsabilidad de que vea la luz reposa sobre el ministro. Si el espíritu del ministro es fuerte al proclamar el mensaje, y éste va acompañado del Espíritu Santo, dicho mensaje se convertirá en luz para los oyentes. La luz de Dios está contenida en Su palabra. Al comunicar la palabra de Dios, debemos liberar el espíritu, y con éste va el Espíritu Santo. Cuando este mensaje llega al hombre, se convierte en luz. Si una persona se arrodilla y ora después de haber oído el mensaje, diciendo: "Señor, concédeme la luz", queda demostrado que sólo oyó doctrinas, mas no la voz de Dios. La Palabra de Dios es luz. Cuando alguien oye la palabra de Dios, ve la luz de Dios, por lo tanto, no necesita arrodillarse y orar después de oír el mensaje. No debe decir: "Entiendo este mensaje, pero no tengo luz. Señor, concédemela", pues en ese caso, el mensaje y la luz siguen siendo dos cosas separadas. Es precisamente en este aspecto donde el cristianismo ha fracasado: las doctrinas no traen luz, ya que aunque todo se entiende claramente, no se recibe beneficio alguno. Todos pueden repetir lo que oyeron, pero nadie lo puede aplicar.

Recordemos que si una persona oye la Palabra de Dios, ve la luz. De no ser así, el responsable de ello es el orador. Muchas veces descargamos la responsabilidad de ver en los hombros de los oyentes, lo cual no está bien. Salvo en el caso de que se presenten obstáculos extraordinarios o en que el oyente cierre los oídos, el orador tiene que responsabilizarse por la falta de luz que haya en su mensaje. Muchas personas cuentan con un espíritu abierto, un corazón que busca al Señor, y una mente abierta, y desean recibir la luz. Si la luz no viene, se debe a obstáculos que yacen en el ministro de la Palabra. Si al proclamarse la Palabra el espíritu está activo mientras el Espíritu Santo opera, el mensaje dado se convertirá en luz para los oyentes, quienes no tendrán que orar para recibir luz. No será necesario que se arrodillen ni que pidan: "Señor, he oído Tu palabra. Ahora concédeme la luz". Mientras oyen la palabra, recibirán la luz. Algunos ministros deben arrepentirse delante del Señor. Ellos no tienen la luz que viene de Dios para alumbrar a los demás; ésta se encuentra encerrada en ellos, es decir, el problema radica en los ministros. Es injusto que los ministros culpen a los hermanos y hermanas de la pobreza que hay en la iglesia, pues éstos tienen la responsabilidad de abrir sus ojos, mientras que ellos son responsables de darles la luz. Cada vez que el espíritu de los ministros es liberado, la luz también debe ser liberada.

El ministro puede determinar cuánta luz emitirá. El puede determinar delante del Señor cuánta luz hará resplandecer sobre los demás en un determinado día. Tal ministro debe haber experimentado mucho la disciplina del Señor. Cuando hace que su espíritu salga, debe hacer brotar lo que ha visto, las revelaciones que hay en su espíritu y, junto con éste, la luz que tiene. El debe empujar su espíritu hacia afuera, del mismo modo que una persona es forzada a salir por una puerta. El ministro debe hacer que salga la luz, no sólo inspirando a los demás a conocer su significado sino haciendo que se postren delante de Dios. A menudo, el ministro se prepara para emitir "luz" con el solo fin de ayudar a los demás a que entiendan. Es posible que logre su propósito, pero eso será todo lo que los oyentes reciban; parece que lo único que le interesa al obrero es que la gente entienda su mensaje. Pero si está dispuesto a hacer el esfuerzo delante del Señor, forzará su espíritu a salir, y los demás no sólo entenderán sus palabras, sino que también serán subyugados por ellas y caerán postrados al ser expuestos ante aquella luz. La luz puede hacer que una persona caiga postrada ante Dios. Una vez que la persona ve la luz, cae al piso postrada sobre su rostro. Los ministros deben llevar a cabo esta tarea. Si ellos están dispuestos, la luz emanará con intensidad.

LA PRESION Y LA LIBERACION DEL ESPÍRITU

Hay ciertos principios que se aplican a la liberación del espíritu. Esta depende de dos cosas: de cuán dispuesto esté uno y de cuánta presión pueda resistir. Al venir a la reunión, puede ser que Dios nos dé cierta cantidad de presión. Si la presión es intensa y constante, podemos estar seguros de que Dios desea que algo brote de nosotros. Cuando la presión aumenta, ésta hace que salgan nuestras palabras. Somos oprimidos, y nuestro espíritu es forzado a fluir de manera particular a fin de aliviar esa presión. Por consiguiente, la presión produce una extraordinaria liberación del espíritu. La intensidad con la que es liberado el espíritu depende de la presión bajo la cual estamos. Al hablar con cierto hermano, es posible que lo encontremos en una condición de ignorancia y de tinieblas, e incluso vemos que se jacta en su ceguera. Aunque está en tinieblas, tiene un concepto muy elevado de sí mismo. Cuando hablamos con él, Dios pondrá en nosotros una sensación de opresión o nos sentiremos incómodos. Cuando Dios hace que esta presión aumente en nosotros, nos exaspera-mos y no podemos resistir por mucho tiempo; así que tene-mos que abrir nuestra boca. Pero al hacerlo, no lo hacemos de cualquier manera; nuestras palabras saldrán a borbotones. Esto será la liberación intensificada de nuestro espíritu. El espíritu es liberado poderosamente según la presión que experimentamos. Supongamos que el hermano arrogante y seguro de sí mismo se sienta enfrente de nosotros. La presión que hay en nuestro interior crecerá al oírlo hablar. Si nos compadecemos de él, nuestro espíritu irrumpirá súbitamente. Lo importante es que estemos dispuestos a anunciar la pala-bra que está en nuestro interior. Si estamos dispuestos y la presión que está en nosotros es suficiente, la palabra saldrá de nosotros súbitamente a modo de exhortación. Si la libera-ción es lo suficientemente fuerte, la arrogancia será subyu-gada. Por supuesto, si no estamos dispuestos, nada pasará. Deseo que todos los hermanos vean que nuestro espíritu se llena de poder cada vez que lo utilizamos. Cuando usamos el espíritu, se vuelve más fuerte cada vez. Cuanto más lo ejerci-temos, más útil será. Si nuestro espíritu se llena de poder continuamente, el Señor podrá usarnos.

Esto sucedió cuando Pablo expulsó un espíritu maligno. La joven esclava daba voces por muchos días, diciendo, "Estos hombres son siervos del Dios Altísimo" (Hch. 16:17). Un día Pablo, no pudiendo tolerarlo más, le dijo al espíritu: "Te mando en el nombre de Jesucristo, que salgas de ella", y el espíritu salió (v. 18). Muchas personas sólo pueden levantar la voz, mas no su espíritu. Eso no producirá fruto alguno. El principio que rige los milagros es el mismo que el que rige la proclamación de la Palabra. Pablo fue provocado en su interior, pues la presión fue demasiada. Cuando mandó al espíritu que saliera, éste tuvo que salir. Cuando la carga crezca en el espíritu hasta cierto grado, las palabras saldrán súbitamente. Cuando la luz es intensa, la liberación también lo es. Tenemos que ser oprimidos por el poder del espíritu hasta el punto de ser provocados. Cuando esto ocurre, nuestras palabras producirán un cambio en los demás. Según este mismo principio, una persona puede reprender a otros solamente cuando experimenta esta presión en su espíritu. Al salir de Betania, el Señor vio una higuera estéril, y le dijo: "Nunca jamás coma nadie fruto de ti" (Mr. 11:14). Esto salió de la presión que había en su espíritu. Las palabras brotaron por la presión espiritual. Como resultado, el árbol se secó desde la raíz. No obstante, tengamos presente que el ministro de la Palabra no es libre de proferir esta clase de orden cuando le plazca. Podemos hablar de este modo sólo cuando algo nos provoca, nos enardece o nos turba. Este es el principio que rige cuando se hacen milagros y cuando se da una exhortación. Cuando nuestro ser interior se derrama y nuestro espíritu es liberado, otros serán subyugados.

El ministerio de la Palabra equivale al ministerio del espíritu. Una persona recibe el mensaje cuando toca el espíritu que viene con éste, y en consecuencia, caerá postrada sobre su rostro. Cuando el espíritu es liberado, el poder, la luz y la vida brotan desde nuestro interior; además, el Espíritu Santo es liberado desde nuestro interior, y la presión es aliviada. Lo único que funciona es la liberación del espíritu. Todo lo demás es vanidad. La mente, las palabras, la memoria y los sentimientos nos ayudan a comunicar nuestro mensaje, pero el ingrediente necesario es nuestro espíritu. Sólo podemos hablar cuando nuestro espíritu fluye junto con el mensaje. Cuando tenemos todos estos ingredientes, tenemos el ministerio de la Palabra.

LA PUREZA DEL ESPIRITU

Nuestro mensaje debe ser respaldado por nuestro espíritu. Pero a fin de liberar un espíritu puro y limpio, es necesario que pasemos por mucha disciplina. Una cosa es cierta: la clase de espíritu que tenemos determinará la expresión del Espíritu Santo que llevemos, y nuestro carácter dictará el aspecto del Espíritu Santo que expresemos. La manifestación del Espíritu Santo es diferente en cada persona. Tener el mismo Espíritu no significa que tengamos la misma manifestación. El Espíritu que fluye a los demás lleva las características del canal por el cual fluye. Cuando el Espíritu fluye, lleva consigo las características de la persona responsable del fluir antes de llegar al hombre. Es por eso que el Espíritu Santo se expresa de una manera diferente en cada persona. La clase de ministerio que se puede tener varía de persona a persona. El Espíritu Santo se expresó de una manera por medio de Pablo, y de otra por medio de Pedro, pese a que era el mismo Espíritu. Es bastante obvio que el Espíritu Santo se manifestó en Pedro con el sabor y las características de Pedro, y en Pablo con el matiz y las cualidades de Pablo. El no anula los elementos humanos de la persona. Dios nunca prescindió de los elementos humanos de los escritores de la Biblia. Cuando alguien está lleno del Espíritu Santo, la manifestación es una. Cuando otra persona está llena del Espíritu Santo, la manifestación es otra. El no se expresa en todos del mismo modo. Cuando el Espíritu Santo llena a una persona, El asume las características de ella.

Hermanos, ¿pueden ver la responsabilidad que recae sobre nosotros? Si el Espíritu Santo llegara a los demás exclusivamente mediante el mensaje predicado y sin relacionarse con nuestra naturaleza humana, no tendríamos ninguna responsabilidad en el asunto. Si solamente tuviéramos que llevar con nosotros al Espíritu y transmitirlo, sin que nuestros elementos humanos estuvieran involucrados, no tendríamos mucha responsabilidad. Pero las experiencias de muchos santos demuestran que el Espíritu Santo llega al hombre llevando consigo las características especiales de quien lo contiene. Por eso, nuestro espíritu debe ser purificado por medio de la disciplina. De lo contrario, los demás recibirán elementos indeseables. Tengamos presente que el factor humano constituye un factor muy importante. El Espíritu Santo no opera independientemente ni de manera desordenada. Puesto que nuestro carácter desempeña un papel importante, el Espíritu no anula nuestra naturaleza; por el contrario, es liberado junto con nuestra naturaleza. El Señor dijo: "Si alguno tiene sed, venga a Mí y beba. El que cree en Mí, como dice la Escritura, de su interior correrán ríos de agua viva" (Jn. 7:37-38). Esto indica que, en primer lugar, uno tiene que beber el agua, y luego los ríos de agua viva tienen que fluir de nuestro interior. J. N. Darby dice que el interior se refiere a la parte más profunda de nuestro ser. Es de esta parte profunda de donde fluye el Espíritu Santo, quien lleva consigo el ser mismo de la persona. En otras palabras, cuando el agua viva brota de una persona, el Espíritu Santo arrastra en Su fluir las características de dicha persona y de ese modo llega a otros.

Por consiguiente, necesitamos estar dispuestos a ser quebrantados. No debemos permitir que cuando la cruz venga a nosotros, venga en vano. Mientras la cruz hace su obra, nosotros somos desmenuzados y disciplinados, y nuestro ser es purificado. Cada tribulación nos purifica. Cuanto más fuego experimentamos, más limpieza recibimos. Cuanto más y más intensos sean los problemas que afrontamos, más purificado será nuestro espíritu, y más limpia será la expresión del Espíritu Santo. A menudo cierto aspecto de nuestro carácter pasa por algún quebranto, pero debido a que la obra no se completa, quedan algunas impurezas y, por consiguiente, los demás tocan el Espíritu de Dios junto con ellas. Cuando recibimos el ministerio de la Palabra, muchas veces vemos que el ministro tiene la palabra de Dios y que usa su espíritu. Pero, al mismo tiempo, su propia persona se deja ver claramente, debido a que no ha sido quebrantada lo suficiente. El Espíritu Santo es liberado por medio de él, pero al mismo tiempo brotan sus propias características. Hermanos, ¡nuestra responsabilidad es demasiado grande! Si el Espíritu del Señor obrara independientemente del hombre o si rechazara a quien tuviese deficiencias en alguna área, o si el Señor nos desechara tan pronto nos desviáramos un poco, el asunto sería mucho más sencillo, pues sería fácil diferenciar entre la obra de la carne y la del Espíritu. Pero el problema es que la obra de la carne sigue activa en nosotros. Aunque nuestro espíritu no es lo suficientemente puro, Dios nos usa y no nos rechaza. Hay muchas personas soberbias que se engañan pensando que son útiles y que ya pasaron la prueba. Con frecuencia Dios emplea a una persona a pesar de que todavía hay debilidades en ella. Recordemos que cuanto más somos usados por Dios, más grande es nuestra responsabilidad. Si Dios no nos usara, tendríamos menos problemas. Pero el Señor nos usa aunque sabe que no somos aptos. El Espíritu Santo no actúa independientemente, ya que no puede brotar del hombre sin la colaboración de éste, lo cual constituye un profundo principio en la obra de Dios. Cuando el Espíritu Santo fluye a otras personas, lo hace juntamente con el espíritu del hombre; de tal modo que el Señor brota del hombre llevando consigo las características del mismo.

Debemos temer y temblar siempre, pues el Señor nos usa aunque no seamos aptos. Tengamos presente la seriedad de nuestra responsabilidad. Si algo en nosotros no está bien, las deficiencias que haya en nuestro espíritu se mezclarán con el mensaje del Señor. Llegará el día cuando el Señor hará que Su luz resplandezca en nosotros, y esto hará que nos postremos delante de El y le digamos: "Señor, nada de lo que dije antes está al nivel de Tu norma". Quienquiera que sea iluminado aunque sea un poco, estará consciente de sus fracasos pasados. El Espíritu de Dios pudo haber logrado algo por medio de nosotros, pero nuestra persona sigue siendo deficiente y seguimos siendo vasos impuros delante del Señor. No somos vasos perfectos. Aunque estamos en las manos de Dios, somos vasijas contaminadas y necesitamos una disciplina más profunda. Cuando una persona es iluminada, descubre sus defectos y se da cuenta de que todo su ser es inútil. Cuando la Palabra es proclamada, el espíritu tiene que brotar junto con ella. Por lo tanto, necesitamos pedirle al Señor que tenga misericordia de nosotros y nos conceda Su gracia para que todo esté bajo la disciplina del Espíritu Santo. Si no aceptamos esta disciplina, nuestro espíritu no será útil. Es posible que el Señor desee hacernos ministros de la Palabra, por lo cual actúa en nosotros día tras día. Toda disciplina, tribulación y adversidad que nos sobreviene en nuestras circunstancias viene con el propósito de aumentar nuestra utilidad en el Señor. Todas las cosas ayudan para hacer que nuestro espíritu sea más puro y más perfecto. Ellas colaboran para producir un fluir más puro cuando sea liberado nuestro espíritu y para hacerlo más útil. Dios puede permitirnos en Su misericordia que Su Espíritu sea liberado por medio de nosotros, pero es posible que nosotros pensemos que hemos llegado a ser grandes siervos del Señor y quizá nos llenemos de orgullo y pensemos que todo está bien, sin darnos cuenta de que Dios nos utilizó provisionalmente según la necesidad.

Debemos comprender que el ministro experimenta un adiestramiento diario, aunque, no obstante, es una obra de toda la vida. Puede ser que nuestro mensaje no mejore, pero nuestro espíritu sí puede mejorar. Quizás las palabras sean las mismas que usamos hace diez años, pero ahora nuestro espíritu es diferente del que teníamos en aquel entonces. Una persona joven no debe pensar que puede dar el mismo mensaje que una persona mayor. Tal vez diga las mismas palabras, pero no tiene el mismo espíritu. Hay hermanos que pueden repetir el mismo mensaje que dieron hace veinte o treinta años. Las palabras son las mismas, pero el espíritu es diferente. No nos preocupemos si recordamos bien todas las palabras; lo que debe interesarnos es que tengamos un espíritu diferente. Es posible proferir las mismas palabras que emplean los hermanos más maduros, pero no es fácil tener el mismo espíritu que ellos. No es suficiente que el ministro de la Palabra cuente con la palabra sola, pues también necesita el espíritu. El Señor dijo: "Las palabras que Yo os he hablado son espíritu y son vida" (Jn. 6:63). Cuando el ministro de la Palabra se dispone a hablar por el Señor, sus palabras deben ser puras, pero además debe dar salida a su espíritu. Lo importante no es que digamos las palabras acertadas, sino que nuestro espíritu pueda brotar con pureza.

Lo que cuenta no es nuestra elocuencia, sino el espíritu que transmitimos al hablar. En cierta esfera el hombre es aceptado entre tanto que éste sea hábil, elocuente y sabio; pero hay otra esfera que exige que uno haya sido quebrantado por Dios y disciplinado por el Espíritu Santo. Las dos esferas son completamente diferentes. El mensaje proclamado en la segunda esfera sólo puede producirse "a golpes" por medio de la mano del Señor y es forjado en la persona misma. Cada día el Espíritu Santo forja "a golpes" la palabra en el ser del ministro. Si deseamos predicar un mensaje hoy, no es suficiente enunciar el discurso. Puede ser que después de dar el mensaje pensemos que fue maravilloso, y quizá nos sintamos satisfechos. Es posible que pensemos que podemos volver a predicar el mismo mensaje y que nuestras palabras no son diferentes de las de aquellos que tienen un ministerio genuino. Pero nuestro mensaje no producirá ningún resultado, debido a que estamos en la esfera equivocada. Tal vez alguien nos compartió cierta verdad, y nosotros la recibimos. Desde ese momento, hemos hablado de esa verdad, pero nuestras palabras no conducen a ninguna parte. Aunque sean las mismas palabras, si no contamos con el espíritu correspondiente, se producirán vacíos cuando nuestro espíritu brote. Las palabras del Señor son espíritu y son vida. A esto se debe que nuestro espíritu tiene que ser disciplinado por el Señor. Nuestra persona tiene que ser molida y amoldada a fin de que nuestro espíritu pueda ser debidamente liberado. Cuando anunciamos el mensaje y nuestro espíritu brota junto con éste, el Espíritu Santo también es liberado. ¡Alabado sea el Señor! Es así como se lleva a cabo el ministerio de la Palabra. Sin tal liberación, seremos como los escribas que enseñan los diez mandamientos. El problema de esta clase de enseñanza es que todo lo que se enseña es doctrinal y didáctico, y consiste en dar exposiciones. Si nuestro espíritu no participa en ello, todo será vano. Dios tiene que obrar en nosotros para que nuestro espíritu fluya cada vez que anunciamos un mensaje. A veces se necesita una liberación extraordinaria, cuando hay una necesidad especial, mas no en todos los casos. En tales ocasiones el Espíritu Santo se derrama y opera intensamente. Si no tenemos esta experiencia, el mensaje que prediquemos no será compatible con la predicación de los apóstoles.

Necesitamos estar conscientes de la responsabilidad que tiene la iglesia. Dios encomendó Su Cristo a la iglesia con la intención de que ella lo comunique a otros. También le entregó a ella Su Espíritu Santo para que lo transmita. Además le dio la revelación y las bendiciones espirituales a fin de que ella las proclame. Este es el plan de Dios. La iglesia es el Cuerpo de Cristo en la tierra. Así como el cuerpo de un hombre lo expresa a él, la iglesia expresa a Cristo. Los anhelos de la cabeza son expresados por medio del cuerpo. Sin el cuerpo, la cabeza no puede expresarse. De igual manera, sin la iglesia, Cristo no se puede expresar. En esta era Dios bendice al hombre por medio de la iglesia, debido a lo cual ésta tiene una responsabilidad enorme. No pensemos que todo se encuentra en los cielos. No podemos olvidarnos de Pentecostés ni de la cruz. La situación de hoy es muy diferente a la del Antiguo Testamento. Malaquías 3:10 dice: "Traed todos los diezmos al alfolí y haya alimento en mi casa; y probadme ahora en esto, dice Jehová de los ejércitos, si no os abriré las ventanas de los cielos, y derramaré sobre vosotros bendición hasta que sobreabunde". Este era el principio aplicado en el Antiguo Testamento. La bendición se encontraba en el cielo, pero ya vino a la tierra. El Espíritu arrebatará a la iglesia y la llevará al cielo. El pueblo cristiano se ha olvidado de la posición de la iglesia, mientras que el catolicismo ha tratado de usurpar la bendición de Dios con manos carnales. Debemos pedirle a Dios que abra nuestros ojos para que veamos que todas las bendiciones espirituales están en la iglesia, la cual las puede distribuir.

Hoy la iglesia tiene la responsabilidad de impartir a Dios a los demás. Efesios muestra claramente que las bendiciones ya descendieron y que la iglesia ya ascendió. Todas las cosas espirituales se hallan en la iglesia. ¿Qué es un ministro? Es una persona que distribuye las riquezas espirituales a los demás. La iglesia ha disfrutado y recibido todas estas riquezas. Todas las riquezas de Cristo están ahora en la iglesia. En la actualidad la iglesia imparte a los demás las riquezas que recibió. El ministro imparte a otros el Cristo que él vio y recibió. No pensemos que todo se encuentra lejos de nosotros. Muchas personas oran como si la iglesia nunca hubiera ascendido a los cielos; hacen peticiones como si el Espíritu Santo no hubiera descendido a la tierra. Eso no es la iglesia.

En Romanos 10:8 dice: "Cerca de ti está la palabra, en tu boca y en tu corazón". Hermanos, si contamos con la luz, podemos transmitir la misma luz divina a otros. Si poseemos la palabra de Dios, podemos comunicarla a los demás. Todo depende de si estamos dispuestos a hacerlo y nos alegramos en ello.

Durante años, Dios ha estado buscando vasos santificados que transmitan Su palabra. Esto no quiere decir que Dios no nos usará a menos que estemos perfectamente santificados. En los últimos dos mil años, un sinnúmero de manos carnales han tocado la obra de Dios y la han contaminado. Hermanos, nosotros sabemos muy bien lo que éramos hace diez o veinte años. Lo único que podemos decir es que éramos hombres carnales, impuros y pecaminosos; éramos hombres simplemente. Pero aún así, Dios nos usaba. No debemos cometer la insensatez de pensar que le somos útiles a Dios simplemente porque El nos usó antes. Comprendemos cada vez más claramente cuán seria es nuestra responsabilidad. "Señor, inclusive mientras estamos a Tu servicio, nuestro yo contamina, ensucia y corrompe Tu palabra. Hemos mezclado nuestro pecado y suciedad con Tu obra. Hay muy poca separación entre la obra del Espíritu y la obra de la carne. Señor, hemos pecado. Perdónanos. Ten misericordia de nosotros".

El Señor se confió a la iglesia y nos mostró cómo obra. Hoy Dios imparte todo lo que El es por medio del espíritu del hombre. Debemos orar para que el Señor apruebe nuestro espíritu. No podemos jactarnos de la obra que hicimos en el pasado. No tenemos ninguna razón para permanecer en nuestra impureza ni en nuestros caminos naturales y carnales. Debemos recordar que Dios encomendó Su Cristo a la iglesia, y a ella le entregó el Espíritu Santo, Su palabra y Su luz. La iglesia puede impartir esta luz al hombre; puede comunicarle la palabra y anunciar a Cristo y al Espíritu. El problema radica en nuestra impureza y nuestra confusión. Tengamos presente cuál es nuestra responsabilidad. Cuando hablemos apropiadamente, todo estará bien; de lo contrario, nada estará bien. La responsabilidad reposa completamente sobre nuestros hombros. La Palabra, el Espíritu, nuestro espíritu y la luz tienen que ser impartidos. El hombre tiene que ser traído a una condición en la cual pueda ser un vaso santificado.

Si comprendemos lo que es la iglesia, espontáneamente sabremos lo que es un ministro. Un ministro es alguien que infunde en las personas, por medio de su mensaje, todo lo que Dios entregó a la iglesia. Su responsabilidad es mayor que cualquier otra. Si nuestra carne sigue siendo una confusión y un caos, no podremos avanzar. Lo único que haremos será destruir y perjudicar la obra de Dios. Dios necesita a las personas, pero nosotros no somos aptos para ser Sus siervos ni Sus ministros. Que el Señor tenga misericordia de nosotros. Necesitamos buscar el camino apropiado para seguir adelante. Cuando las palabras salgan de nuestra boca, deben ir acompañadas de la luz. Necesitamos impartir esta palabra poderosa a los demás de manera que no tengan otra alternativa que ver la luz y caer postrados ante Dios.

CAPITULO DIECISIETE

ALGUNOS DETALLES IMPORTANTES EN NUESTRA ORATORIA

Servir como ministros de la Palabra es un concepto totalmente nuevo para nosotros. En esta área somos como niños recién nacidos que todavía no saben hablar. A pesar de que hemos hablado en nuestro idioma casi toda nuestra vida, desconocemos este nuevo lenguaje. Para poder expresarnos en esta nueva manera, necesitamos comenzar desde el principio. Durante nuestro aprendizaje debemos olvidarnos de nuestras experiencias pasadas, pues ello nos distraería. Ejercer el ministerio de la Palabra es algo nuevo y diferente a cualquier adiestramiento, entendimiento o práctica que hayamos tenido. Así que debemos ser diligentes en esto. No podemos depender de las experiencias pasadas, ni debemos pensar que el ministerio de la Palabra debe seguir una norma ya establecida. Nadie sabe cómo ser un ministro de la Palabra; en este asunto todos debemos aprender desde el principio del mismo modo que los pequeños aprenden a hablar escuchando los sonidos de las palabras. Debido a que tanto la carne como el espíritu tienen sus propias maneras de expresarse, no podemos depender de ninguna experiencia que hayamos tenido en el pasado en relación con la predicación. Si tratamos de introducir estos elementos en el ministerio, alteraremos la naturaleza de la Palabra. Debemos ser como recién nacidos para quienes todo es nuevo; debemos adquirir nuevos términos y nuevas formas de expresarnos; y debemos renovar nuestros pensamientos y nuestra manera de comportarnos. Nadie debe introducir nada viejo ni nada novedoso. En realidad, debido a

que esta manera de expresarse es nueva y aún no estamos
familiarizados con ella, debemos adquirirla poco a poco.

Podemos decir que comunicar la Palabra que Dios nos da
es una tarea difícil, pero a la vez, fácil. Es semejante a la oración. Por una parte, es fácil orar; un creyente nuevo puede
orar desde el primer día de su vida cristiana; pero por otra,
uno puede pasar toda su vida aprendiendo a orar. Lo mismo
podemos decir acerca de aprender a ministrar la Palabra. Por
un lado, es difícil adquirir la destreza necesaria; por el otro,
Dios nos muestra durante nuestro aprendizaje que no es tan
difícil como pensábamos.

Examinemos algunos aspectos a los cuales debemos prestar atención cuando exponemos la Palabra.

NO DEBEMOS LASTIMAR NUESTRO ESPIRITU

Cada vez que ministremos ejerciendo nuestra función
como ministros de la Palabra, debemos procurar no lastimar
el espíritu. No debemos hablar por hablar. Lo que expresemos
debe ir acompañado de un espíritu liberado. El peor error que
un ministro de la Palabra puede cometer es dar un mensaje
sin utilizar su espíritu. Por otra parte, es absolutamente
imposible liberar el espíritu sin la Palabra; el espíritu y la
Palabra van juntos. La Palabra es expresada, y el espíritu es
liberado en el proceso. Este persuade e impresiona al oyente,
y le abre los ojos. A veces el espíritu es tan prevaleciente que
incluso subyuga a la audiencia. La promulgación de la Palabra es el medio por el cual el espíritu se libera. Si nuestro
espíritu no se libera, de nada sirve enunciar la Palabra. Cualquier molestia que sintamos puede hacer que proclamemos la
Palabra sin el espíritu. A veces nuestro espíritu es herido, y
no sabemos por qué. Debido a que es extremadamente delicado se lastima con facilidad. La sensibilidad del espíritu
sobrepasa la nuestra, pues él siente las cosas antes de que
nosotros las percibamos. Si el espíritu es herido, lo que expresemos carecerá de peso. Por el bien de la predicación,
debemos tener mucho cuidado de no herir al espíritu. Hay
infinidad de cosas que pueden lastimar el espíritu. Examiné-
moslas con detenimiento.

En primer lugar, posiblemente pecamos o nos contaminamos antes de predicar, y debido a que esta mancilla lo lastimó, el espíritu no hace eco a la predicación. Es muy difícil decir qué clase de pecados o de contaminación lastiman al espíritu; no obstante, el más leve contacto con el pecado lo afecta. Por ello, en algunas ocasiones, justo en el momento de pronunciar un mensaje no sabemos qué decir. El ministro de la Palabra debe confesar delante de Dios toda contaminación de pecado, sea éste consciente o inconsciente y orar para que el Señor lo limpie y lo perdone. El debe apartarse de toda inmundicia y estar en guardia para no contaminarse. El espíritu es más sensible que los sentimientos y detecta inmediatamente cuando uno peca; en cambio uno no se da cuenta de ello sino hasta que han transcurrido algunos días. En la predicación todos los factores internos y externos pueden estar en su lugar, y las palabras y los pensamientos ser correctos; sin embargo, no importa cuánto se esfuerce el ministro por liberar su espíritu, éste permanece estático y sin activarse; aunque quiera darle libertad, no puede localizarlo. Esta es una clara indicación de un espíritu debilitado por estar contaminado con el pecado.

En segundo lugar, el espíritu debe ser observado constantemente a fin de que fluya sin dificultad. Tan pronto nos distraemos y empezamos a vagar en la mente sin captar los pensamientos, sin lugar a dudas, lastimamos al espíritu. Cuando la mente divaga, el espíritu se vuelve pesado y se encierra. Este es otro factor que perjudica al espíritu. El ministro de la Palabra no puede usar un espíritu que haya sido lesionado por la mente. Necesitamos aprender a preservar nuestra mente para el uso exclusivo del espíritu. Ella debe estar atenta al espíritu como un siervo que espera pacientemente las órdenes de su amo. Cuanto más experiencia adquirimos en esta área, más conscientes estamos de esta necesidad.

En tercer lugar, para que el espíritu sea fuerte y no se lastime, debemos usar en nuestra disertación el vocabulario correcto. Debemos utilizar las palabras acertadas, ejemplos que vengan al caso y seguir el bosquejo que hayamos preparado, pues de lo contrario, nuestro mensaje perderá eficacia.

Unas cuantas palabras fuera de contexto hieren el espíritu y
lo aprisionan (Por supuesto, no siempre ocurre esto. En ciertas ocasiones el espíritu fluye a pesar de que expresemos
algunas inexactitudes). Quizá demos un ejemplo que no procede del espíritu, o contemos una historia sin que el Espíritu
nos guíe a hacerlo, o citemos un pasaje que no concuerde con
el mensaje. Esto perjudica y ata al espíritu. Debemos tener
presente que el espíritu es extremadamente sensible y se
lesiona con facilidad. Si no prestamos atención a este asunto
y hablamos descuidadamente, no tendremos la fuerza necesaria para hacer que el espíritu brote aunque queramos. Esto
dejará en evidencia que nuestro espíritu está herido.

En cuarto lugar, también nuestra actitud daña el espíritu.
Muchos hermanos cuando vienen a la reunión están exagera-
damente pendientes de sí mismos. La timidez que esto genera
perjudica al espíritu. Cuando uno es tímido piensa que los
oyentes esperan mucho de uno, teme a los rostros de los oyentes y cuando habla cree que lo están criticando. Cuando uno
está tan centrado en sí mismo, le cierra todas las puertas al
espíritu. Si reina el alma, la timidez prevalece, y el espíritu
queda imposibilitado.

Debemos comprender que existe una diferencia entre el
temor que procede del espíritu y la timidez que procede del
alma. Necesitamos el temor que procede del espíritu, pero no
permitir que nos controle la timidez. Sabemos que no podemos hacer nada por nuestra propia cuenta. Así que es
importante venir a la reunión con temor y temblor, pues dicho
temor vuelve nuestros ojos a Dios y nos induce a esperar, confiar y creer en El. Pero si estamos pendientes de nosotros
mismos, estamos poniendo los ojos en el hombre. Así que,
debemos estar llenos de temor en las reuniones, sin estar
conscientes de nosotros mismos. Cuando la timidez predo-
mina, el espíritu es agraviado, se debilita y no puede fluir.

El evangelista debe evitar estar consciente de sí mismo al
predicar las buenas nuevas. Todos aquellos que han predicado el evangelio, a lo largo de los siglos, han evitado estar
preocupados por ellos mismos. Cuanto menos se centre en sí
mismo un predicador, más poderoso será su espíritu. Cuando
predica no es distraído ni por los cielos, ni por la tierra, ni por

el hombre, aunque todo ello esté enfrente de él. El está absorto expresando lo que está en su interior, y no le preocupa si es aceptado o rechazado por los oyentes. Cuando el predicador está libre de su timidez y sus temores personales, su espíritu es potente y puede conducir a los hombres al arrepentimiento. Este es un requisito básico para predicar el evangelio. Para ejercer el ministerio de la Palabra de Dios con eficacia, uno debe hacer a un lado toda preocupación que tenga por sí mismo. Si al expresar la Palabra de Dios uno reacciona al medio ambiente, si teme que la audiencia lo critique o no le preste atención, este temor debilitará el espíritu y, en consecuencia, no podrá hacerlo brotar, y no será lo suficientemente fuerte como para llenar la necesidad de los oyentes. Los ministros de la Palabra que no practican esto se secan fácilmente. Si el predicador observa que la audiencia la componen personas mayores que él, o de más prestigio, o más educadas y más competentes que él, no podrá articular su mensaje adecuadamente, no importa cuanto se esfuerce. Si el evangelista piensa que los demás son más importantes que él, se sentirá inferior; pero si magnifica el evangelio, subyugará a la audiencia. Todo predicador debe dar libertad al espíritu. Cualquier sentido de inferioridad rebaja la Palabra de Dios, y debilita y vacía el espíritu, el cual no podrá aflorar.

Para ejercer el ministerio de la Palabra, el siervo del Señor debe estar libre de todo complejo de inferioridad. El temor al hombre no es una señal de humildad sino de inferioridad y procede del alma. Está lejos de la humildad que viene del espíritu, la cual es el resultado de recibir el resplandor de la luz divina que nos doblega al alumbrar nuestra verdadera condición espiritual. El complejo de inferioridad proviene de examinarse a uno mismo y de temer al hombre. Una persona que tiene complejo de inferioridad puede a veces ser orgullosa y arrogante. La autocrítica y el examen personal son una especie de complejo de inferioridad que lastima el espíritu y anula su función. Por consiguiente, frente a la audiencia debemos tener temor y temblor, y expresarnos con denuedo y confianza. Estos aspectos son muy importantes; si carecemos de uno de ellos agraviaremos al espíritu y no podremos servir como ministros de la Palabra. Cada vez que ministremos la

Palabra, debemos guardar el espíritu, ya que si lo herimos, no podremos usarlo.

NO DEBEMOS SEPARAR EL ESPIRITU DE LAS PALABRAS

Quizá el ministro de la Palabra desee hablar de cierto tema y quiera aplicar algunos pasajes bíblicos. Posiblemente decida utilizar un pasaje al comienzo del mensaje, mientras que el Espíritu desee mencionarlo al final. Cuando se presentan estas discrepancias, el espíritu no puede fluir. Con frecuencia, debido a que las palabras pierden contacto con el espíritu, lo que se debe expresar al principio, se menciona al final, o viceversa. Cuando esto ocurre, las palabras salen sin el espíritu. Es decir, las palabras fluyen, pero el espíritu no las acompaña. La corriente del espíritu depende mucho de la secuencia del mensaje.

Hay casos en los que es necesario modificar el mensaje. A veces se debe cambiar el tema o los pensamientos que se pensaba compartir, aunque es posible cometer errores al hacer estos cambios. Las modificaciones pueden ocasionar que las palabras se separen del espíritu. Las palabras dan un giro, pero el espíritu no las sigue. El mensaje prosigue al siguiente punto, pero el espíritu se queda en el mismo lugar. En tales circunstancias, las palabras y el espíritu se separan; por consiguiente, cuando efectuemos cambios y pasemos de una cita de las Escrituras a otra, debemos hacerlo con mucho cuidado, para que las palabra y el espíritu no se separen. Si olvidamos citar cierto pasaje de la Escritura, el espíritu no puede citarlo y pierde el contacto con el mensaje y, como resultado, la unión entre ellos dos se pierde. Esto constituye un serio problema.

Los hermanos que son inexpertos tropiezan delante de Dios principalmente porque su espíritu está lesionado; y los más versados, porque han separado el espíritu de las palabras. Cuando uno empieza a ser entrenado, la mayor dificultad que uno enfrenta es encontrarse con un espíritu lastimado, pues éste se recluye. Pero cuando uno adquiere experiencia, la principal dificultad que uno enfrenta no radica en un espíritu lesionado, sino en la separación que ocurre entre éste y las palabras, pues no es fácil mantenerlos sincronizados. Cuando el orador comienza mal su mensaje, a partir de ahí causa una separación entre ellos dos. Por eso es importante mantener la secuencia en el desarrollo del mensaje, ya que si ésta se pierde, las palabras fluirán sin el espíritu. El mensaje puede separarse del espíritu en el momento en que se efectúa un cambio súbito. Cuando los pensamientos y los sentimientos no son lo suficientemente ágiles y fecundos como para dar ese viraje, las palabras salen fácilmente, pero el espíritu no puede seguirlas y se rezaga. Es menester expresar el mensaje junto con el espíritu sin separarlos. Cuando nos damos cuenta de que nos hemos salido de la corriente, debemos regresar. Recordemos que el espíritu es muy sensible, y que algunas veces no fluye ni aunque regresemos al punto de partida y expresemos lo correcto, ya que cuando lo dejamos al margen, no sólo se separa del mensaje sino que queda lesionado. El espíritu es extremadamente sensible. Por eso, debemos ser prudentes y prestar atención a este asunto. Necesitamos acudir a Dios para que tenga misericordia de nosotros a fin de que al efectuar los cambios necesarios no perdamos contacto con el espíritu. Al conversar con los hermanos o al predicar, debemos saber cuándo cambiar el curso juntamente con el espíritu. Cambiar de tema descuidadamente hace difícil mantener el mensaje en el espíritu. Tan pronto nos demos cuenta de que nos hemos desviado del tema, debemos regresar, no importa cuán difícil sea ni si tenemos que eliminar una gran porción del mensaje. Si recobramos el hilo del mensaje, es posible que recibamos la unción y las debidas palabras y que el espíritu fluya una vez más.

Los cambios apropiados que el ministro pueda efectuar en su mensaje dependen de la misericordia del Señor, no de su habilidad. Es muy difícil predecir cuando nuestras palabras causarán impacto, o si mantendremos el mensaje en el espíritu. Sin embargo, en la mayoría de las veces, si damos un buen giro al mensaje, se debe a la misericordia de Dios, no a nuestra sabiduría ni a nuestra experiencia. Por otra parte, podemos hacer el cambio debido en el curso del mensaje sin darnos cuenta, pero si el cambio no es positivo, lo notaremos de inmediato. Cuando damos un giro inadecuado al mensaje, no pasan ni dos minutos sin que lo notemos. Tan pronto lo descubramos, no debemos proseguir ni tratar de rescatar el mensaje. Como ministros de la Palabra, cuando tengamos la sensación de que nuestra predicación ha tomado otro rumbo, debemos regresar. A veces nos encontramos en un dilema: no sabemos si lo que expresamos fue adecuado o inadecuado. Se requiere cierto lapso para determinarlo. Lo notaremos al ver que el mensaje y el espíritu van por sendas diferentes; aunque las palabras siguen brotando, el espíritu no va con ellas. El espíritu es muy delicado, pues en el momento que nota que algo no está bien, se detiene. Y aunque podemos ubicarlo, no lo podemos obligar a salir. La gran oposición que experimentamos no nos permite dar salida a nuestro espíritu. Así que las palabras fluyen sin el espíritu. Al advertir que nos equivocamos de rumbo, debemos regresar.

¿Cómo podemos saber si lo que expresamos es correcto? Lo es si el espíritu fluye libremente mientras hablamos. El Espíritu nos restringe. Cuando hacemos un cambio, nos encontramos en un dilema sin saber qué camino tomar, pero al continuar hablando sentimos que el mensaje y el espíritu actúan juntos. Al ministrar la Palabra, debemos confiar únicamente en la misericordia de Dios, pues todo depende de ella. Si comprendemos esto, no confiaremos en la sabiduría ni en el conocimiento ni en la experiencia humanas. Sin la misericordia divina no podemos garantizar que hablaremos de parte del Espíritu de Dios más de cinco minutos. Es fácil dar un giro al mensaje, y es aún más fácil darlo mal, pero si estamos bajo la misericordia de Dios en todo momento, y aprendemos a confiar en El y nos encomendamos a El, expresaremos espontáneamente lo debido. Pero si Dios no nos concede Su misericordia, no importa cuánto tratemos, no podremos permanecer en esta experiencia. El resultado no es algo que el siervo de Dios pueda dictaminar; esto sólo le pertenece al Amo. No hay nada que nosotros podamos hacer; esto depende totalmente del Señor. No importa cuánta experiencia ni cuánto conocimiento tengamos, ni cuánto haya obrado Dios en nosotros en el pasado, debemos entregarnos sin reserva a Su misericordia; de no ser así, tal vez estemos bien por unos cuantos minutos, pero tan pronto hagamos otro cambio, nos volveremos a desviar.

El ministro de la Palabra de Dios debe estar consciente de que el propósito por el cual predica la Palabra es comunicar el espíritu a medida que expone el mensaje. La obra del ministro no consiste simplemente en promulgar la Palabra, sino en dar salida al espíritu por medio de ella. Si el ministro de la Palabra desea comprobar si su espíritu fluyó en su mensaje, debe observar si su carga se ha aligerado. Si éste es el caso, el Señor lo usó y, por ende, no debe preocuparse por el fruto, ya que esto queda en manos del Señor. La salvación o la ayuda espiritual que la audiencia reciba depende del Señor, no de nosotros. El resultado no nos debe preocupar, pues esto está en las manos del Señor; nosotros simplemente somos Sus siervos. Para nosotros sólo queda un fruto práctico o personal: la seguridad de que el Señor nos concedió gracia y misericordia para comunicar la carga que nos dio.

El ministro de la Palabra no se regocija por la elocuencia, ni por la aprobación de los oyentes, ni por la ayuda que otros afirman haber recibido de él, sino por haber dado salida a su espíritu por medio de la palabra. Una vez que el ministro le da libertad al espíritu, su corazón queda libre de opresión, su carga desaparece y halla satisfacción en haber cumplido con su deber. De lo contrario, la carga permanecerá en él, no importa cuánto levante su voz, fuerce su garganta y agote sus energías. Lo que el ministro expresa tiene como fin transmitir una carga; por ello, cuando su espíritu permanece cerrado y aprisionado, siente que fracasó. Tan pronto fluye el espíritu, la carga se aligera, y cuanto más se aligera, más feliz se siente. Solamente cuando le damos libertad al espíritu, anunciamos la Palabra de Dios; sin el espíritu, todo lo que expresemos será una imitación. Siempre que la Palabra de Dios se trasmite por medio de nosotros, el espíritu se une a ella.

Debemos poner de nuestra parte para dar salida a nuestro espíritu. Una persona insensata sólo pone la mira en los frutos y se deleita en sus propias palabras y en los elogios que recibe de los demás, y no cree necesario tocar su espíritu. Sólo una persona necia, ciega y en tinieblas puede estar satisfecha con sus propias palabras, pues olvida el hecho de que las palabras sin el espíritu son vanas. Es vital que el espíritu fluya con nuestras palabras. Si estamos atentos a esto, la Palabra y el espíritu permanecerán unidos. Por una parte, debemos estar alerta para no separar la Palabra del espíritu; por otra, debemos mantenerlos unidos todo el tiempo. Aún así, esto sólo es posible por la misericordia de Dios. Cada palabra que emitamos debe ir acompañada del espíritu; de esta manera, expresaremos lo correcto, y la audiencia tocará algo elevado. Debemos ser cuidadosos, y además necesitamos la misericordia de Dios. Puesto que nosotros no sabemos dar un viraje sin perder el rumbo, necesitamos que Dios nos conceda Su misericordia para que no perdamos contacto con el espíritu. El hermano que se siente orgulloso de su propia predicación carece del ministerio de la Palabra, y no pasa de ser un simple predicador. Posiblemente él regrese a casa sintiéndose importante y adulado, pero no tiene el ministerio de la Palabra. Sólo los insensatos se enorgullecen. Recordemos que sólo la misericordia de Dios hace que el espíritu y la Palabra se mantengan unidos.

10-20-14

EL ESPIRITU ACOMPAÑA A LA PALABRA, Y ESTA A LA UNCION

Hay dos maneras de expresarse: la primera consiste en añadir el espíritu a la Palabra y proclamar el mensaje acompañado del espíritu; y la segunda, en seguir la unción. El espíritu toma la iniciativa, y entonces la Palabra sigue la unción. Estás son las dos maneras de comunicar el espíritu y la Palabra cuando están unidos.

A veces sucede que mientras nos dirigimos a la audiencia, Dios deposita en nuestro espíritu lo que El desea expresar. Así que cuando comunicamos ese mensaje, nuestro espíritu lo acompaña. A medida que proclamamos el mensaje, el espíritu brota por medio de la Palabra de Dios. Esta es la manera de llevar a cabo nuestro servicio. Como ministros, debemos inyectar el espíritu en la Palabra y usar nuestra voluntad para forzarlo a salir. Cuando expresamos la Palabra, el espíritu debe salir por medio de ella. Para lograrlo, es necesario usar la boca, y también nuestra energía. De esta manera, cuando la Palabra llega al hombre, el espíritu va con ella. Por la misericordia de Dios, esta clase de predicación es muy poderosa. Nuestra boca habla, pero nuestro corazón fuerza el espíritu a salir.

Otra manera de proclamar la Palabra consiste en recibir el poder y la unción mientras predicamos. La unción precede a nuestras palabras, y así sujetos y dirigidos por su poder, hablamos según ella nos indica. Es menester aprender a seguir la unción cada vez que tengamos un sentir en nuestro espíritu; pues de este modo, no nos desviaremos del tema fácilmente. La unción siempre debe preceder a la Palabra. La ventaja de predicar siguiendo la unción es que no queda posibilidad de errar. Cuando predicamos guiados por el poder de la unción, posiblemente lo que expresemos no sea espectacular, pero las posibilidades de equivocarnos son mínimas.

Estas dos maneras de predicar son diferentes. Lo mismo sucede con el modo en que el orador se dirige a la audiencia. Una manera es observar y estudiar la reacción y la condición de la audiencia forzando el espíritu a salir junto con la palabra; otra, es centrar la atención en su propio espíritu sin mirar a la audiencia; en este caso, debe detectar y seguir el rumbo que sigue la unción y encausar su mensaje en esa dirección, sin preocuparse por la reacción de los oyentes. El orador debe velar como un atalaya. Tan pronto llegue la unción, él debe someterse a ella y seguirla palabra por palabra, manteniéndose sujeto al poder del espíritu. Esta manera de proclamar la Palabra no se centra en la audiencia. Recordemos que cuando el orador vuelve su atención a la audiencia, la unción se detiene.

Los hermanos que desean hablar por el espíritu deben conocer estos dos caminos. Cuando el Señor desea que comuniquemos Su mensaje, Él activa nuestra mente, en Su misericordia, para que lo proclamemos. Simultáneamente, nuestro espíritu irrumpe con las palabras como si fuera una explosión. En ocasiones, el Señor quiere que concentremos toda nuestra energía en poner nuestros pensamientos y todo nuestro ser en el espíritu, y que permanezcamos allí en un estado de espera interna. La unción que el Señor nos da va delante de nosotros guiándonos paso a paso. Por la misericordia de Dios nuestra mente produce las palabras que concuerdan con el sentir interno que recibimos de la unción, y los oyentes no nos preocupan, pues nuestros ojos no están puestos en nadie en particular. Aunque veamos los rostros, no nos afectan, porque todos nuestros sentimientos y pensamientos están puestos en la unción. La unción toma la iniciativa, y nuestras palabras la siguen palabra por palabra. Cuando damos salida al espíritu de esta manera, conducimos los hijos de Dios al Espíritu de Dios. Los ministros de la Palabra deben experimentar ambos aspectos en su ministerio y, por medio de ellos, conducir los hijos de Dios al Espíritu.

Todo mensaje, de principio a fin, debe ser emitido bajo la guía y dirección de la unción. Sin embargo, en momentos críticos, el orador tiene que forzar un poco más su espíritu para que salga. Esta es la mejor manera de ejercer el ministerio de la Palabra. La unción se encarga de la mayor parte del mensaje, y el orador, guiado por ella, comunica la Palabra sin preocuparse por la reacción de su audiencia ni por quién esté sentado frente a él; sólo sigue la unción fielmente. Tan pronto halla la unción, sabe dónde está "la grieta" por la cual puede inyectar el mensaje palabra por palabra. Interiormente él sabe que sus palabras siguen la unción, y siente el deseo de bendecir intensamente a los oyentes. En tal caso, es posible que cambie de rumbo en su discurso, de tal modo que dé salida a su espíritu. Por una parte, él necesita el poder de la unción; por otra, él tiene que incorporar sus palabras en su espíritu para así impartirlo. Cuando esto ocurre, él es testigo de la gracia del Señor, ya que los oyentes reciben revelación y visión, o se postran sobre sus rostros delante de Dios. Un ministerio de la Palabra superficial simplemente ayuda al oyente a entender el mensaje, pero un ministerio de la Palabra prominente abre los ojos de los oyentes y hace que se postren ante Dios arrepentidos. El resultado depende de cuán dispuesto esté el orador a hacer el esfuerzo correspondiente. El debe estar dispuesto a hacer lo que sea necesario para que los oyentes vayan más allá de la esfera intelectual y entren en la esfera donde reciban una visión tan clara que caigan de rodillas delante de Dios. Si el orador tiene la unción del Espíritu, y sabe dar salida a su espíritu, los oyentes serán conmovidos profundamente. Es fundamental que el ministro de la Palabra sea muy cuidadoso al usar su espíritu. Lo más básico de un ministro de la Palabra es el ejercicio de su espíritu, el cual sólo puede ejercer sus funciones cuando el hombre exterior es quebrantado. El Espíritu Santo lleva a cabo Su obra disciplinaria, poniendo constante atención al quebrantamiento del hombre exterior. Debemos permitir que el Espíritu opere en nosotros. Si no nos resistimos ni nos rebelamos contra la disciplina del Espíritu Santo, el hombre exterior será subyugado, y el hombre interior será útil. Por eso es tan importante el quebrantamiento del hombre exterior.

UNA MENTE SUJETA AL ESPIRITU

Cuando damos un mensaje debemos prestar atención a nuestra mente, la cual ocupa un lugar prominente en nuestro servicio como ministros de la Palabra, pues decide qué ha de decirse al principio de un mensaje y qué debe dejarse para el final. Si nuestra mente es versátil, sabremos cómo empezar un mensaje y cómo concluirlo, y lo que expresemos será oportuno, pues el espíritu brotará mientras hablamos. Pero si nuestra mente es voluble, no sabremos qué decir ni qué evitar, y el espíritu no podrá hallar salida. El ministro debe proteger su mente de cualquier daño, y cuidarla como un pianista cuida y protege sus manos. Si descuidamos la mente, no podremos ser verdaderos ministros de la Palabra. Debemos permitir que el Señor dirija nuestra mente, y no debemos permitir que ella se desenfrene, ni gire en torno a cosas ilógicas, vanas o triviales. Si el Espíritu no puede utilizar nuestra mente cuando la necesita, no podremos servir como ministros de la Palabra.

Esto no significa que la mente sea la fuente de nuestro mensaje. Si las actividades del ministro se basan en su mente, él debe desaprobarlas y eliminarlas. La idea de que el estudio de las Escrituras hace a una persona apta para enseñar la Palabra de Dios es abominable. Todo pensamiento que no provenga del espíritu debe eliminarse. Debemos rechazar todo mensaje que proceda de la mente, aunque no debemos anular sus funciones. Todos los libros del Nuevo Testamento se escribieron con una rica expresión del pensamiento humano. Por ejemplo, las epístolas de Pablo están llenas de pensamientos profundos y elevados, como se ve en Romanos. Esta epístola no tuvo su origen en la mente, sino en el espíritu; las ideas fluyen junto con el espíritu. La fuente debe ser el espíritu, no la mente. Debemos prestar especial atención a la mente para que esté disponible cuando Dios la necesite.

No debemos censurar la mente con demasiada premura. Si bien es cierto que no debemos usar la mente como fuente de nuestro mensaje, debemos predicar el evangelio por el espíritu con la ayuda de la mente. Cuanto más espiritual es un mensaje, más prominentes deben ser los pensamientos que están detrás de él. Todo mensaje espiritual está lleno de pensamientos. Cuando el espíritu es expresado, necesita el respaldo de pensamientos fecundos y exactos. Así que debemos dar a los pensamientos el lugar que merecen. En nuestra predicación, la mente decide el orden y la manera en que las palabras deben ser expresadas. Debemos hablar según la mente nos dicte. Nuestro espíritu no controla directamente lo que expresamos; si así fuera, solamente hablaríamos en lenguas. El espíritu usa nuestros pensamientos y nuestro entendimiento. En esto consiste el ministerio de la Palabra. Nuestra comprensión debe estar a disposición del espíritu, pues de lo contrario, se bloqueará por no haber quien medie entre él y la Palabra. El puente apropiado entre el espíritu y la Palabra es la mente. Por eso tenemos que proteger nuestra mente y permitir que sea renovada de día en día; no debemos mantenerla en la pobreza. La mente de algunas personas se debilita a tal grado que el Espíritu no la puede usar. Al estar en contacto con el ministerio de la Palabra comprendemos la profundidad de la consagración, la cual pocos comprenden. La consagración consiste en disponer todo nuestro ser para Dios, por lo cual es necesario que nuestra mente se sujete a Él. Todos los días debemos cuidar nuestra mente; debemos protegerla para que no se debilite, ya que si está débil constantemente, no podremos utilizarla cuando la necesitemos. Debemos mantenerla ocupada a fin de que no sea un obstáculo al espíritu y pueda usar las Escrituras. Dios debe tener libre acceso a nuestra mente a fin de dirigirla conforme a Su voluntad. Por Su misericordia, podremos recordar lo que debemos decir, y lo que debemos mencionar al principio vendrá a nuestra mente primero, y lo que debemos mencionar al final, vendrá al final. La mente controla las palabras, y el espíritu controla la mente. Si nuestro espíritu puede dirigir nuestra mente, todo marchará bien, no importa si mencionamos algo primero, o después; si hablamos más, o si hablamos menos. Cuando la mente funciona debidamente, el mensaje se puede comunicar sin problemas, independientemente de la secuencia que siga.

LA CUMBRE DEL MENSAJE, Y LA CUMBRE DEL ESPIRITU

Es fácil para nosotros saber cuándo hemos llegado al clímax de nuestro mensaje, pues nuestra mente lo nota de inmediato; pero no es fácil determinar cuándo llega a la cumbre el espíritu, ya que nuestra mente no puede detectarlo.

Mientras estamos en la plataforma, ¿cómo saber hasta dónde quiere Dios que lleguemos o a qué altura debemos elevarnos? ¿O qué parte del mensaje debemos recalcar? ¿O cuándo desea que el mensaje alcance la cima? Mientras el ministro comparte su mensaje, debe prestar atención a la diferencia que hay entre la cumbre de la Palabra y la cumbre del espíritu. Si somos rectos, sabremos exactamente lo que Dios desea que expresemos y cuándo el mensaje debe llegar a la cumbre. Normalmente, el orador presenta el tema en una forma general, pero hay algunas partes del mensaje que son elevadas y son la parte cumbre del mismo. Debemos estar atentos para saber dónde y cuándo llegar a ese punto. El propósito de nuestro mensaje es conducir el discurso a la cumbre. Sin embargo, debemos comprender que es posible que el punto culminante del espíritu no coincida con el del mensaje. Esto complica algo el asunto. El trabajo del ministro sería más fácil si el mensaje llega a la cima al mismo tiempo que el espíritu. Cuando sabemos cuál debe ser la cúspide del mensaje, avanzamos paulatinamente hacia ella. Lo único que debemos hacer es llevar la predicación al punto culminante. De esta manera, nuestro espíritu halla salida, y la unción brota. El espíritu fluye al grado de ser tan fuerte y poderoso como la Palabra expresada. En tal caso, no habrá mucha dificultad para darle salida al espíritu.

Cuando Dios nos da un ministerio, juntamente con él nos da las palabras que necesitamos. Sin embargo, al ministrarlas a la iglesia, sucede algo peculiar: el mensaje llega a la cima, pero el espíritu se rezaga. En otras ocasiones ocurre lo contrario: el espíritu brota sin restricciones, pero el mensaje no lo alcanza. En verdad, el espíritu es liberado, pero brota con un enfoque que a veces concuerda con el enfoque del mensaje y a veces no. En muchas ocasiones, tan pronto entramos al corazón del mensaje, el espíritu fluye de una manera fuerte, poderosa y hasta explosiva. El espíritu es liberado aun cuando apenas se han pronunciado unas cuantas palabras, posiblemente dichas de manera indiferente y antes de que el mensaje llegue a la cima, pero no siempre ocurre así.

En necesario discernir entre el clímax del mensaje y el del espíritu. Es importante que nuestra mente dirija nuestras palabras a fin de que cuando se llegue al clímax espiritual, usemos las palabras que nos sirvan de apoyo para ministrar. Por regla general, la cúspide del ministerio debe ser la cúspide de nuestro mensaje. Cuando éste llega a su cúspide independientemente del espíritu, es difícil, aunque no imposible, darle salida a nuestro espíritu. Algunas veces, cuando el ministro regresa a su mensaje normal, el espíritu emerge y se mueve poderosamente. Al predicar debemos estar atentos a estas dos cosas: el punto culminante del mensaje y el punto cumbre en el que damos salida al espíritu, ya que a veces están sincronizados, pero a veces no coinciden.

¿Qué se debe hacer cuándo la cumbre del mensaje no concuerde con el del espíritu? El ministro de la Palabra debe recordar que en tales casos la mente tiene ciertos deberes. Al llevar a cabo el ministerio de la Palabra, uno debe contar con una mente flexible, despejada, enfocada en la Palabra y dispuesta para el Espíritu Santo. Ella debe ser lo suficientemente maleable como para hacer frente a cualquier imprevisto. Posiblemente Dios decida añadir o expresar algo diferente, o el Espíritu Santo cambia de dirección en el último minuto. Si la mente de uno es dura como el hierro forjado e insiste en expresar lo que ya preparó, entonces cuando el

Espíritu quiere valerse del mensaje, no podrá, porque ella no coopera. Una mente demasiado rígida restringe la Palabra. Así que, aunque el orador llegue al clímax del mensaje, el espíritu todavía no estará allí. Como consecuencia, el ministerio se vuelve algo común. No es fácil explicar este fenómeno. Quizás podamos esclarecerlo más adelante. Por lo pronto, debemos recordar que la mente del ministro debe ser flexible y ágil delante del Señor, y consagrarse únicamente a la Palabra. Así, cuando el Espíritu Santo desee cambiar de rumbo, la mente lo seguirá. De este modo, él podrá conducir el mensaje a la cúspide que Dios desea.

Cuando comenzamos a hablar por el Señor, nuestra mente debe ser flexible y estar abierta al Señor. De esta manera, sabremos lo que Dios intenta hacer. Debemos verificar con el Espíritu Santo y con nuestro espíritu para ver si nuestra predicación sigue la dirección correcta y, a la vez, prepararnos mentalmente para enfrentarnos a circunstancias inesperadas. Si sentimos que después de pronunciar unas cuantas palabras el espíritu empieza a fluir, debemos utilizar nuestra mente para que facilite dicho fluir. Y si percibimos que el espíritu brota con mayor libertad cuando mencionamos ciertas cosas, debemos continuar en esa línea. En nuestra predicación, nuestra mente debe ser incisiva a fin de que llegue a la cumbre que el espíritu desea. Ni la mente ni el mensaje deben desviarse, sino que deben seguir la misma línea del espíritu; así cuanto más predique uno, más fluirá la unción, y más fácilmente brotará el espíritu. De esta manera, el mensaje se irá fortaleciendo hasta llegar a la cima a la que el espíritu llegue.

Algunas veces el espíritu y el mensaje llegan a la cima simultáneamente, pero no siempre es así. En ocasiones el espíritu llega antes que el mensaje, y no podemos evitarlo. Pero si el mensaje alcanza la cumbre y el espíritu no, debemos buscar la manera de darle amplia salida a éste. Debemos ser muy diligentes en este asunto. Es como si buscáramos una aguja con un imán, moviéndolo en todas direcciones, hasta que la aguja se le adhiera. El orador debe buscar diferentes maneras de comunicar su mensaje hasta lograr que el espíritu reaccione, y estar atento a ello. Una persona con experiencia se da cuenta inmediatamente cuando el espíritu empieza a reaccionar en su mensaje. Tan pronto el orador expresa lo que debe, se percata de ello en su interior. Quizá el cambio que haga es pequeño e imperceptible, pero él lo reconoce; así que, mientras habla, su mente dialoga con el Espíritu para ver si aprueba sus palabras. Al principio, es posible que la sensación sea casi minúscula, pero al continuar en la misma línea, el espíritu fluirá con mayor libertad. Su mente debe fortalecer el mensaje y seguir en la misma corriente. Al brotar el espíritu, logra que el mensaje llegue a la cúspide. Debemos aprender a estar atentos a la reacción del Espíritu cuando predicamos y observar qué palabras conducen al clímax y cuáles lo detienen. Al llegar al meollo del asunto, el espíritu fluirá más profusamente, tendremos más unción y lo que expresemos nos conducirá a la cima espiritual. Cuando tocamos el corazón de lo que debemos expresar, percibimos el Espíritu y la bendición del Señor. Esta es la cumbre del mensaje. Si nuestro espíritu es fuerte, podremos mantener nuestra predicación allí cierto tiempo; de lo contrario, la inspiración se debilitará. Debemos detenernos en el instante en que el espíritu se va y sólo quedan las palabras.

Por esta razón, nuestra mente debe centrarse y ser flexible delante del Señor. Debe concentrarse en el espíritu y no prestar atención a ninguna otra cosa; al mismo tiempo, debe ser tan dócil como para ajustarse a cualquier imprevisto. Debemos estar alerta y no permitir que la mente se endurezca y nos impida llegar a la cima del mensaje. Debemos adiestrarla para que acoja con entusiasmo la Palabra de Dios y la acción del Espíritu. Si hacemos esto, nuestras palabras llegarán a la cima espiritual cuando ejerzamos el ministerio de la Palabra.

UNA MEMORIA PERFECTA

Cuando ejercemos nuestra función como ministros de la Palabra, debemos adiestrar nuestra mente. Por lo general, expresamos lo que nos viene a la mente; es decir, decimos lo que pensamos. La mente controla las palabras; por ello, debe estar llena, mas no de pensamientos vanos y triviales. La memoria es la base de los pensamientos; y la materia prima

con la que elaboramos el mensaje proviene d
aprendido, de lo que ocupa nuestra mente, (
mentamos y del quebrantamiento que hayar
lo cual recibimos del Señor. La obra que El ha hecho, ,
brantamiento que ha producido en nosotros, constituyen lus
materiales con los que se lleva a cabo la edificación. Aparte de
la disciplina, acumulamos experiencias, enseñanzas y conocimiento bíblico. Todo esto está depositado en nosotros. En el
momento de hablar por el Señor, el Espíritu de Dios guía
nuestra mente a escudriñar en nuestra memoria a fin de usar
todo lo que hayamos adquirido. El Espíritu Santo dirige nuestra mente, la cual, a su vez, dirige lo que expresamos. La
materia prima que la mente provee para el mensaje, proviene
de la memoria. Así que si no tenemos experiencias, no hay
nada asentado en ella. Lo que recordemos puede proveerle a
la mente las palabras correctas que fortalezcan el mensaje.
Nuestra disertación debe ser fortalecida con una mente diligente y unos pensamientos claros, los cuales provienen de la
memoria y no son repentinos ni imaginarios, sino adquiridos
por medio de las experiencias pasadas.

La predicación se apoya en la mente; la mente, en la
memoria, y la memoria, en la experiencia. Cuando comenzamos a hablar, hacemos uso de las experiencias acumuladas a
lo largo de nuestra vida, las cuales son como los artículos
almacenados en una bodega. El Señor nos ha conducido por
muchas experiencias, y hemos aprendido muchas lecciones y
recibido muchas verdades. Todo esto se halla almacenado en
la bodega de nuestra experiencia. Nuestro discurso se apoya
en nuestras experiencias. ¿A qué nos referimos con esto? Todo
lo que expresamos está íntimamente relacionado con la
mente; por ello, cada vez que deseamos transmitir algo, nuestra mente va al almacén de nuestra memoria, pues es la única
que tiene acceso a ella, y puede recobrar las experiencias acumuladas en toda nuestra vida. La memoria es como el
administrador de una enorme bodega; solo ella puede sacar a
luz lo que hemos aprendido y experimentado. La mente organiza los materiales que la memoria le proporciona y los
comunica por medio de nuestro mensaje. Vemos cuán importante es la memoria. Debemos juntar al administrador y los

ιateriales. El ministerio de la Palabra tiene su origen en el Espíritu Santo; sin embargo, cuando el Espíritu Santo habla, usa la mente como vehículo. Para ello, El la examina primero para ver qué tiene almacenado, pues cuando El desea comunicar algo, la mente debe suministrar la palabra correspondiente; así que tiene que recordarlo primero. Nosotros no nos damos cuenta de cuán inepta es nuestra mente, pues olvidamos lo que el Espíritu desea decir, y recordamos lo que El no desea expresar. Con una sola vez que el ministro hable por el Espíritu, se postrará humildemente pues se dará cuenta de su ineptitud mental. Su mente es como un volante que no está alineado con la rueda. En ciertos días el ministro está bien, y expresa espontáneamente todo lo que el Señor desea decir. En esas ocasiones, su mente es semejante a un volante bien centrado. Cuando el Espíritu se mueve, su mente responde y lo sigue. Pero esto no ocurre siempre. A veces, aunque el Espíritu desea expresar algo, la mente está embotada y no puede pensar con claridad.

El Espíritu Santo debe dirigir nuestra mente, y ésta, a su vez, debe gobernar las palabras. Si el Espíritu Santo no puede gobernar nuestra mente, tampoco podrá nuestra mente regir nuestras palabras. Para que la mente tenga control de lo que expresamos, necesitamos que la memoria le ayude, pues ella no inventa palabras; sólo repite lo que ya sabe. Las palabras se encuentran almacenadas en la memoria; ellas no son producto de la imaginación ni etéreas. El Señor primero nos disciplina para que podamos recordar cuando la necesidad surja. Por ello, al predicar debemos utilizar la memoria. El Espíritu Santo gobierna nuestra mente y, ésta, a su vez, escudriña todas las experiencias que ocupen nuestra memoria y las expresa en palabras. Esto produce un buen ministerio de la Palabra. Una memoria saludable es útil y práctica, y suple la necesidad oportunamente. En el ministerio de la Palabra, el Espíritu Santo se vale de la mente del hombre para que éste recuerde lo que haya aprendido. Es decir, uno no necesita esforzarse en lo absoluto, ya que el Espíritu trae a la mente lo que aprendimos o vimos. Cuando nuestra mente recuerda algo, lo comunica. Muchos detalles se recuerdan simplemente en forma de palabras, pero si la mente no está disciplinada, no las puede recordar y, en consecuencia, el espíritu no puede fluir. Si parte de nuestro ser no ejerce su función bien, el espíritu no puede fluir, no importa cuánto prediquemos. Para poder brotar, el espíritu necesita la cooperación activa de la mente y de la memoria. Si nuestra mente y nuestra memoria no están adiestradas, no podremos ejercer debidamente nuestra función, lo cual es un asunto muy serio.

Supongamos que el Señor desea que expresemos algo extenso que no se pueda sintetizar en una sola oración. Quizás necesitemos unas cuantas palabras; sin embargo, tememos que se nos olviden. Así que, ponemos nuestra mente y nuestro empeño en tratar de recordarlas. Con todo, al llegar a la reunión, las olvidamos. Es inútil tratar de retener las palabras en la mente de esta manera. Un mensaje proclamado así no logra activar el espíritu. Cuando la memoria no funciona bien, el espíritu no puede fluir. La memoria de un ministro de la Palabra debe funcionar espontáneamente y sin artificialidad para que no se desvíe cuando el Espíritu la necesite.

Además de tener una mente perfecta, el ministro de la Palabra necesita una memoria exacta. La memoria es como una conexión eléctrica: si un extremo se desconecta, la electricidad se detiene. Cuando cierta parte de nuestra memoria se bloquea, el Espíritu del Señor no puede fluir. Si nuestra memoria se desconecta de la fuente, o si tratamos de que ella o la mente sean la fuente, no habrá fruto. La mente y la memoria sólo pueden ser útiles cuando su fuente es el Espíritu Santo. Al iluminar El nuestro interior, reconocemos las limitaciones de nuestra mente. Si nuestro espíritu carece de luz, nos sentiremos orgullosos de nuestra mente, de nuestra memoria y de nuestra elocuencia. Posiblemente estas facultades funcionen bien, pero al ser iluminados por el Espíritu Santo, nos daremos cuenta de cuán inútiles son. Por esta razón tenemos que orar para que nuestra memoria llegue a ser la memoria del Espíritu Santo, y para que El pueda usarla cuando sea necesario. Hay una gran diferencia entre recordar y olvidar las palabras cruciales que debemos expresar en un mensaje. Si las recordamos, nuestro espíritu brotará y el mensaje causará impacto; pero si no las recordamos, nos sentiremos como si tuviéramos una piedra de molino sobre nuestra espalda. El peso de esta carga nos abrumará, extinguirá la Palabra y detendrá el espíritu.

Debemos concentrarnos a fin de que el Espíritu pueda usarnos sin ningún obstáculo. Debemos poner a disposición del Espíritu las experiencias que tengamos, la disciplina que hayamos recibido, lo que hayamos leído y escuchado, la revelación que poseamos en el lapso de nuestra vida, y toda enseñanza que, bajo la luz divina, hayamos aprendido. Antes éramos como una casa con las ventanas abiertas y estábamos distraídos por el ruido y los colores de afuera. Pero ahora esas ventanas deben cerrarse a las influencias foráneas. Todo lo que hayamos adquirido debe ponerse a disposición del Espíritu. El Espíritu Santo usa todas estas experiencias en cuestión de cinco a diez minutos, lo cual produce una ministración prevaleciente. Para que el espíritu fluya en el ministerio de la Palabra, necesitamos hacer el esfuerzo y cerrar todas "las ventanas" del hombre exterior. Nuestra memoria debe concentrarse, y todo nuestro ser debe estar bajo estricta vigilancia. Si en el momento crítico lo todo ponemos a disposición del Espíritu Santo, podremos ministrar la Palabra con poder. No debemos permitir ninguna interrupción ni distracción ni descuido. Nuestra mente debe mantenerse en la mejor condición posible, y nuestra memoria debe estar completamente alerta cada vez que ministremos la Palabra. Debemos recopilar toda nuestra vida, como nunca lo hayamos hecho, y ponerla a la disposición del Espíritu Santo. Este es el servicio que la memoria rinde en el ministerio de la Palabra.

Para que la memoria cuente con el debido material, necesitamos experimentar muchos sufrimientos y aprender muchas lecciones delante del Señor. La base del ministerio de la Palabra es la disciplina del Espíritu Santo, ya que sin ésta, no hay suministro y, por ende, no tenemos nada que anunciar. A medida que nuestro depósito aumenta gradualmente, la bodega de nuestra memoria provee más espacio para almacenar recursos. Cuando hemos sido disciplinados por el Espíritu Santo en una pequeña medida, tenemos limitados recursos, puesto que casi no hay nada almacenado en nuestra memoria; en consecuencia, es poco lo que puede utilizar el Espíritu.

Así que, las riquezas del ministerio de la Palabra dependen del caudal de disciplina que el ministro reciba. Cuanto más disciplina recibimos, más lecciones aprendemos y más espacio posee nuestra memoria para administrar los bienes y proporcionar el material que le permita a la mente producir las palabras precisas. En nuestro servicio como ministros de la Palabra, lo que expresamos debe tener contenido; no debemos expresar trivialidades. Además, necesitamos suficiente memoria para suministrar a nuestra predicación lo que hayamos aprendido durante nuestra vida. Si el Espíritu de Dios dirige lo que expresamos, todas las experiencias adquiridas serán de mucha utilidad.

LOS SENTIMIENTOS ARMONIZAN CON EL MENSAJE

El ministro de la Palabra también debe hacer uso de sus sentimientos. Debemos comprender que el espíritu fluye de nosotros sólo cuando nuestros sentimientos armonizan con nuestras palabras. Si tenemos reservas en nuestros sentimientos acerca de las palabras procedentes del espíritu, ellas estorbarán el fluir del mensaje y del espíritu. Es frecuente encontrar restricciones en nuestros sentimientos. ¿Qué tipo de restricciones? Posiblemente nos sintamos avergonzados por algo, o temamos a las críticas, al desdén o a la oposición. Quizás no demos importancia a los sentimientos que debemos tener con respecto a nuestro mensaje o los reprimamos. Tal vez suprimimos algo, y no nos atrevemos a compaginar nuestros sentimientos con el mensaje. Cuando predicamos, debemos desprendernos de todo sentimiento, pues de lo contrario, tendremos restricciones; y mientras éstas existan, no importa cuánto nos esforcemos, ni el espíritu ni el mensaje podrán fluir. A veces el mensaje nos induce a llorar, pero si no lloramos, será evidente que los sentimientos y las palabras no armonizan.

La corteza del hombre es bastante dura. Mientras uno no dé salida a los sentimientos, el espíritu no podrá expresarse. Despojarnos de todo sentimiento es una clara evidencia de que el Espíritu Santo es derramado. Hay dos maneras de desprendernos de los sentimientos: una es por medio del derramamiento del Espíritu Santo, y la otra, por medio del quebrantamiento del hombre exterior. La liberación que se produce por medio del derramamiento del Espíritu Santo es una liberación externa. Necesitamos soltar todo a fin de que el espíritu pueda brotar. El quebrantamiento y la disciplina son el medio para que los sentimientos sean desatados. El creyente joven que no ha recibido una revelación profunda, necesita el derramamiento del Espíritu, el cual lo libertará. Aún así, no sólo debe experimentar el derramamiento del Espíritu, sino que también debe aceptar constantemente toda clase de disciplina, a fin de que su hombre exterior sea quebrantado. Este quebrantamiento ciertamente es valioso. Sus sentimientos deben ser quebrantados, no sólo mientras experimenta el derramamiento del Espíritu, sino aun cuando no lo experimenta. Dicho de otra manera, si la disciplina del Espíritu del Señor es lo suficientemente severa, y rompe el cascarón de los sentimientos, tendremos la clase de sentimiento que el mensaje necesita. Debemos compaginar el mensaje con los sentimientos; de lo contrario, el espíritu no fluirá. Si no lloramos ni gritamos cuando la Palabra de Dios lo requiere, eso es una indicación de que el yo ha adoptado una postura que no permite que la Palabra corra libremente. Nuestros sentimientos son menoscabados por las personas que nos rodean y, en consecuencia, discrepan con nuestras palabras.

A veces, para que el espíritu pueda fluir con poder, uno debe alzar la voz. El Señor Jesús clamó de esta manera. Leemos en Juan 7:37: "En el último y gran día de la fiesta, Jesús se puso en pie y alzó la voz". Y en el día de Pentecostés: "Pedro, poniéndose en pie con los once, alzó la voz y les declaró" (Hch. 2:14). Cuando la presión que el Espíritu ejerce sobre el creyente es fuerte, los sentimientos de éste son presionados, de tal manera, que tiene que alzar la voz. Sus sentimientos externos corresponden a los internos. Cuando Pedro y Juan fueron puestos en libertad, los hermanos se reunieron y "alzaron unánimes la voz a Dios" (4:23-24). Ellos estaban siendo terriblemente perseguidos, y le pidieron al Señor que los guardara y les concediera anunciar Su palabra con todo denuedo; que extendiera Su mano para hacer sanidades, señales y prodigios mediante el nombre del Señor. Pablo hizo lo mismo. Cuando vio en Listra a un hombre cojo, le dijo a gran voz: "Levántate derecho sobre tus pies" (14:10). Esto nos muestra que en la liberación del ministerio de la Palabra, la predicación debe armonizar con los sentimientos. Si reprimimos nuestros sentimientos y no los expresamos, nuestro espíritu también será retenido y no podrá brotar. Tanto en el caso del Señor Jesús, como en el de Pedro y de Pablo, y en la oración que aquella primera iglesia hizo, vemos la liberación vigorosa de sentimientos. Todos ellos alzaron la voz. Cuando nuestro espíritu brota, debe ir acompañado de sentimientos enérgicos. Con esto no estamos instando a que prediquen gritando. Debemos seguir al espíritu; si El es intenso, debemos alzar la voz; si no lo es, debemos emplear un tono de voz normal. Si nuestra voz llena el salón de reunión, pero no expresamos ningún sentimiento, de nada servirá. Algunas personas, cuanto más alzan la voz, menos espíritu comunican. Lo mismo sucede con algunas predicaciones. La modulación de la voz no produce resultados. Lo artificial no tiene cabida en el ministerio de la Palabra. La realidad interior tiene que brotar; así que no debemos tratar de imitar al espíritu. Cuando las palabras fluyen, los sentimientos deben fluir con ellas. Por esta razón, necesitamos ser quebrantados. Cuando nuestro hombre exterior es quebrantado, espontáneamente podemos alzar la voz o regocijarnos o lamentarnos según el caso. No necesitamos pretender que sentimos de cierta manera, pues los sentimientos deben fluir desde nuestro interior.

Si el Señor no puede penetrar en nuestros sentimientos, tampoco lo podrá hacer en los de otros. Algunas personas son frías, parcas y contradictorias; así que, lo que expresamos debe penetrar sus sentimientos. Si el Señor no puede hacer que lloremos, tampoco logrará que los oyentes lloren. Si la presión que sentimos no produce llanto en nosotros, tampoco podemos esperar que lo produzca en los demás. Nosotros somos los primeros obstáculos que la Palabra del Señor tiene que vencer. Muchas veces, mientras predicamos, descubrimos que no podemos disponer de nuestros propios sentimientos. Por eso, necesitamos ser quebrantados. Este es un precio que se debe pagar en el ministerio de la Palabra. El Señor tiene que partirnos en pedazos a fin de que le seamos útiles. La Palabra de Dios debe causar una conmoción profunda en nosotros para que nuestras reacciones puedan ser las de Dios. Si los lamentos de Jeremías no lograron que los judíos se lamentaran, mucho menos lo lograría un profeta que no se lamentara. El profeta debe lamentarse primero para que el pueblo de Dios se lamente. Dios se deleita en los hermanos cuyos sentimientos acompañan su predicación. Cuando un ministro sube a la plataforma, debe aprender a reconciliar sus sentimientos con el mensaje.

LAS PALABRAS DEBEN SER SIMPLES Y AL MISMO TIEMPO ELEVADAS

Todo ministro debe conocer, por medio de las Escrituras, el carácter de la Palabra de Dios. De esta manera, Dios lo puede usar en cualquier circunstancia. La Palabra de Dios tiene dos características: es simple y es elevada. Con ella, el ciego no se pierde ni el cojo tropieza. La Biblia es clara y sencilla; aun sus parábolas fueron escritas para que el hombre las entendiera; no son acertijos, como algunos pueden pensar. Por eso, el ministro de la Palabra de Dios debe aprender a hablar con sencillez. Debemos desarrollar el hábito de expresarnos clara y sencillamente, de manera que los oyentes entiendan nuestras palabras. Si la audiencia no entiende lo que expresamos, debemos cambiar nuestra tónica. Recordemos que la Palabra de Dios se presenta para que el hombre la entienda, no para confundirlo. La única excepción la encontramos en Mateo 13 cuando el Señor tuvo que esconder la Palabra de los judíos que lo rechazaban.

El ministro de la Palabra debe ser adiestrado para adquirir la habilidad de expresarse. Es posible que aprendamos algo en cinco minutos, pero tal vez necesitemos cinco horas para reflexionar sobre ello. Cuando lo expresamos, debemos preguntar a la audiencia si comprende nuestro mensaje, a fin de que, si es necesario, lo expongamos desde diferentes perspectivas. Necesitamos hablar de manera que los oyentes entiendan instantáneamente. No debemos dejar pasar media hora para luego descubrir que nuestros oyentes sólo entendieron

ALGUNOS DETALLES IMPORTANTES   301

cinco minutos de nuestro discurso. Es preferible hablar sólo
por cinco minutos y asegurarnos de que los demás entendieron, para no desperdiciar veinticinco minutos. Debemos desarrollar el hábito de expresarnos claramente y no ceder a la
tentación de usar palabras rebuscadas, o de hablar más de
lo necesario. Nuestras palabras siempre deben ser fáciles
de entender. Debemos orar para que Dios nos conceda palabras claras, aun cuando expresemos nuestros pensamientos
por medio de parábolas. La Palabra de Dios se caracteriza por
ser clara; así que, si el carácter de nuestras palabras difiere
del de las de Dios, nuestro mensaje no será efectivo. Los
santos que tienen dificultad para predicar deben olvidarse de
sí mismos, estar dispuestos a pasar vergüenza y buscar el
consejo de otros hermanos y hermanas de más madurez.
Deben hablar en frente de ellos, por lo menos cinco minutos, y
estar dispuestos a ser corregidos. Puesto que nuestra misión
es hablar de parte de Dios, necesitamos aprender a expresarnos adecuadamente. No debemos hablar enigmáticamente;
cada palabra debe ser emitida de una manera clara y sencilla.
El mensaje debe ser fácil de entender. Dios no desea que Su
Palabra se convierta en un enigma, como ciertas parábolas
del Antiguo Testamento. El no desea que uno dedique mucho
tiempo tratando de descifrar Su Palabra. Así que, debemos
perfeccionar nuestra predicación y esforzarnos por dar claridad y sencillez a nuestro mensaje.

La Palabra de Dios es clara, elevada y profunda. Lo que
Dios expresa no es superficial ni trivial, sino que está lleno
del espíritu. El no habla para agradar al oído. El ministro de
la Palabra debe martillar con fuerza la Palabra de Dios, pues
de lo contrario no tocará la esencia de la misma. Recordemos
que con nuestras palabras transmitimos a Jehová de los ejércitos. Si nuestras palabras son huecas, no importa cuánto nos
esforcemos, no podremos transmitir a Dios. Por ello, es indispensable que el mensaje mantenga cierta altura y cierta
profundidad. Si cambiamos el carácter del mensaje de Dios,
no podemos tocar Su palabra. Hay hermanos que citan las
Escrituras de una manera tan pobre que es difícil creer que
la Palabra de Dios pueda ser transmitida por medio de
ellos. Otros son tan infantiles cuando exhortan, que uno se

pregunta cómo puede brotar de ellos la Palabra de Dios. Debemos procurar que nuestro mensaje sea elevado, y no permitir que se debilite. Cuando lo que expresamos es superfluo, Dios no puede manifestarse, y cuando nuestras palabras son demasiado pobres, la Palabra de Dios mengua o desaparece por completo. Si nuestra exhortación es elevada, afectará a los oyentes, pero a medida que se debilite, se debilitará también la respuesta, lo cual es bastante extraño. A una niña de dos o tres años que apenas entiende algunas palabras le podemos decir: "Si te portas bien, te compraré un dulce esta noche, y el Señor Jesús te amará". Está bien decirle esto a un niño; pero si desde la plataforma le decimos a la audiencia: "Esta noche, a todos les daré un dulce si me escuchan atentamente. Si ponen atención, el Señor Jesús los amará". ¿Creen ustedes que esta clase de exhortación causará algún efecto en la audiencia? Esta exhortación es superficial e infantil. Una vez que el mensaje pierde calidad, la expresión divina desaparece. Dios desea que Sus siervos siempre permanezcan en un nivel elevado. Cuanto más alto escalemos, más recibirá la audiencia nuestras palabras.

El deber del ministro de la Palabra es mantener su mensaje en un nivel elevado. Cuanto más elevado sea, más divino será; sólo si es elevado hablaremos de parte de Dios. Si nuestra meta no es elevada, tampoco lo serán nuestras enseñanzas y exhortaciones. La Palabra de Dios no puede fluir cuando el mensaje es superficial. Dios no tolera pensamientos, palabras, exhortaciones, parábolas o expresiones ordinarias. Por consiguiente, las palabras que emitamos deben ser elevadas y, a la vez, claras y sencillas. Esta es la manera en que la Palabra de Dios fluye libremente. A veces, aunque nos sentimos presionados por tener la luz, el mensaje y la carga espiritual, no podemos expresarnos de manera clara, ni aun practicando. Pero si no practicamos, ¿cómo podremos lograrlo? Debemos aprender a expresarnos de manera simple y clara, y hacer de ello un hábito. Nuestra aspiración debe ser elevar nuestro mensaje, sin permitir que baje de nivel, ya que cuando esto sucede, la Palabra de Dios no fluye. Este es un punto muy importante.

SIEMPRE DEBEMOS AVANZAR

Es más difícil predicar en este tiempo que hace cien años, y aún más difícil de lo que fue hace cuatrocientos o quinientos años. Debido a que la divulgación de la Palabra de Dios siempre avanza, es más difícil para nosotros predicar ahora que para Martín Lutero. Cuanto más predicamos la Palabra de Dios, más profunda y elevada se vuelve. La Palabra de Dios ha alcanzado la etapa presente, y no podemos regresar a lo que era en el pasado. Debemos seguir avanzando. El Señor dijo: "Mi Padre hasta ahora trabaja, y Yo también trabajo" (Jn. 5:17). Dios nunca cesa de trabajar. Él trabajó ayer y trabaja hoy. En la actualidad Su trabajo es más avanzado que ayer. Su trabajo ni disminuye, ni retrocede. Lutero vio la verdad de la justificación por fe; sin embargo, lo que se ha visto en los últimos cien años acerca de la justificación por fe va más allá de lo que vio él. Decir esto no es una arrogancia, sino un hecho. La Palabra de Dios está avanzando. El mejor libro que escribió Martín Lutero fue su comentario sobre el libro de Gálatas; sin embargo, los creyentes de hoy han visto mucho más de Gálatas que él. La Palabra de Dios ha avanzado y nadie la puede hacer regresar.

Es importante comprender que todas las verdades están contenidas en la Biblia, y que ella es la base de todo lo que expresamos. No obstante, el descubrimiento de las verdades bíblicas, la predicación de la Palabra de Dios, y lo que la iglesia recibe de Dios avanzan constantemente. En cada generación los hijos de Dios ven más que la generación anterior. Por ejemplo, en los primeros siglos la iglesia creía que el reino se refería al cielo; pero en este siglo hemos visto claramente que ambos son absolutamente diferentes: el reino es el reino, y el cielo es el cielo. Aún más, vimos que el reino no sólo corresponde a recibir un galardón, sino también a reinar y gobernar espiritualmente. En la era apostólica, todas las verdades bíblicas se entendían claramente. Más tarde, estas verdades fueron sepultadas, y más adelante se empezaron a recobrar y siguen siéndolo poco a poco. Por ejemplo, el entendimiento en cuanto a la resurrección ha progresado. Por años se predicó acerca de la resurrección de una manera limitada. Para algunos, la resurrección era simplemente cierta esfera. Pero hoy, lo que algunos han visto acerca de la misma sobrepasa lo que sus predecesores vieron. Si Dios tiene misericordia de la iglesia, la Palabra abundará más y más. Cuando Dios habla, Su palabra siempre se eleva a las alturas.

La Palabra de Dios siempre avanza. El Señor siempre desea dar más a Su iglesia. Al leer las mejores predicaciones sagradas del segundo y tercer siglos, y compararlas con el ministerio actual de la Palabra, podemos ver cuánto ha progresado el ministerio. El Espíritu Santo no se ha rezagado, y la Palabra sigue avanzando sin retroceder. Aunque exteriormente la iglesia enfrenta obstáculos, nuestro Dios continúa hacia adelante sin detenerse ni aun cuando ya ha obtenido algo. El aún trabaja y continúa avanzando. Por lo tanto, el ministerio actual de la Palabra debe tocar más verdades espirituales que los ministerios anteriores. Debemos comprender delante del Señor que la gracia está siendo derramada abundantemente. A fin de que la iglesia crezca hasta llegar a la plena madurez y a la estatura de la plenitud de Cristo, las riquezas del ministerio deben aumentar. No debemos predicar ni con complacencia ni con indiferencia. Dios desea que toquemos algo elevado, pues El desea darnos lo mejor. Quizás Dios no nos haya escogido para ser un ministro fundamental, una "coyuntura", pero espero que podamos tener parte con aquellos que ministran. Aunque no podamos edificar la estructura, por lo menos podemos edificar sobre la estructura existente.

SECCION CUATRO

LA AUDIENCIA

CAPITULO DIECIOCHO

LOS QUE ESCUCHAN LA PALABRA

Llegamos a la cuarta sección: la audiencia. La predicación no sólo es responsabilidad del ministro, sino también de los que escuchan la Palabra, es decir, de la audiencia. De ella depende que el ministerio de la Palabra se fortalezca o se debilite. El ministro tiene la responsabilidad de ministrar la Palabra, pero la audiencia también tiene cierta responsabilidad, ya que ella puede llegar a ser un canal o un obstáculo para la proclamación de la Palabra. Algunos ejemplos de la Biblia nos muestran cuál debe ser la actitud de la audiencia. Esperamos aprender algo de estos pasajes.

UNO

Examinemos el caso de Mateo 11. El Señor Jesús hablaba en parábolas debido a que Dios escondió la revelación de los "sabios y entendidos" (Mt. 11:25). Los sabios y entendidos no ven la revelación de Dios, así que no pueden esperar recibir la suministración de la Palabra. Ellos no reciben revelación directamente de Dios, y tampoco por medio de los ministros de la Palabra. Cada vez que el ministerio encuentra este tipo de audiencia, la Palabra de Dios fluye muy débilmente o se bloquea por completo. Cuanto más sabia cree ser una persona, menos luz recibe de Dios; cuanto más confía en sí misma, más se le cierra la Palabra de Dios. Debemos recordar que según el Antiguo Testamento, Dios sella la profecía (Dn. 12:9) en ocasiones, lo cual indica que después de que se anuncia la Palabra, ésta puede abrirse o sellarse. No nos detendremos a explicar por qué la profecía es sellada, ni por cuánto tiempo.

Sencillamente hacemos notar un principio espiritual fundamental. Uno puede oír lo que Dios dice y, aún así, encontrar que
la Palabra le está sellada. Daniel nos muestra el hecho de
que la Palabra se sella; mientras que el Señor Jesús nos explica
la razón: ser sabios y entendidos. El Señor nos muestra que
Dios esconde la Palabra de los sabios y entendidos. El Espíritu
Santo, según el designio de Dios, esconde la Palabra de los
sabios y entendidos.

La Biblia nos presenta este principio fundamental: después
de que el hombre comió del árbol del conocimiento del bien y
del mal, el camino del árbol de la vida se cerró. Desde entonces,
el árbol de la vida fue sellado por el querubín y una espada
encendida que se revolvía por todos lados (Gn. 3:24). Una vez
que el hombre adquiere el conocimiento del bien y del mal,
pierde el acceso a la vida. Esta separación no sólo se atribuye a
la incapacidad del hombre, sino también a la prohibición de
Dios. Esto es lo que significa sellar, lo cual no tiene nada que
ver con la facultad del hombre, pues aun si éste tuviera la capacidad de llegar al árbol de la vida, Dios le cerraría el camino.
Este es un asunto bastante serio. Cuando el hombre dirige su
atención al conocimiento, la vida huye de él. Cada vez que se
enorgullece, se gloría o se jacta de su sabiduría e inteligencia,
debe recordar que la revelación de la Palabra de Dios le está
oculta. Así que no puede ver, y aun si ve algo, no puede captarlo
bien. De esta manera sella Dios la Palabra. El Señor dijo: "Te
enaltezco, Padre, Señor del cielo y de la tierra, porque escon-
diste estas cosas de los sabios y entendidos, y las revelaste a los
niños" (Mt. 11:25). Como vemos, Dios esconde estas cosas a
propósito.

En el ministerio de la Palabra de Dios, debemos prestar
atención a la condición de la audiencia. Cuando la audiencia se
compone de creyentes nuevos, posiblemente no tengamos que
ejercitar tanto el espíritu, ni necesitemos mucha luz ni hablar
mucho. Pero no sucede lo mismo cuando predicamos el evangelio. Cuando tocamos las revelaciones profundas de Dios, y
aspectos espirituales elevados y verdaderos, necesitamos más
palabras, más luz y más espíritu. Dios se esconde de aquellos
que se consideran sabios y entendidos. A tales personas, El no
le concede directamente ninguna revelación. Cuando en la

audiencia hay una persona así, aun el ministro de la Palabra no puede desempeñarse con toda libertad. Si la urgencia de dar salida al espíritu no es mucha, cualquier obstáculo que se presente no será muy serio; pero si la necesidad de liberar el espíritu es grande, dicha persona ocasionará una gran obstrucción en el ministerio de la Palabra. Las revelaciones profundas de Dios permanecerán selladas debido a que Dios las esconde de esa persona.

En capítulos anteriores estudiamos acerca de la responsabilidad que tienen los ministros. Es menester ver que, aparte de los requisitos que los ministros deben poseer, se debe tener en cuenta la condición de la audiencia. Si uno de los oyentes se encuentra en una condición que interrumpe la bendición de Dios, su presencia hará que la predicación no sea elevada. No importa cuán fuerte sea el ministro espiritualmente, lo que exprese no será muy elevado. Un ministro de la Palabra puede ser muy poderoso; sin embargo, ante la presencia de personas sabias y entendidas, aunque desee impartir a los demás la revelación que Dios le da, no podrá. No entendemos claramente de qué modo la audiencia afecta la predicación, pero sabemos que lo hace. Hay personas que nunca son subyugadas por Dios. El no subyuga a los instruidos. Ante dichas personas, es muy difícil proclamar un mensaje profundo.

Recordemos que al principio de nuestro ministerio, por no contar con suficiente revelación y luz, a veces retenemos la Palabra en nosotros. Pero si después de eliminar muchos obstáculos y adquirir experiencia en la predicación, la revelación, el espíritu y la Palabra no fluyen, el problema posiblemente se halle en la audiencia. La mínima controversia con alguna persona indigna y soberbia es suficiente para bloquear nuestros tiernos sentimientos. Los sentimientos del espíritu son delicados, así que, no importa cuánto nos esforcemos, las palabras no podrán fluir. La Palabra se caracteriza por estar dirigida al hombre. El mensaje, nuestro espíritu y el Espíritu Santo deben fluir; pero cuando en la audiencia hay un curioso que es soberbio y contradictor, se le dificulta al orador exponer la Palabra de una manera pura. Algunas veces necesitamos guiar a los hermanos a la luz de Dios para que puedan conocerse a sí mismos; otras veces los conducimos al Señor para que conozcan la gloria del Lugar Santísimo. Recordemos que solamente hay revelación en la luz de Dios; en ella no hay doctrinas ni enseñanzas. Bajo esta luz recibimos iluminación y quebrantamiento. Si en la audiencia se hallan algunos hermanos simplemente como espectadores tratando de adivinar lo que está pasando, cuyo espíritu está cerrado y quienes no sienten la necesidad de prestar atención a la predicación, ni quieren humillarse delante de Dios, ellos obstruirán la proclamación de la Palabra. Cuanto más espiritual sea lo que deseamos impartir, más oposición encontraremos. Un ambiente en el cual las personas se creen sabias y entendidas es devastador para el ministerio de la Palabra. El Señor nunca bendice a dichas personas. Por eso, considerarse sabio y entendido es una insensatez.

Al final de Mateo 11:25, el Señor dijo: "...y las revelaste a los niños". Cuanto más dócil sea la audiencia, más eficaz será el mensaje; y cuanto más respetuosa, más fácil será que la Palabra logre que alguno doble la rodilla delante de Dios. Si la audiencia es respetuosa y está dispuesta a recibir la Palabra, la luz resplandecerá y permitirá que el ser de cada uno se abra y reciba revelación. Es difícil ayudar a alguien que no quiere recibir ayuda. Cuanto más dócil es uno, más beneficio recibe. Los oyentes que se oponen a las Escrituras y a los pensamientos presentados en un mensaje, no pueden recibir la luz de Dios. Las críticas de algunos espectadores no permiten que la Palabra penetre en su interior, ya que el escrutinio y la crítica bloquean la Palabra. El Señor ayuda a quienes son como niños, dóciles y sin prejuicio delante de El. Dios da un suministro poderoso del ministerio de la Palabra y grandes revelaciones a todo el que abre su corazón y su espíritu a El. Dios resiste a los soberbios. Los que son como niños buscan al Señor con humildad, sencillez y docilidad. Cuanto más nos volvemos como niños, más gracia nos da Dios. La persona arrogante y obstinada no puede recibir la gracia de Dios. El Señor destruye la sabiduría de los sabios, y desecha el entendimiento de los entendidos. Quiera Dios que veamos la futilidad de nuestra sabiduría y de nuestro entendimiento. Si El nos concede Su misericordia y nos sigue guiando por otros tres o cinco años más, cuando miremos hacia atrás comprenderemos cuánto daño nos ha causado nuestra propia sabiduría. Nos daremos cuenta de que en muchas ocasiones pudimos haber recibido la gracia divina, pero nuestra propia sabiduría se interpuso.

DOS

Leemos en 1 Corintios 1:19: "Destruiré la sabiduría de los sabios, y desecharé el entendimiento de los entendidos". ¿Con qué propósito? "A fin de que nadie se jacte delante de Dios" (v. 29). En palabras simples: Dios no desea que seamos orgullosos ni que nos envanezcamos en nuestra sabiduría ni en nuestro entendimiento. Por una parte, somos sabios, pero por otra, necesitamos poder. El hombre tiene sabiduría, pero es débil. Dios lo trastorna todo; El convierte la sabiduría en locura, y la debilidad en poder. ¡Esto es algo maravilloso que va más allá de nuestro entendimiento! ¡Dios quebranta la sabiduría del hombre y, al mismo tiempo, le da poder!

Posiblemente esto sea difícil de entender. ¿Qué relación tiene el poder con la sabiduría? ¿Cómo es posible que al destruirse la sabiduría se conceda poder y el hombre sea fortalecido? ¿Cómo es posible que al eliminar la sabiduría humana llegue el poder? ¿Cómo destruye Dios la sabiduría humana y le da poder al hombre? En 1 Corintios 1:30 leemos: "Mas por El estáis vosotros en Cristo Jesús, el cual nos ha sido hecho de parte de Dios sabiduría..." Después de esta frase hay dos puntos, lo cual indica que esta sabiduría es "justicia y santificación y redención". El Señor se hizo nuestra sabiduría. En esta sabiduría está la justicia, la santificación y la redención. ¿Cómo logra Dios que Cristo sea nuestra sabiduría? Cuando nuestra propia sabiduría y entendimiento desaparecen y nos volvemos insensatos, El hace que Cristo sea nuestra sabiduría. Esta sabiduría es Cristo como nuestra justicia, como nuestra santificación y como nuestra redención. Estos tres aspectos son tres manifestaciones del poder. Necesitamos poder para ser personas justas, para ser santificados y para ser redimidos (esta redención se refiere al cuerpo). Se necesita un poder inmensurable para lograr todo esto, y todo ello está incluido en el Señor Jesús, quien es nuestra sabiduría.

Dicho de otro modo, toda la gracia de Dios nos es dada por revelación. Dios hizo a Cristo nuestra revelación. Cristo vino a ser nuestra justicia, nuestra santificación y nuestra redención.

Primero recibimos la revelación y, como resultado, obtenemos justicia, santificación y redención. Así que, cuando se resuelve el problema de la sabiduría, se resuelve el del poder. O sea que, una vez llega la revelación, las riquezas espirituales le siguen. La pobreza espiritual cesa, lo mismo que la pobreza de expresión. En la esfera espiritual todo depende de la visión: si vemos, tenemos; y si no vemos, no tenemos. La justicia no se adquiere directamente, sino por medio de la revelación. En cuanto llega la revelación, llega la justicia. No debemos procurar encontrar la justicia aparte de la revelación. Quizás a esto se deba que el Señor no desea que tengamos sabiduría. Cuando nuestra propia sabiduría interviene, la sabiduría y la revelación del Señor se esfuman. Una vez que la revelación cesa, se interrumpen todas las bendiciones espirituales. Y si desaparece la visión espiritual, el poder espiritual también se desvanece. Si eliminamos toda nuestra necedad espiritual, aumentará el poder espiritual, pues estos dos están ligados íntimamente.

El creyente no puede disponer de la obra del Señor directamente, pues ésta se encuentra en la esfera de la revelación. Si uno tiene la revelación, lo tiene todo; sin ella, la obra del Señor es muerte para uno. Algunos pecadores desean aceptar al Señor. Ellos saben que son pecadores y que el Señor es el Salvador; sin embargo, cuando oran no parecen tener entendimiento. Incluso predican acerca de la salvación, pero ellos mismos se muestran fríos e insensibles a la verdad. Esto es apropiarse de la obra del Señor por medio de la mentalidad humana, y muestra la carencia de revelación. Puede ser que mientras el pecador ora en su cuarto, o escucha un mensaje en una reunión, el Señor le abre los ojos un poco, y puede ver que el Señor murió por él; así que recibe la muerte del Señor en ese mismo instante. Cuando uno toca la revelación, recibe a Cristo. Sin ella, uno no puede obtener a Cristo. Así que todo depende de la revelación que se reciba. Dios mantiene Su obra en la esfera de la revelación. Sin revelación, uno no tiene relación alguna con la obra de Dios. Esto constituye un principio fundamental.

Si entendemos este principio espiritual, veremos cuánto puede afectar la audiencia el ministerio de la Palabra. En cuanto el hombre se vuelve sabio y entendido, Dios se esconde de él. Si somos como niños que esperan delante del Señor en mansedumbre, humildad y sencillez, Él se convertirá espontáneamente en nuestra sabiduría. Una vez que Él llega a ser nuestra sabiduría, todo lo relacionado con el poder se soluciona. Entonces descubrimos la justicia, la santificación y la redención. Esto sólo es posible si Cristo es nuestra sabiduría. La realidad espiritual se encuentra en la revelación de Cristo. La revelación nos conduce a la realidad, y sin ella, no tocamos la realidad. En esta sabiduría se encuentra la justicia para el pasado, la santificación para el presente, y la redención para el futuro, lo cual constituye el poder que nuestro ser necesita. Cuando el Señor Jesús llega a ser nuestra sabiduría, en ella encontramos estos tres aspectos. Dios otorga la justicia, la santificación y la redención en la esfera de la revelación. Cuando recibimos la revelación, automáticamente obtenemos estas tres cosas. En la revelación divina se encuentra la substantividad y la realidad espiritual. Si los que componen la audiencia no abren el espíritu, son soberbios y están seguros de sí mismos, Dios no podrá revelarles nada, y no recibirán nada. Es menester ser humildes, mansos y sencillos delante del Señor. Cuanto más arrogantes somos, más nos alejamos de la revelación divina. Ni siquiera el ministro de la Palabra podrá hacer algo por la audiencia, y además será apabullado por ella. Dios se esconde de los sabios y entendidos, y se revela a los niños. Este asunto es muy serio.

TRES

En Romanos 11:8 dice: "Según está escrito: 'Dios les dio espíritu de sueño profundo, ojos con que no vean y oídos con que no oigan, hasta el día de hoy' ". Según este versículo Dios les dio a los judíos un espíritu de sueño profundo y, aunque ellos tienen ojos y oídos, no ven ni oyen. La situación que se describe en Mateo 13 es mucho más grave de la que se describe en Mateo 11. En el capítulo once el Señor habla de cosas escondidas temporalmente; pero en el capítulo trece se refiere a algo más serio, pues las cosas quedan escondidas por la eternidad. En el capítulo doce se nos dice que el Señor Jesús echaba fuera demonios por el poder del Espíritu Santo. Pero los judíos lo acusaban de hacerlo por Beelzebú, el príncipe de los demonios (v. 24). El odio acérrimo que sin causa alguna sentían por el Señor, les hizo cerrar los ojos a la verdad y blasfemar contra el Espíritu Santo. El corazón se les había endurecido y estaban determinados a rechazar al Señor. Esta predisposición en contra del Señor los inducía a tomar la determinación de no creerle. Esta es la escena que se nos presenta en el capítulo doce. Aquellos que blasfemaron, no serán perdonados ni en este siglo ni el venidero. Obviamente, el Espíritu Santo era el que obraba, pero ellos aseveraban que era Beelzebú, el príncipe de los demonios. El Señor Jesús echaba fuera los demonios por el Espíritu Santo, pero ellos lo asociaban con Beelzebú, que significa "el señor de las moscas". ¡Tal era la dureza del corazón del hombre! Este es el pecado más grande que muestra la Biblia. Entre todos los pecados que comete el hombre, ninguno es tan abominable y tan serio como éste. Este pecado no será perdonado ni en este siglo ni en el venidero.

En Mateo 13:10-11 dice: "Entonces, acercándose los discípulos, le dijeron: ¿Por qué les hablas en parábolas? El respondiendo, les dijo: Porque a vosotros os ha sido dado conocer los misterios del reino de los cielos; mas a ellos no les ha sido dado". Aquellas personas oyeron acerca del sembrador, de la tierra, de las piedras, de las aves y de los espinos, pero no entendieron el significado. El Señor Jesús nos muestra aquí el principio básico de que cuando el hombre comete un pecado grave, Dios sella Su Palabra para que él oiga y no entienda; y vea, mas no perciba. "Porque el corazón de este pueblo se ha engrosado, y con los oídos ha oído pesadamente, y han cerrado sus ojos; para que no vean con los ojos, y oigan con los oídos, y con el corazón entiendan, y se conviertan, y Yo los sane" (v. 15). Da la impresión de que Dios no permitía que la multitud se arrepintiera. La luz de Dios se detiene cuando el hombre tiene sus propios gustos, prejuicios, reservas y se complace en hallar defectos en los demás. Algunos predicadores transmiten palabras que no contienen ni revelaciones ni luz nueva. Ellos pasan sus días en tinieblas. Cometer pecados es terrible, pero más terrible es cometerlos y no darse cuenta de haberlo hecho. Recordemos que cuando el Señor Jesús vivía en este mundo, los pecadores se salvaban pero no los fariseos. Para Dios es más fácil relacionarse con los pecadores, que con los que están ciegos y en tinieblas. Aparentemente, los fariseos no eran pecadores. En verdad, el Señor dijo que ellos eran ciegos guías de ciegos (15:14). Cuanto más ciega es una persona, más difícil es relacionarse con ella.

Mateo 13 y Romanos 11 nos muestran un principio importante: Dios esconde completamente Su luz del hombre que cae tan bajo. Podemos decir que en esto consisten la prohibición y el sello divinos. Muchas personas cometen errores, no por ser insensatas, sino por ser sabias. Por ello, es más fácil que reciba perdón el que yerra por insensatez, que el que lo hace por ser sabio. Por otra parte, algunas personas además de errar, tienen problemas con el corazón. Al que yerra porque su corazón se desvió de Dios, Dios le cierra la puerta. Este asunto es muy grave. Dios no quiere que ciertas personas lo vean, y por eso se esconde de ellas. Si nosotros estamos en esa categoría, estamos terminados. ¡No hay pérdida más grande que perder la visión! Por eso debemos orar así: "Señor, no permitas que en mi insensatez me exprese con arrogancia y rechace la luz. No me permitas caer al grado de no tener la oportunidad de arrepentirme". Sin revelación, no hay arrepentimiento. Es decir, cuando la revelación queda sellada, también se sella el arrepentimiento. Debido a que los fariseos blasfemaron contra el Espíritu Santo, ya no podían arrepentirse, puesto que no podían recibir revelación. Ellos oían, pero no entendían; veían, mas no percibían nada. Es decir, escuchaban las palabras, pero no recibían revelación. Algunos hermanos y hermanas no se someten a los demás ni aceptan muchas cosas. Cuando uno tiene prejuicios en contra de algo, asevera que está mal aunque no sea cierto. Si uno desea recibir revelación, debe ser temeroso y no cometer el error de juzgar precipitadamente, ya que no puede recibir luz; en cambio, al débil y manso, el Señor le concede no sólo la luz de las revelaciones básicas, sino la luz de las revelaciones extraordinarias. Por consiguiente, es necesario abrir nuestro corazón al Señor a fin de recibir continuamente. Recordemos que si Dios sella algo, no podremos ver la luz. Si un ministro de la Palabra se encuentra con una persona que ha sido sellada por Dios, le será imposible lograr que la luz resplandezca sobre ella.

CUATRO

¡La luz nunca espera al hombre! Debemos acudir al Señor para rogar como los que imploran pidiendo un pedazo de pan. Nunca debemos pensar que lo entendemos todo. Es indispensable ver delante del Señor cuán grave es este asunto. En la actualidad, Dios efectúa Su obra en la tierra, una obra que nunca ha cesado y que continuará para siempre. El que tiene ojos puede ver la secuencia de la obra divina y sabe lo que Dios hace hoy. Pero el que tiene prejuicios, no podrá ver. De igual modo, cuando uno tropieza, se queda atrás y no puede ver. Así que, si hace veinte años estábamos atrasados en cuanto al mover de Dios, sin duda ahora nos encontraremos mucho más atrasados. No debemos quedarnos fuera de este carril. Por esta razón tenemos que humillarnos. Dios sigue avanzando paso a paso. Así que, debemos seguirle año tras año. Si el Señor nos guarda en un espíritu de humildad y mansedumbre, tocaremos algo; pero si somos soberbios, arrogantes y justos en nuestra propia opinión, Dios nos desechará. Si estamos en la audiencia, somos rectos y estamos dispuestos a recibir la Palabra de Dios sin ofrecer resistencia, tocaremos algo del ministerio y las bendiciones de Dios, y Su luz resplandecerá sobre nosotros. Lamentablemente, muchos se han quedado en el camino. Que el Señor nos conceda Su misericordia para que podamos humillarnos delante de El.

Según Efesios 4, la iglesia llegará a la plenitud y a la perfección. Indudablemente, Dios está levantando hoy el nivel de Su propio ministerio. Unos tocan inmediatamente cosas extraordinarias y bastante elevadas. Pero otros tienen que esperar diez o veinte años para poder conocerlas o tocarlas. A fin de poder ver ciertas cosas de las que estamos muy lejos es necesario que transcurra cierto lapso. Debemos orar para que Dios nos conceda Su misericordia y nos permita ver algo sólido y verdadero. Que el Señor le conceda el ministerio a Su iglesia, y que nosotros aprendamos las lecciones que necesitamos aprender.

ACERCA DEL AUTOR

Witness Lee nació en 1905 en el seno de una familia cristiana al norte de China. A la edad de diecinueve años fue plenamente cautivado por Cristo y de inmediato dedicó su vida a predicar el evangelio. Poco después de comenzar a servir al Señor, conoció a Watchman Nee, un renombrado predicador, maestro y escritor cristiano. Witness Lee laboró junto con él y bajo su dirección. En 1934 Watchman Nee confió a Witness Lee la responsabilidad de la Librería evangélica de Shanghai, la cual publicaba sus escritos.

En 1949, antes de que el régimen comunista se estableciera en China, Watchman Nee y sus colaboradores enviaron a Witness Lee a Taiwan para que no se perdiera lo que el Señor les había encomendado. Watchman Nee encargó a Witness Lee que continuara la obra de publicación por medio de la Librería evangélica de Taiwan, la cual es reconocida públicamente como la editora de las obras de Watchman Nee fuera de la China. La labor de Witness Lee en Taiwan manifestó la abundante bendición del Señor. Comenzando con un grupo de 350 creyentes, la mayoría de los cuales había huido de la China continental, las iglesias en Taiwan llegaron a 20,000 miembros en cinco años.

En 1962 Witness Lee fue guiado por el Señor a mudarse a los Estados Unidos y se radicó en California. Durante sus 35 años de servicio en dicho país, dio miles de mensajes en reuniones durante la semana y en conferencias los fines de semana. Una gran parte de sus mensajes se ha publicado en más de 400 libros, muchos de los cuales han sido traducidos a más de catorce idiomas. Dio su última conferencia en febrero de 1997 a la edad de 91 años.

Witness Lee deja como legado una amplia presentación de la verdad contenida en la Biblia. Su obra principal, *Estudio-vida de la Biblia,* consta de más de 25,000 páginas de explicaciones sobre todos los libros de la Biblia, desde la perspectiva del disfrute y la experiencia que el creyente tiene de la vida de Dios en Cristo por medio del Espíritu Santo. Witness Lee fue el editor principal de una nueva traducción del Nuevo Testamento al chino, y dirigió la traducción del mismo al inglés. La Versión Recobro también ha sido traducida a otros idiomas, incluyendo el español, y contiene un cuerpo extenso de notas de pie de página, bosquejos y citas paralelas. Los mensajes de Witness Lee se transmiten por la radio en numerosas emisoras cristianas en los Estados Unidos y en otros países. En 1965 Witness Lee fundó Living Stream Ministry, una corporación sin ánimo de lucro radicada en Anaheim California, la cual difunde oficialmente el ministerio de Witness Lee y Watchman Nee.

El ministerio de Witness Lee se centra en la experiencia que el creyente tiene de Cristo como vida y en la unidad práctica de los creyentes como Cuerpo de Cristo. Con este énfasis, él guió a las iglesias que estuvieron bajo su cuidado a crecer en la vida y el servicio cristiano. Fue firme en su convicción de que Dios no se complace en el sectarismo, sino que tiene como meta producir el Cuerpo de Cristo. En respuesta a dicha convicción, los creyentes simplemente empezaron a reunirse como la iglesia en sus localidades. En años recientes, numerosas iglesias han sido establecidas en Rusia y en varios países de Europa.